福州大学哲学社会科学学术文库

福州大学跨文化话语研究系列一

戏剧主义修辞观之于互联网对外新闻翻译

以『中国上海』门户网站为个案

叶颖

复旦大学出版社

福州大学哲学社会科学学术专著出版资助计划项目

总　序

福州大学跨文化话语研究第一系列 8 部专著即将由复旦大学出版社出版,我们为此感到由衷的欢欣。

"福州大学跨文化话语研究中心"是依托福州大学外国语学院建设的福建省高校人文社科研究基地,设"文体与批评话语研究""翻译与文化传播研究"及"比较文学与跨文化研究"三大研究方向。自 2014 年成立以来,以跨学科研究的视界搭建学术创新平台,融合不同学术背景的研究者致力于话语研究,关注社会问题,推进社会进步。

话语作为社会实践,参与社会活动,再现社会事实,建构社会关系及社会身份,在社会发展变革中发挥着重要作用。当"话语"作为关键词进入研究视野,其焦点在于话语在社会和文化变迁中的影响力,从社会变化的语言痕迹切入社会文化批评,关注话语的意识形态功能、话语隐含的权力关系、话语的历史性、话语对社会文化的建构等,展现学术研究对社会问题的深切关怀。跨文化话语研究立足于跨语言跨文化的视野,探讨不同社会历史语境下文化主体的话语特征及其与思想意识、社会变化的互动关系。

此次由复旦大学出版社出版的第一系列专著汇集了"福州大学跨文化话语研究中心"近年来的主要研究成果:潘红《哈葛德小说在晚清:话语意义与西方认知》、钟晓文《近代西方认知中的"中国形象":〈教务杂

戏剧主义修辞观之于互联网对外新闻翻译——以"中国上海"门户网站为个案

志〉关键词之广义修辞学阐释》、林继红《严复译介的文化空间研究》、王建丰《上海沦陷时期报刊翻译文学研究》、沈杏轩《隐喻修辞——〈红楼梦〉语言新视野》、李金云《泰戈尔思想和文学创作中的宗教元素》、殷贝《多丽丝·莱辛"太空小说"中的概念隐喻与新型乌托邦寓言》和叶颖《戏剧主义修辞观之于互联网对外新闻翻译——以"中国上海"门户网站为个案》。这8部专著融合了理论层面的思考和实践层面的分析,展示出各具特色的研究面向,记载着"福州大学跨文化话语研究中心"的不懈努力和学术成长。

在此,我们对复旦大学出版社领导的大力支持表示诚挚的感谢,对这8部专著的编辑团队表示由衷的感谢!

潘 红
"福州大学跨文化话语研究中心"主任
2019年5月11日于榕城

序　言

　　叶颖博士的专著《戏剧主义修辞观之于互联网对外新闻翻译》即将付梓，她盛情邀我作序，我欣然应允。本书撰写过程中，无论涉及选题、框架抑或方法，叶颖博士一直虚心求教于我，令我也对她的研究满怀兴趣和期待。她立论谨慎、论证全面、写作扎实，终使研究成果获得较为理想的呈现，也给翻译的跨学科研究，尤其是新时代背景下翻译与修辞之"变"注入了新鲜血液。犹记得她随我访学期间就曾为上海市多个区县政府网站担任新闻翻译，彼时她已对互联网新闻外译有所关注，与我探讨过多次；待叶博士入学时，她在新闻外译领域已有一定的实战经验与文献累积，便结合她对西方修辞学一直以来的兴趣，着手扩充原先相对狭窄的思路，直至最终决定借助戏剧主义修辞观采取深耕式个案研究，以小见大地观照互联网新闻外译。

　　坦率地说，对于她所钟情的肯尼斯·伯克戏剧主义理论，我一度存有疑虑，盖因"戏剧主义"从名称到实质都离不开伯克深厚的文学研究积淀。以这样一种根植于文学厚土的经典理论探索基于现代科技的新闻外译行为，并非不可行，却也鲜有先例可循，颇需要作者充分运用"修辞策略"，方可说服"受众"、达成"认同"。在经过数次研讨、反复解释之后，她成功地"说服"我"认同"戏剧主义的适用性；事实也证明，她的博士论文基本取得了预期的"修辞效果"——不但在校际盲审及上海市抽盲中

戏剧主义修辞观之于互联网对外新闻翻译——以"中国上海"门户网站为个案

"说服"了盲审专家,取得了高分;也在答辩中"说服"了各位答辩评委,获评优秀。细细读完她发来的这本以博士论文为核心内容的书稿后,我再次确定了此前的判断——她在写作中很好地践行了我对博士生们反复强调的学术写作原则:逻辑性与连贯性。

  全书结构严谨、环环相扣、逻辑清晰、理据恰当。"文献综述"内容全面、述评并重,在逐步缩小综述对象后点明戏剧主义与互联网新闻外译结合的可行性与必要性,同时指出研究空间所在,引证详实、层次分明。鉴于"翻译"定义长久以来存在的争议与"戏剧主义"可能引发的误解,"核心概念释义"这一章对"互联网对外新闻翻译"与"戏剧主义修辞观"的各个层次与概念作出了明确的界定,条分缕析、以理服人,为论证章节的写作奠定了重要基础。"互联网对外新闻翻译:全景与焦点"这一章则采用了逐层聚焦的写作方式,总结出互联网背景下新闻外译的新趋势,指出译文受众细化研究的必要性,从而自然过渡到"互联网对外新闻翻译之戏剧主义初探:'中国上海'门户网站新闻英译宏观效果分析"一章,借助戏剧主义的"五位一体"分析方法得出上海网新闻英译传播效果不佳的机构根源,同时指出在非宏观层面上继续探究个案的必要性,顺理成章引入了"戏剧主义修辞观与互联网对外新闻翻译:中观概览"。在对原文与译文的语篇整体展开分析的过程中,"五位一体"中的"场景"要素作用益发显著,以此为基础构建的"再情景化模式"对下一章的微观文本分析形成助力。于是,宏观与中观层面研究共同构建的分析框架成为"戏剧主义修辞观与互联网对外新闻翻译:微观细探"一章的主要写作依托,使得上海网新闻英译存在的问题更为细化而具体,呈现了一幅相对完整的个案图景;同时这一章的内容也对作者构建的"二元再情景化模式"实现了验证与改良,成为后续研究的起点。最后,基于宏观、中观及微观层面的研究发现,结论部分用"始于场景、忠于场景、成于场景"高度概括了本研究带来的启示,对互联网新闻外译的进步发展具有一定的借鉴意义。

序　言

　　整体看来,本书脉络清晰、逻辑分明,读来颇有一气呵成之感;既具有较强的现实意义,也不乏理论深度,甚为启人思索。衷心希望这本专著不仅成为叶颖博士学术成长道路上的重要里程碑,也能为新时代、新技术背景下的新闻外译研究贡献一份力量。

　　是为序。

张　健

于上海外国语大学

2019 年 7 月 1 日

目录 Contents

前言 / 1

图目录 / 1

表目录 / 1

第一章 绪论 / 1

1.1 选题源起 / 1

1.2 理论框架 / 3

1.3 研究问题 / 4

1.4 研究方法 / 5

1.5 研究意义 / 10

1.6 本书结构 / 12

第二章 文献综述 / 15

2.1 新闻翻译及互联网对外新闻翻译研究 / 15

2.1.1 研究对象 / 15

2.1.2 理论支撑 / 19

2.1.3 研究方法 / 21

2.1.4 研究成果 / 24

2.2 外宣翻译研究的西方修辞视角 / 25

2.3 肯尼斯·伯克戏剧主义修辞思想研究 / 32

2.4 本章小结 / 35

第三章 核心概念释义 / 37

3.1 互联网对外新闻翻译 / 37

3.1.1 翻译何为？/ 37

3.1.1.1 "翻译"的多义性 / 40

3.1.1.2 翻译的语言学属性 / 42

3.1.1.3 翻译的传播学属性 / 44

3.1.1.4 翻译的方向性 / 46

3.1.1.5 小结 / 48

3.1.2 "对外新闻翻译"之界定 / 48

3.1.3 "互联网对外新闻翻译"界说 / 53

3.1.4 小结 / 58

3.2 戏剧主义修辞观 / 58

3.2.1 "戏剧主义"：解码修辞动机 / 58

3.2.1.1 行为与动作 / 59

3.2.1.2 辞屏 / 62

3.2.1.3 五位一体 / 65

3.2.2 "修辞情境"：从分裂走向凝聚 / 74

3.2.3 "认同"：修辞所归，取效之径 / 79

3.2.4 小结 / 84

第四章 互联网对外新闻翻译：全景与焦点 / 88

4.1 现阶段对外传播的要求与目标 / 89

4.1.1 对外传播：定义与范畴 / 91

4.1.2 对外传播：探索中进步 / 93

4.1.3 对外传播：时代的要求 / 96

4.1.4 小结 / 99

4.2 对外新闻翻译:原则与策略 / 100
4.2.1 对外新闻翻译工作原则 / 100
4.2.2 对外新闻翻译工作策略 / 107
4.2.3 小结 / 113
4.3 互联网对外传播的发展与特点 / 114
4.4 互联网背景下新闻外译的新趋势 / 119

第五章 互联网对外新闻翻译之戏剧主义初探:"中国上海"门户网站新闻英译宏观效果分析 / 123

5.1 个案选取缘由 / 123
5.2 个案实证调查操作 / 126
5.2.1 调查核心内容 / 127
5.2.2 调查形式设计 / 129
5.2.3 调查结果呈现 / 131
5.3 问卷调查结果分析 / 137
5.3.1 问卷调查结果的五位一体分析:理据 / 138
5.3.2 问卷调查结果的五位一体分析:过程 / 140
5.3.3 问卷调查结果的五位一体分析:发现 / 145
5.4 本章小结 / 156

第六章 戏剧主义修辞观与互联网对外新闻翻译:中观概览 / 160

6.1 基于戏剧主义的语篇理论与互联网对外新闻翻译的契合点 / 160
6.2 互联网对外新闻翻译之戏剧主义五要素透视:从原文到译文 / 164
6.2.1 新闻原文与译文戏剧主义五要素解析 / 164
6.2.1.1 新闻原文戏剧主义五要素解析 / 164
6.2.1.2 新闻译文戏剧主义五要素解析 / 168

6.2.1.3　小结 / 171
6.2.2　戏剧主义修辞观视角下的新闻译者 / 172
6.3　基于修辞情境的"二元再情景化"模式初探 / 178
6.3.1　"再情景化"发端 / 179
6.3.2　"再情景化"、话语及翻译 / 180
6.3.3　翻译研究的"再情景化模式" / 182
6.3.4　互联网对外新闻翻译的"二元再情景化模式" / 186
6.4　本章小结 / 194

第七章　戏剧主义修辞观与互联网对外新闻翻译：微观细探 / 196
7.1　新闻标题英译："意""趣"为上，须论"长短" / 197
7.2　新闻正文英译："软""硬"相异，"认同"有别 / 210
7.2.1　硬新闻英译：调整修辞动机，传递认同信息，切忌场景扭曲 / 211
7.2.2　软新闻英译：提炼故事精要，提升认同手段，提起阅读兴趣 / 226
7.3　图片新闻英译：图文相系，认同共举 / 246
7.4　本章小结 / 268

第八章　结语 / 272
8.1　回顾与发现 / 272
8.2　不足与展望 / 280

参考文献 / 282
附录 / 315

前　言

当前,不可逆转的全球化趋势促使我国政府为提升中国国际形象、创造良好外部发展环境而开展形式多样的对外传播活动,但现有情况表明,对外传播的有效性尚待提高。随着互联网媒体日益表现出传统媒体难以企及的优势,互联网对外传播也逐渐走到外宣舞台中央,以汉译外为必要手段、以网络外文报道为表现形式的互联网媒体新闻外译成为"讲好中国故事、传播好中国声音"的理想途径,并越来越得到学界的关注。

不过,纵观国内外现有的新闻翻译研究,多数网媒新闻外译研究在研究对象上并未充分体现网络媒体与传统媒体开展新闻外译的差异,也未能将传播与翻译这两个新闻外译的必经过程紧密结合。在理论支撑方面,与传播学和翻译学都密切相关的新修辞学虽已进入外宣翻译研究者的视野,但其与新闻外译直接结合的研究仍相对匮乏。至于研究方法,当前翻译研究中"人文派"论证方法与"科学派"实证方法都有了一定数量的研究成果,但考察传播效果所高度依赖的调查分析法在当前的新闻外译研究中仍较为少见。最后,就研究成果而言,目前新闻翻译研究在理论和实践方面都取得了一定成绩,促进了该领域的平衡发展,但互联网新闻外译领域尚未有成果能够综合互联网站的翻译机构、译文载体和传播媒介三种属性多角度展示互联网新闻外译。这对该领域本身的

戏剧主义修辞观之于互联网对外新闻翻译——以"中国上海"门户网站为个案

理论提升与研究的深入形成一定的掣肘。

鉴于现有的新闻翻译研究成果表明新修辞学在该领域具有重要意义,肯尼斯·伯克修辞理论与新闻外译结合的研究又相对稀少,本书梳理了西方修辞学视角下的外宣翻译研究及现有的肯尼斯·伯克修辞思想研究,发现新修辞学与外宣翻译高度契合,应能为基于互联网平台的外宣翻译研究提供新视角;而伯克修辞思想大大拓展了传统的修辞观念,其应用范围更随着研究的深入不断扩大,适用于本研究的宏观、中观和微观三个层面,也有利于跨学科翻译研究的进一步发展。

初步明确研究对象与支撑理论后,本研究逐层拆解与框定"互联网对外新闻翻译"与"戏剧主义修辞观"这两个核心术语,以利于伯克的核心修辞概念"戏剧主义"随着研究问题的呈现而在三个层面上促进语内翻译、语际翻译和符际翻译的研究。

在厘定核心术语的内涵之后,本研究依据对外传播的发展历程归纳出现阶段对外传播的要求与目标,并以此为根本指导思想,从学者观点与实践经验中总结出对外新闻翻译应当遵循的原则与策略,结合互联网对外传播的独特性揭示当前互联网新闻外译研究的重要方向:一是受众研究应获得更多关注;二是开展受众研究则应切实践行分众化研究,以提升其有效性。依据这一结论,同时考虑到城市形象对国家形象建构的意义,基于对外传播中较为可行的"直接受众—间接受众"传播模式及国际传播对于上海的重要性,本研究选取"中国上海"门户网站新闻英译为个案,首先针对客居上海、使用英语的外国受众进行问卷调查,得到以下发现:(1)多数受访者有意将"中国上海"网作为在沪期间的主要消息来源,但许多受访者在填写问卷之前对其一无所知;(2)相对于政治要素显著的硬新闻,受访者更青睐题材与内容相对轻松、文化性突出的软新闻;(3)部分新闻标题表意不清,削弱了读者的阅读兴趣;(4)图片虽是受读者青睐的报道支持手段,新闻本身是否提供了客观、真实、具体的新闻事实更为受众所关注;(5)受众并未因所谓"负面新闻"而表现出对上海或中国的负面印象,这既表明受众对中国的理解在加深,也说明平衡报道确有必要。

针对上述发现,笔者对"上海网新闻英译"进行了"戏剧主义五位一体"的分析,在宏观效果上指出作为修辞者的上海市对外传播部门仅以"行为者"和"行为"为修辞动机,而未能以戏剧主义五要素中的"目的"为修辞动机,这就割裂了五要素之间的内在联系,片面凸显行为者与行为的重要性,其实质是要求行为者主要依照修辞者的意志开展行为而不考虑行为所预期达到的目的。这一发现本质上强化了前文所总结的对外新闻翻译工作原则与策略的必要性,初步表明译者作为"行为者"的核心角色,也提醒对外传播有关部门应将受众意识提升到政策高度,为"行为者"创造良好的客观行为条件。

明确宏观效果不佳的情况及其原因后,笔者在中观层面上利用伯克的戏剧主义语篇理论——即"篇章是基于五要素的内在关系而形成的统一体而非表面上的词句组合"——分析了作为修辞行为的原文篇章与译文篇章。中观层面的研究发现,由缺失、受众、修辞局限构成的修辞情境是修辞行为的直接场景与决定因素,译者作为新闻外译的首要行为者,要顺应各种修辞局限,以解决特定修辞情境的分歧为目标,针对受众需求发挥"辞屏"作用,通过合理的认同手段达成使受众认同于译文的目的,然而译者行为的外在环境缺陷制约了"辞屏"作用的发挥,使"认同"不易达成。由于这样的译者行为涉及多种社会因素,是典型的社会实践,与修辞批评形影相随的批评话语分析也成为认识这一行为的理想方法,其中"再情景化"概念又恰恰符合翻译是"从原文修辞情境向译文修辞情境的转化"这一事实。据此,笔者基于相关研究成果初步建立"二元再情景化"分析模式,并规定了各个步骤的分析内容。

遵循全书以"戏剧主义五要素"为基础的写作逻辑,借助中观层面的

戏剧主义修辞观之于互联网对外新闻翻译——以"中国上海"门户网站为个案

分析成果,笔者对新闻标题、硬新闻、软新闻和图片新闻英译四类文本展开具体分析,主要包含以下内容:(1)原文与译文五要素分析,必要时指出修辞动机;(2)寻找特定修辞情境的"分歧",明确其对译者运用"辞屏"及认同策略的影响;(3)利用"二元再情景化"分析具体文本,以深化对译者行为的认识,并依据分析结果适时改进这一模式。通过微观文本分析可见,译者会依据其所理解的翻译修辞情境分歧调用"辞屏"、采取"基于同情的认同"和"无意识认同"等内容认同手段与"规约形式"等形式认同手段,促使受众认同于译文,力求填补修辞情境的缺失;"二元再情景化"模式则揭示了文本之外的更多译者行为场景要素,丰富了对网媒新闻外译完整过程的认识,而具体文本分析中的新发现也促进了对原有模式的调整与改善。

鉴于三个层面的分析均表明"场景"这一要素的重要性最为显著,且贯穿网媒新闻外译的全过程,笔者将提升网媒新闻外译质量的核心策略归纳为:始于场景、忠于场景、成于场景。"始于场景"是指主管网媒新闻外译的相关政府部门应以受众需求为本,主要在新闻外译团队的决策自由度、目标受众调查研究、新闻原文质量把关三个方面为网媒新闻外译创造有利的宏观条件,这是顺利开展后续的翻译与译文展示工作的必要前提。"忠于场景"则指译者的行为与决策需要以三种"场景"为基本导向:一是承载核心信息的原文;二是原文修辞情境与译文修辞情境及两者的差异所造成的翻译修辞情境"分歧";三是展现最终译文的特定网络媒体及其传播需求与条件。最后,"成于场景"指的是包括编辑、外籍专家和网站技术人员在内的新闻外译团队应尽力配合译者,使译文的标题、配图、正文从内容到表现形式都易于为受众所接受,为译文传播创造理想的网络环境,必要时也不妨尝试用超链接提供新闻背景等创新手段,力求从各个方面使新闻译文达成预期的传播效果,进而逐渐提升网媒新闻外译的整体质量,为对外传播大局贡献力量。

前 言

　　本书一定程度上推动了新修辞学,尤其是肯尼斯·伯克的修辞思想在新闻外译领域的应用,强化了修辞学与外宣翻译之间的学科联结;同时,基于批评话语分析构建"二元再情景化"模式也进一步提升了翻译研究,尤其是新闻外译研究的跨学科性;此外,个案研究方式既助推了上海自身对外传播效果的提升,也为其他同类网站的新闻英译提供了研究路线指引,相关研究结果也可能得到进一步推广,以促进互联网对外传播效果的全面提高。

* 本书系福州大学科研启动项目(GXRC201821)的最终成果。

图 目 录

图 1 戏剧主义修辞观核心内容构成 / 4

图 2 翻译学研究方法基本分类 / 6

图 3 本研究主要研究方法与研究导向示意图 / 10

图 4 "翻译"概念构成图 / 48

图 5 基于 5W 模式的"对外新闻翻译"与"互联网对外新闻翻译"对比 / 55

图 6 英文版上海网新闻图片栏目:内容错误示例 / 146

图 7 英文版上海网新闻图片栏目:硬新闻题材示例 / 152

图 8 基于伯克修辞理论的传播过程图 / 155

图 9 基于伯克修辞理论的新传播过程图 / 156

图 10 互联网对外新闻翻译个案"五位一体"分析结果简图 / 159

图 11 基于戏剧主义的新闻外译过程简图 / 163

图 12 新闻原文戏剧主义五要素关系简图 / 167

图 13 语篇认同分析流程图 / 172

图 14 对外新闻翻译认同分析流程图 / 173

图 15 对外新闻翻译"辞屏"关系图 / 175

图 16 翻译再情景化分析模式 / 189

图 17 互联网对外新闻翻译的"二元再情景化"分析模式 / 190

图 18 英文版上海网新闻图片栏与标题栏 / 201

表 目 录

表 1　受访者国籍构成情况 / 132

表 2　受访者英语熟练程度 / 132

表 3　受访者城区分布情况 / 132

表 4　受访者年龄分布情况 / 132

表 5　受访者性别分布情况 / 132

表 6　受访者居留上海的时间 / 132

表 7　五位一体关系对子分析例表 / 141

表 8　上海网新闻英译的戏剧主义五要素内容 / 143

表 9　上海网新闻英译五位一体关系对子分析:翻译层面 / 150

表 10　上海网新闻英译五位一体关系对子分析:传播层面 / 154

表 11　互联网对外新闻翻译的戏剧主义五要素内容 / 158

表 12　上海网新闻英译标题举例 / 199

表 13　例 1 原文戏剧主义五要素内容 / 214

表 14　例 1 原文五位一体关系对子分析 / 214

表 15　例 1 译文戏剧主义五要素内容 / 216

表 16　例 1 译文五位一体关系对子分析 / 217

表 17　例 7 原文戏剧主义五要素内容 / 229

表18　例7原文五位一体关系对子分析 / 229

表19　例7译文戏剧主义五要素内容 / 232

表20　例7译文五位一体关系对子分析 / 232

第一章 绪 论

1.1 选题源起

"中国文化走出去"作为我国当前的重大文化战略,对于提升我国的文化软实力、构建中国的良好国际形象有着重要意义。有关部门为了推动"走出去"而投入了大量人力物力,但目前为止,重视"走出去"、忽视"走进去"仍是我国对外传播的普遍性问题(李景端,2017:33)。然而,要切实提高国家文化软实力,"走进去"是绕不开的环节,对外传播必须以效果为先。随着互联网的普及,"第四媒体"实现了迅速发展,网络媒体以其传播内容的海量性与多样化、传播形式的多媒体与超文本、传播主客体之间的互动性而获得传统媒体所不具备的巨大优势,大大提升了传播的可及性与有效性;网络媒体用户规模的迅速扩张也使其成为对外传播必争之地,网络技术成为21世纪传播技术发展的主要驱动力。因此,把握这一历史机遇,积极利用网络媒体开展对外传播工作,将为我国对外传播效果的改善提供重要支持(王东迎,2010)。另一方面,新闻报道,尤其是软新闻素来是承载"故事"的理想媒介,利用网络对外报道"讲好中国故事"成为新技术背景下中国对外传播的必要选择,但基于我国新闻报道体制的特殊性,长久以来我国的对外报道都是通过内稿外译的方式实现

戏剧主义修辞观之于互联网对外新闻翻译——以"中国上海"门户网站为个案

的,即由译者对新闻原文素材进行语言加工与转换而形成英文报道,属于广义翻译的范畴。这意味着对外报道从本质上无法去除翻译的属性,要全面深入地认识对外报道就必须介入其从原文转换为译文的完整过程。正是基于以上原因,本研究选取互联网对外新闻翻译为研究对象,希望为以新闻为载体的中国故事"走出去"带来全方位的启示。

尽管当前的网络媒体对外传播已足以达至全球绝大多数受众,受众具有使用媒体的主观意愿仍是传播取效的起点。《中国国家形象全球调查报告(2016—2017)》显示,中国媒体海外传播效率不高,其首要原因是海外受访者"不知道应该看什么中国媒体"(张义凌,2018)。这在一定程度上表明,即便有互联网的传播优势作为支撑,中国媒体的对外传播仍未对身居海外的受众产生直接效应,海外受众对中国媒体的知晓度不理想。因此,目标受众不够明确的"撒网式"对外传播仅是无的放矢,难以有针对性地提升整体对外传播效率。另一方面,随着国际受众对中国未来的信心逐渐提升,来华外国人的数量一直处于增长态势。直接面向宽泛的海外受众、自上而下的大规模对外传播思维应当有所转变。从培养客居中国的"意见领袖"入手,通过直接受众由点及面地影响广大海外间接受众,将不失为一种有益的新途径。随着网络媒体分众化研究的呼声日益高涨,基于新闻传播的地域与兴趣"接近性"原则,客居中国的外国人还可依据网络传播媒体的特定归属细化为不同的受众群体,其中地方政府网站的新闻外译便可依地域圈定目标外国受众,较为便利地开展受众调查,了解目标受众的需求,有针对性地提升网站的对外传播效度。这一做法对于其他地方政府网站乃至非政府网站的网络传播媒体也不失为一种有益的借鉴。故此,本研究选取地方政府网站为个案探讨互联网对外新闻翻译,既是为了使受众研究能够相对顺利地展开,也是因为这一做法顺应了网络媒体研究的大趋势。所选个案最终确定为"中国上海"门户网站,主要因为上海已是全国境外人员最集聚的地区之一,国际化程度相对较高,展开受众调查相对容易,受众意见也有一定的代表性,能够为其他类型网站的新闻外译提供有益的借鉴。

本书的核心词语是"翻译",但"互联网"与"新闻"已显著表明本研究的跨学科属性。事实上,翻译学研究发展至今,在很大程度上借用了其他学科的力量;而就新闻外译这一显著结合了传播学与翻译学的研究课题而言,汲取关联学科的养分显得尤其必要。西方修辞学,尤其是新修辞学,与翻译学、传播学都颇为相关;修辞学是西方翻译研究最早引入的理论视角,而传播学的理论根基则可追溯到古希腊罗马时期的修辞学,西方修辞学所总结的口头传播规律也成为现代传播学发展的丰厚土壤(袁卓喜,2017)。有鉴于此,本书综合新修辞学泰斗肯尼斯·伯克(Kenneth Burke)的核心修辞思想及其他新修辞学者的理论形成"戏剧主义修辞观",作为本书的主要理论依托。此外,"互联网"媒介纳入了多种社会语境要素,极大地强化了新闻外译的社会实践属性,使其自然而然地进入批评话语分析的视野。为更全面地认识研究对象,本研究在修辞批评的基础上引入了"再情景化"的批评话语分析模式,力图为构建翻译批评新模式初步奠定基础。

1.2 理论框架

戏剧主义修辞批评是美国修辞学家肯尼斯·伯克提出的一种修辞分析法。笔者以这一方法的戏剧主义视角为基础,将伯克与之相应的修辞思想同其他学者的相关修辞理论一道,纳入"戏剧主义修辞观"这一名词下,构成本研究的理论框架。据《现代汉语词典》,"观"意为"对事物的认识或看法"(陆书平等,2014:279);与此相应,笔者的"戏剧主义修辞观"即指以"戏剧主义"为基础而构筑的对修辞行为的认识和看法。伯克"戏剧主义"的基本观点是:人们对现实世界的基本思维框架需要涉及五个原则性要素,即行为、行为者、场景、手段和目的。以此观照修辞行为,则表明在特定修辞行为及其行为者之外,还需观察这一修辞行为的场景、手段和目的。这些内容在伯克的修辞体系中分别对应着修辞情境、"认同"策略、戏剧主义五位一体分析与"认同";但伯克对修辞情境的描述相对宏观,缺乏可操作性,笔者便将观点类似但内容更为丰满的劳埃德·比彻(Lloyd Bitzer)的"修辞情境观"加入其中,形成本研究的理论框架,并在3.2部分进行了具体的概念界定。该框架的核心内容如图1所示。

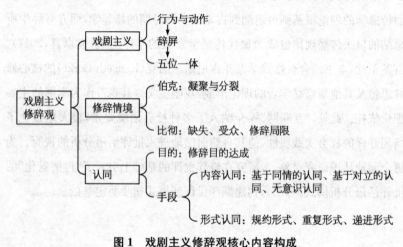

图1 戏剧主义修辞观核心内容构成

1.3 研究问题

本书以互联网对外新闻翻译为研究对象,以戏剧主义修辞观为主要理论依托,围绕"中国上海"门户网站新闻英译这一个案展开宏观、中观和微观三个层次的研究,力求以小见大,为互联网对外新闻翻译提供具有普遍意义的借鉴,助力对外传播效果的提升。本研究主要涉及两个研究问题,其中包含八个子问题。

研究问题一：个案研究对于探索互联网对外新闻翻译有何作用？
  子问题1：互联网对外新闻翻译的现状如何？表现出怎样的趋势？
  子问题2：为什么选取"中国上海"门户网站为个案研究对象？
  子问题3：个案研究具体应如何开展？
  子问题4：个案研究得出哪些具有普遍意义的结论？
研究问题二：戏剧主义修辞观对互联网对外新闻翻译有何意义？
  子问题5：为什么采用戏剧主义修辞观研究互联网对外新闻翻译？
  子问题6：本研究对戏剧主义修辞观的运用在哪些方面有所突破？
  子问题7：新闻外译各主体在戏剧主义修辞视角下扮演怎样的角色？
  子问题8：本研究揭示了当前互联网对外新闻翻译的哪些问题？依据戏剧主义修辞观应如何改善？

  此外，本研究因包含一项针对目标受众的问卷调查，还涉及两个研究假设。

  研究假设一："中国上海"门户网站新闻英译在直接受众当中的接受度不佳，未能达到预期的传播效果。

  研究假设二：造成"中国上海"门户网站新闻英译现有接受度不佳的原因主要不在于译文或译者，政府、网站平台及受众在其中发挥的影响不容小觑。

1.4 研究方法

  基于翻译的语言转换本质，翻译研究与语言学之间存在天然的纽带。事实上,从上世纪50年代早期到60年代末,翻译研究一直被视为应用语言学的一个分支,而语言学一般也被看作是影响翻译研究的最主要学科。然而,随着翻译学在1970年代成功脱离语言学成为一门独立学科,翻译研究也开始大量借重其他学科的理论框架与方法论,包括心理学、交际理论、文学理论、人类学、哲学及文化学,等等(Baker,2004:279)。追根溯源,翻译是一种跨文化的语际转换活动,翻译研究针对的最根本问题是不同语言之间的意义转换;而意义是无限丰富的,这样的人文特征决定了翻译研究必然表现出人文性。翻译过程涉及错综复杂的社会因素,这又决定了翻译研究应当具有社会性的一面(赵巍,2005:69)。因此,翻译中的意义转换不仅是一种语言现象,更是一种社会文化现象,这使得翻译研究成为一门综合性的人文社会学科。要而言之,鉴于翻译学扎根于语言学的跨学科发展态势,翻译学的研究方法首先应以社会科学领域的基本研究范式为引领,但又需要借各学科之力形成其特有的方法论体系。从国内外有关翻译研究的论述看来,在翻译研究方法可分为理论方法(或称"人文方法""人文派"研究方法)与实证方法(或称"科学方法""科学派"研究方法)这一点上,学界已达成一定的共识。前者是指利用过往的研究或已成形的理论对研究对象进行解释与分析,从中得出新的理论观点或体系;后者则是以客观事实和数据来论证某种观点。其中姜秋霞和杨平(2004,2005)对这两类方法的具体内容表述得最为具体,见图2。

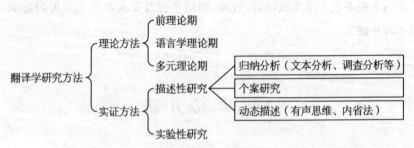

图2 翻译学研究方法基本分类(姜秋霞、杨平,2004,2005)

不过,上述研究基本以两大类方法的观察、梳理与比较为主,对于哪些研究对象适用哪一类方法大多语焉不详。目前已有国外学者在这方面做出了一定贡献,加布里埃拉·萨尔达尼亚(Galbriela Saldanha)和莎伦·奥布莱恩(Sharon O'Brien,2014)就依据研究对象的不同将翻译研究划分为产品导向、过程导向、参与者导向、语境导向四类,并分别列举出当中最常用的几种人文派或科学派研究方法。笔者将以这一分类为基础,结合论证方法与实证方法的区别,阐述本研究的研究方法。

首先,语境导向型翻译研究旨在揭示"促成翻译行为的社会、政治、文化与意识形态交织的力量"(Marco,2009:15),即研究翻译中的语境因素。这与多位学者所倡导的翻译批评范式不谋而合。王佐良先生曾言:译者处理的是个别的词,面对的则是两大片文化(1994:704)。这"两大片文化"如何影响译者的具体决策和译文的最终面貌、译文如何在译语文化中发挥作用,是从宏观角度研究翻译的重要内容(冯庆华、王昱,1998);因此,翻译批评作为连接翻译理论与实践的纽带,既要注重微观层面上具体词句的处理,也应关照译文宏观上的整体效果(李静滢,2001),不宜偏废。正是基于这样的思考,本研究不仅会深入具体文本,也将在宏观层面上观察互联网对外新闻翻译的实际效果;基于新闻与互联网显著的传播特性,对"实际效果"的考察又与下文的"参与者导向型"研究相互融合。在具体的研究方法上,萨尔达尼亚和奥布莱恩(Saldanha & O'Brien,2014:206)认为个案研究是适于语境导向型翻译研究的重要方法,因为个案"是现实世界中的人类活动单位,必须在语境中加以分析、理解"(Gillham,2000:1);个案研究是"在现实语境中深度探究某种当代现象的实证调查方法,特别是在现象与语境之间的界限并不十分清晰时"(Yin,2009:18)。个案研究"需要对背景及参与者展开具体的描述,同时多角度地分析数据"(Merriam,1998;2009),而基于某个特定个案对某一普遍现象展开研究、旨在揭示某一现象本质的被称为"工具型单

戏剧主义修辞观之于互联网对外新闻翻译——以"中国上海"门户网站为个案

一个案研究"(single instrumental case study)(Creswell,2007)。互联网对外新闻翻译以互联网为载体,以新闻传播为表现,以翻译为主要手段,其所涉及的多重社会要素构成了范围广泛的语境,与个案研究的目标不谋而合;从现有文献的分析中也可发现对互联网新闻外译展开个案分析的必要性。本研究取"中国上海"门户网站新闻英译为个案,借助戏剧主义修辞观的理论与方法分析影响互联网对外新闻翻译的各个语境要素,力图揭示这一社会性显著、多种力量交织的翻译行为所应遵循的内在规律,为典型的工具型单一个案研究。

其次,各方面要素对互联网对外新闻翻译的影响最终都要体现在译文中,因而产品导向也是本研究必不可少的组成部分。产品导向型研究可分为描述性/解释性(descriptive/explanatory)研究与评价性(evaluative)研究,前者可采用批评性话语分析和语料库语言学方法(Saldanha & O'Brien,2014:50-57)。本研究进行产品分析时以描述性研究为主,综合修辞分析与批评性话语分析,对文本展开修辞批评,同时创建翻译的批评性话语分析模式,也少量地运用了词频分析的量化方法。在评价性研究方面,由于本研究以语境导向的个案研究为主体,而翻译产品的评价则往往集中于产品本身的可读性、可用性和可理解性等要素(同上),对翻译行为的场景鲜有触及,本研究对译文的评价将主要基于其作为传播手段的实质展开,仍以批评性话语分析为辅助。

最后,译文由译者生成,以读者为目标,因而过程导向与参与者导向也在一定程度上体现在本研究中,但因本研究对象的特殊性及研究需要而略有调整。过程导向型研究可分为三个层次,前两个层次都与译者的心理活动及实际操作过程直接相关,以内省法、有声思维和眼动追踪为常见的描述性或实验性方法,但这两个层次并非本研究的关注点。基于本研究中翻译与其所处场景密不可分的关系,本研究将更多注意力放在了第三层次,即:考察翻译过程的情境性,囊括了从委托人下达任务到读者接受翻译产品整个过程中的所有要素与参与者,这一层次的研究往往与语境导向型研究形成同一关系(Saldanha & O'Brien, 2014:110),这与本研究的基本取向相符,同时也影响着本研究的"参与者导向"。参与者导向型研究对翻译过程中所涉及的参与者展开研究,常见的方法包括问卷调查、访谈及小组讨论(同上:150-151)。由于新闻译文以传播为根本目的,且目前针对受众的科学派调查研究仍较为稀少,本研究的参与者导向聚焦于译文受众,以受众问卷调查结果为基础,结合相关理论框架研究翻译产品与翻译过程,以期为其他翻译过程参与者的行为带来启示,继而对互联网对外新闻翻译形成规律性认识,并完善基于修辞批评方法与批评话语分析的翻译研究模式,使语境导向的个案研究得以完整。

综上所述,本研究遵循社会科学领域研究方法的基本划分,采用以质化为主、量化辅助的混合研究范式,综合翻译研究的语境、产品、过程和参与者四个导向,形成理论方法与实证方法相结合的工具型单一个案研究,利用修辞分析、批评话语分析及词频分析方法研究翻译产品,采用问卷方式调查作为翻译过程参与者的受众,依托基于戏剧主义修辞观具体理论的论证方法与修辞分析法,升华翻译产品与翻译过程研究。具体内容如图3所示。

基于以上方法及研究问题,本研究的技术路线可归纳为:(1)就对外传播与对外新闻翻译的现有文献展开理论层面的分析,总结当代对外传播的要求和目标及对外新闻翻译的工作原则和策略;其后结合互联网对外传播的特点,归纳出当前互联网新闻外译及其研究的新趋势,指出个案研究的必要性。(2)遵循必要的个案选取原则,搭建研究主体,针对受众展开问卷调查,以戏剧主义修辞批评方法分析调查结果,总结宏观情势,指出问题所在。(3)用戏剧主义修辞观相关理论展开论证,在中观层面上指出互联网新闻外译的关键要素,引入批评话语分析方法构建翻译研究模式。(4)搜集文本并按一定标准分类,在微观层面上对具体文本分别进行修辞批评、理论论证与新模式分析,以使研究结果一定程度上形成互证,对新研究模式亦可实现回溯与改良。

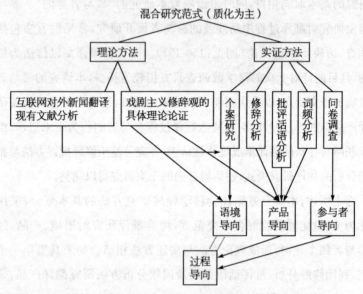

图 3　本研究主要研究方法与研究导向示意图

1.5　研究意义

基于本研究的选题背景,结合课题研究所执行的理论架构、旨在解决的研究问题及计划采用的研究方法,本研究的主要意义体现在以下四个方面:

首先,互联网对外新闻翻译是互联网时代开展对外传播活动的重要形式,对该课题展开全面、深入的研究将有助于提升中国对外传播的效度。同时,由于新闻翻译与文学翻译迥然不同的特性(Bielsa & Bassnett,2011:10),对新闻翻译的研究将助推非文学翻译理论的发展,促进文学翻译理论与非文学翻译理论的相互借鉴与促进,使国内学者对翻译理论与实践的研究更为完备。

其次,新修辞学引入中国后,在传播与翻译领域都产出了一定的研究成果,但在同时融合传播与翻译特性的新闻翻译领域则尚未获得足够重视。新修辞学代表人物肯尼斯·伯克的修辞思想虽屡被提及,其理论体系却往往遭到割裂,目前仍鲜有学者依其修辞理论的发展脉络对翻译活动展开相对全面的研究。因此,将伯克基于戏剧主义的修辞思想系统化地引入本研究中,不仅有助于学界以全新的视角审视互联网对外新闻翻译,促进该领域理论与实践的发展,同时也可展示伯克修辞思想相对完整的面貌,促进"戏剧主义修辞观"在其他翻译研究领域中的应用。本书拟融合伯克基于"戏剧主义"的"修辞情境""戏剧主义五位一体"和"认同"三大核心修辞概念,从相关网站对外新闻翻译的宏观、中观、微观三个层面展开论证,这也是本书的创新点之一。

第三,对外传播必须关注受众接受效果,而非漫无目的地实施"信息轰炸"。同样,互联网对外新闻翻译要提高效度就必须关注受众接受度,了解受众需求,因此有必要采取相对科学的实证研究方法调查受众对传播内容的接受程度。另一方面,中央政府主导的大规模对外传播活动固然是"文化走出去"的重要途径,但在其传播效果不佳的情况下,不妨考虑更多元的传播渠道,通过直接受众影响间接受众而达到传播效果的提升。有鉴于此,与当前国内多数对外新闻翻译研究更青睐中央级网站的倾向不同,本研究以地方政府网站新闻英译为个案,针对范围更明确的受众展开调查,以期由点及面地改进对外传播质量,这是目前国内对外新闻翻译研究中相对匮乏的部分,亦是本研究的又一创新点。本研究最终选定"中国上海"门户网站新闻英译为个案研究对象,通过问卷形式了解受众实际需求,力求深入探究影响这一翻译活动的各方面因素。这不仅使该网站的对外新闻翻译实践更具针对性,有助于提升其有效性,也有望促进新闻翻译领域实证调查研究的进一步发展。此外,对该门户网站新闻英译的全景化研究不仅有助提高上海市政府的对外传播效果,进一步提升上海的国际形象,也能为其他地方政府网站的新闻英译提供有益的借鉴,具有显著的现实意义。

第四,依据对受众调查数据展开理论论证所体现的部分信息,本研究引入"再情景化"的批评话语分析模式,构建了互联网对外新闻翻译的"二元再情景化"模式,力求对这一社会语境丰富的社会实践活动获得更全面的认识,同时也为新的翻译批评模式的成型初步奠定基础,这是本研究的第三个创新点。

1.6 本书结构

依据1.4所述的本研究技术路线,全书共分为八章。

第一章:绪论

本章简要介绍了本研究的选题背景、理论的大致构成、研究问题、研究方法、研究价值与创新点、论文结构六个方面。

第二章:文献综述

本章首先对新闻翻译及互联网对外新闻翻译的相关研究从研究对象、理论支撑、研究方法、研究成果四个方面进行了爬梳,指出当中的不足,初步显示了本研究的可行性;其后又梳理了西方修辞学与外宣翻译相结合的研究,提出伯克的戏剧主义修辞思想在外宣翻译领域尚存待发掘的研究空间;最后梳理了当前肯尼斯·伯克修辞思想的相关研究,指出其与本研究在文本与非文本层面都存在契合之处。

第三章:核心概念释义

本章主要对研究的两个核心概念进行了界定。就"互联网对外新闻翻译"而言,首先从翻译的多义性、语言学属性、传播学属性和方向性四个角度对"翻译"进行了重新定义,其后逐层界定"对外新闻翻译"与"互联网对外新闻翻译",阐明后者的特有属性,为后续章节打下基础;而对于"戏剧主义修辞观",则解释了这一概念的由来,并对其中的各个构成要素进行了详细解析。

第四章:互联网对外新闻翻译:全景与焦点

要判断互联网对外新闻翻译的现状,则不能不由其所从属的对外传播谈起。本章首先归纳了现阶段对外传播的要求与目标,这是互联网对外新闻翻译发展的根本指导;其后梳理了对外新闻翻译的原则与策略,这是互联网对外新闻翻译的直接行为依据;第三步则结合互联网传播特点,综合前两部分内容展示了互联网对外传播的现有发展;最后总结了互联网背景下新闻外译的新趋势,为下一章进入个案研究奠定基础。

第五章:互联网对外新闻翻译之戏剧主义初探:"中国上海"门户网站新闻英译宏观效果分析

本章旨在展示"中国上海"门户网站个案问卷调查的结果,首先解释了选取"中国上海"门户网站这一个案的原因,其后展示了问卷调查的内容、设计与结果,并引入"戏剧主义五位一体"对结果进行分析,宏观上指出"中国上海"门户网站新闻英译传播效果不佳的原因,为下文的中观与微观分析提供依据。

第六章:戏剧主义修辞观与互联网对外新闻翻译:中观概览

本章首先展示了戏剧主义语篇理论与互联网对外新闻翻译的契合之处,其后在中观层面上分别对新闻原文与译文的修辞五要素进行了分析,发现了"场景"要素的重要性;接着利用戏剧主义修辞观的各个构成要素分析新闻译者,确定制约译者具体行为方式的决定性内容为"场景",继而引入与这一发现高度吻合的"再情景化"批评话语分析模式,并依据现有发现初步确定互联网对外新闻翻译的"二元再情景化模式",留待具体文本分析检验。

第七章:戏剧主义修辞观与互联网对外新闻翻译:微观细探

本章进入具体文本的分析,将新闻英译分为新闻标题、正文(硬新闻与软新闻)和图片新闻三部分,以利于讨论的进行。在分析过程中,首先需要了解原文与译文五要素分布的不同,进而发现翻译修辞情境中的分歧,并结合具体文本分歧展示译者及相关行为者如何在受众意识的指引下,依从各类修辞局限,利用辞屏采取一定的认同手段与受众达成认同、填补缺失,从而为互联网新闻外译传播效率的提升带来新的启示;同时,"二元再情景化"模式也被用于具体文本的分析中,这既深化了对新闻外译行为的认识,也对这一模式的改进起到了一定作用。

第八章:结语

本章简要回顾了研究的主要内容与发现,并提出"始于场景、忠于场景、成于场景"为互联网对外新闻翻译的核心策略方向,同时指出了本研究的不足,对今后的研究方向作出了展望。

第二章 文献综述

2.1 新闻翻译及互联网对外新闻翻译研究

相较于翻译界长盛不衰的文学翻译研究热潮,新闻翻译研究,尤其是策略研究,近年来仍处于相对弱势的地位(Bielsa & Bassnett, 2011:10)。但是,随着各国学者对媒体中的信息交流与转换产生日益浓厚的兴趣(同上),该领域研究已取得了较为可观的成果。纵观当前国内外学者对新闻翻译的探讨,我们大致可以从研究对象、理论支撑、研究方法和研究成果四个维度予以考察,以便初步确立本研究的可行性与必要性。

2.1.1 研究对象

有学者对从事新闻翻译的主要机构进行了探究,指出世界各地的通讯社既是新闻供应商,也是大型的新闻翻译机构,许多译者并非专业译者,而是具有较强语言能力的新闻记者(Bielsa & Bassnett, 2011;潘莉(2014)以《参考消息》(*Reference News Newspaper*)为例,指出新闻翻译是显著的新闻机构行为,并剖析了该机构中影响翻译过程的各主要因素和译者地位等关键问题;司显柱(2016)、王莉(2016)探讨了英语新闻媒体作为新闻翻译机构的对外传播有效性。另一方面,不少新闻翻译研究

戏剧主义修辞观之于互联网对外新闻翻译——以"中国上海"门户网站为个案

侧重于文本与翻译过程,即对新闻文本翻译实例、新闻翻译构成要素、翻译手段等内容展开相对微观的探讨,如对法新社、路透社和国际新闻社抽样文本的分析(Bielsa & Bassnett,2011)、对 BBC News 的阿拉伯妇女演讲英译文及英语政治新闻的阿拉伯语译文的分析(Al-Hejin, 2012; Kadhim, 2008)、富于知识性和趣味性的软新闻翻译研究(Chen, 2011;陈雅玫,2015)、新闻翻译中语体变化的研究(Kadhim, 2008; Sorby, 2008)、新闻标题或导语翻译研究(饶梦华,2006;王银泉等,2007)等。在研究对象所涉及的语言种类上,国外学者较多地关注西方语言之间的翻译,谈及亚洲语言的研究较少;而国内学者的研究主要关涉汉语与他国语言之间的转换。同时,随着中国综合国力的提升和对外传播意愿的日渐增强,以新闻英译为代表的对外新闻翻译开始在学界获得越来越广泛的重视。但是,尽管传播效果是各类传播活动的目标所在,目前探讨我国对外英语新闻传播效果的研究仍较为匮乏,对外英语新闻的传播效果往往难以把握,不利于对外传播整体目标的实现(司显柱,2016)。这样的缺失一定程度上为对外新闻翻译领域的研究指出了新的方向。

随着互联网在大众传播领域促成以网络为载体的"第四媒体"的诞生(蔡帼芬,2002:157),有学者在分析了互联网对新闻业的多种影响后,指出网络新闻才是新闻业的未来(Van Haak et al., 2012)。许多传媒业专业人士甚至预测,传统大众传媒(如电视、电影、广播和报纸)的内容最终都将以数字形式通过互联网输送到千家万户,使互联网成为独占鳌头的大众传播媒介(Dominick, 2010:17)。于是,互联网新闻媒体作为新兴的特殊新闻翻译机构和新闻译文载体开始引起学界关注,逐渐形成新闻翻译研究领域的互联网趋向。有学者对新闻翻译研究在中国的发展进行了综述性研究(黄勤,2007;杨凤军,2012;吕文澎、赵红芳,2012),借以梳理学科脉络,发现研究空白,明确研究方向,构建新闻翻译理论,促进新闻翻译实践。相关学者均认为网络新闻翻译是未来的重要研究课题,但目前仍未获得足够重视。到 2017 年 12 月 1 日为止,笔者在中国知网的"主题"检索条件下对"网络新闻翻译""网站新闻翻译""互联网新闻翻译"分别进行模糊搜索,得到的结果分别为 375 条、313 条和 6 条,其中尚有许多与主题不尽相关的文献。这表明网络新闻翻译研究的确尚有一定的发展空间。不过,在当前中国政府着力提升文化软实力的背景下,互联网对外新闻翻译的相关领域研究已经取得了不小的进步。在主要以机构整体为对象的研究中,李岩(2006)梳理了人民网英语新闻的对外传播概况,指出其中存在的问题并提出对策,但这一传统的应用传播研究缺乏明晰的理论支撑,研究结果的可信性存疑;喻萍芳(2011)较为宏观地探讨了互联网英语对外传播媒体的现况、存在问题及改进办法;陈曙光(2012)比较了新华网、人民网、中国日报网、中国网、央视国际网和国际在线等六大中央级新闻网站的英语新闻网页,通过定量分析指出其各自的优势与特点,再利用传播过程五要素指出不足,并分析问题成因、提出改进策略,具有一定的实践适用性与理论发展意义。这些研究主要指向互联网新闻译文载体,对于译文的传播效果研究有着重要启示,但由于研究内容大多侧重于传播,基本不涉及具体的文本和翻译过程,大大弱化了翻译在对外传播中的关键地位。另一方面,互联网对外新闻翻译的文本和具体过程研究已经取得了显著而多样的成果。文军、邓春(2003)对 30 位从事网络新闻翻译的译者进行了访谈,验证关联理论在网络新闻翻译过程中的适用性;饶梦华(2006)基于中英文差异与网络新闻标题的特点,从跨文化传播的角度梳理了英语网络新闻标题的翻译原则与方法及文化负载词的处理方式;陈海涛、肖洪森(2010)采用纽马克(Peter Newmark)的"交际翻译"和"语义翻译"分析中国科协官方网站新闻英译,指出在外宣网站中用国际化语言表达中国内容的重要性;徐林(2011)基于多年的从业经验,从稿件的选取到标题、摘要、导语和正文的翻译,结合实际译例,多角度、全方位地展示了网络新闻的汉英翻译;李

戏剧主义修辞观之于互联网对外新闻翻译——以"中国上海"门户网站为个案

中强(2012)以《中国日报》手机报为例,综合翻译理论与传播学理论,探讨了基于手机媒体的新媒体汉语新闻英译工作,对于互联网新闻英译及其他手机 APP 的新闻英译都有重要的参考价值;饶梦华(2013)从目的论出发,认为网络新闻导语英译应当指向目的语读者的需求,选取有价值的信息要素,采取各种可行的方法开展翻译。不过,这些研究大多存在这样一个问题:未能凸显互联网对外新闻翻译与传统媒体的对外新闻翻译之间的差异。从研究采用的理论框架到具体的选材内容,多数研究都未能真正体现"互联网"这一研究重点,或仅是浅表地触及技术要素对编译手段(如新闻标题长短)的影响,而并未真正从互联网这一载体出发,发掘相关网站在"网站简介、注释、影像、版面、超链接、专栏题目、图片、影片、色调及各专题的题目"(转引自张美芳,2011)等深层文化方面的超文本特性及其对"协调译者的专业精神和社会及政治之间的冲突"(同上)等内容的深刻影响。此外,这些研究对于传播效果未予实际探讨,在选取具体语料时以文本的可译性与网站的权威性为主要导向,因而多数研究都集中在人民网、中国日报网、中国科协网等中央级网站上,忽视了较低层级网站具有更高的受众可及性、更有利于开展对外新闻翻译的传播效果研究。传播学大师哈罗德·拉斯韦尔(Harold D. Lasswell, 2015: 35)曾提出传播过程的 5W 模式,即:Who(谁)Says What(说了什么)In Which Channel(通过什么渠道)To Whom(向谁说)With What Effect(有什么效果),其中"取得什么效果"(With What Effect)虽然并非传播行为本身,却是传播活动的意义所在,新闻传播必须关注受众的接受效果。事实上,如何运用新媒体的优势加强对外传播技巧与效果本就是较长一段时期内对外报道领域的研究重点(侯迎忠,2008),而网络媒体在对外传播领域的优势在于,其信息的传播具有传统媒体难以企及的广度和深度,能够轻易达至我国对外传播的目标受众(郭可、毕笑楠,2003)。同时,互联网使得受众与传播主体之间、受众与受众之间的交流都更为便捷与紧密,于是更有助于传播主体有针对性地把握与满足受众需求,进而提升传播效果(Dominick,2010:250)。因此,要提高互联网对外新闻翻译效度、从根本上提高互联网对外新闻翻译在中国对外传播大局中的作用,则有必要在深入翻译文本与翻译过程研究的同时,针对译文目标受众展开切实可行的接受度调查。

综上笔者认为,互联网对外新闻翻译研究已取得了一定进展,但研究内容尚待突破,研究形式仍需调整。为了较为准确、全面地呈现"互联网对外新闻翻译"的面貌,应当有机地结合前文所述的该领域两大类研究对象,以充分了解互联网背景下对外新闻翻译的新特点、新发展;此外,从新闻译文面向读者、新闻传播面向受众的基本特质出发,不妨选取可操作性较强的个案,采用恰当的手段了解互联网新闻翻译的受众接受度,以期逐步扭转该领域研究缺乏相对科学的实证调查数据支撑、各家学者自说自话的局面。

2.1.2 理论支撑

自 20 世纪 90 年代末起,翻译研究便冲破了纯语言学路径的束缚,表现出越来越显著的跨学科倾向,描写译学和"文化转向"等流派应运而生(Munday,2010:187-195)。玛丽·斯内尔-霍恩比(Mary Snell-Hornby)发展了翻译研究是"独立学科"(separate discipline)(Bassnett & Lefevere,1990:ix)这一提法,吸收了语言学派和文学派的各种翻译理论,指出翻译研究理应成为"交叉学科"(interdiscipline),继而确立了翻译研究的综合法,指明了翻译研究的跨学科走向(Snell-Hornby,2001)。这一趋势也自然而然体现在了新闻翻译研究中。由于新闻翻译以"译"为立足点,翻译学理论成为不少新闻翻译研究者的首选,采用目的论、功能翻译理论、交际翻译理论等传统译论的研究不在少数(钱叶萍、王银泉,2006;王金华,2007;乐萍,2014)。至于其他与新闻翻译相关的学科视角,有些研究扎

戏剧主义修辞观之于互联网对外新闻翻译——以"中国上海"门户网站为个案

根于受众和传播模式等传播学概念(Holland,2006;吴磊,2009),还有些研究则借助接受美学(黄樱,2014)、跨文化视角(王银泉等,2007)和意识形态研究(Pan,2015)等与新闻翻译某些层面相关的学科内容。值得注意的是,近年来以关注受众反应为主要导向、与传播学密不可分的西方修辞学也开始引起译界的关注,不断有学者指出其对中国的外宣翻译事业有着重要的指导作用(刘亚猛,2004;陈小慰,2013)。外宣翻译是翻译的一种特殊形式,指在全球化背景下以让世界了解中国为目的、以汉语为信息源、以英语等外国语为信息载体、以各种媒体为渠道、以外国民众(包括境内的各类外籍人士)为主要传播对象的交际活动;广义的外宣翻译几乎涵盖了所有翻译活动,狭义的外宣翻译则指各类实用文体的翻译,包括新闻文本(张健,2013:22)。西方修辞学与外宣翻译结合的研究近年来呈现显著增长的趋势,其根源在于:新闻翻译作为典型的传播活动,理应关注传播效果,关照读者的接受度;作为对外传播重要组成部分的对外新闻翻译更应关注译文在外国受众当中的传播效果,以较好地达成"讲好中国故事、传播好中国声音"的使命。西方修辞学与传播学的渊源亦是由来已久。事实上,亚里士多德(Aristotle)的巨著《修辞学》(*Rhetoric*)一向都被视为口语传播学科(the discipline of speech communication)的奠基之作(Foss et al.,1985:4)。这表明西方修辞学自诞生之初便携带传播学因子。随着现代修辞学在认识论方向上的进一步发展,修辞学者将古典修辞学与当代心理学相结合,在理解人性的基础上发展修辞,逐渐形成了以受众为中心的修辞方法(同上:9),使得受众在各种修辞行为中的地位提升到前所未有的高度。另一方面,修辞尽管源于公开演讲,今日它却更多地成为大众传媒的有力武器(同上:13)。这使得越来越多的新闻翻译研究者认识到,受众在修辞行为中的地位恰如西方读者在对外新闻翻译中的地位,于是西方修辞学被逐渐引入对外新闻翻译研究中。随着学界认识的深入,更符合当代修辞行为现实、发展了传统西方修辞学理论的新修辞学也在相关翻译研究中占据一席之地。袁卓喜(2017)从修辞"劝说"的经典理论出发,引入新修辞学对这一概念的新发展,梳理修辞"劝说"的理论框架,提出这一概念对外宣翻译研究的启示,并据此以地方政府英文网新闻翻译为例加以分析。基于修辞学泰斗肯尼斯·伯克的修辞情境理论,薛婷婷(2013)指出我国对外报道软新闻编译稿存在的问题并提出因应之策;其后又据此建议以"认同"为核心建立对外报道编译稿的传播效果优化模型(薛婷婷、毛浩然,2016)。但遗憾的是,目前此类以新修辞学理论研究对外新闻翻译的高质量成果仍十分稀少,肯尼斯·伯克相对完整的理论体系在此类翻译研究中的运用则更是付之阙如,更不必说加入了互联网要素的新闻外译研究。不过,恰恰是这样的缺失为学界从新修辞学角度研究对外新闻翻译创造了诸多可能。

2.1.3 研究方法

是否确立了符合本学科性质的研究方法,是衡量一门学科是否成熟的重要标志(赵巍,2005),"翻译研究"学科地位的确立同样离不开学者对翻译研究方法的探讨。威廉姆斯(Jenny Williams)和切斯特曼(Andrew Chesterman)(2004:58)指出,翻译研究的理论研究方法(conceptual research)和实证研究方法(empirical research)之间最主要的区别在于更倾向观点还是更倾向数据:前者旨在廓清概念,解读观点,利用更新的理论框架更好地理解研究对象;而后者则通过数据观察和实验工作获得新的数据和信息,以验证或否定推测、形成新的假设等。与此相应,国内学者也将翻译学方法论分为理论方法与实证方法两大类,指出理论方法是"运用一种已有的理论观点或理论体系对研究对象进行说明和解释的方法,研究过程以理论假设为前提、以主观思辨为手段,通过理论性的阐释与分析产生或形成新的理论观点或体系"(姜秋霞、杨平,2004),而实证

戏剧主义修辞观之于互联网对外新闻翻译——以"中国上海"门户网站为个案

方法则是以客观事实、实际数据来论证某种观点、描述某种规律,即"以观察或实验为基础"(姜秋霞、杨平,2005)。目前翻译学实证研究主要有两大类型:描述性研究与试验性研究。持有类似观点的还有玛丽安·勒代雷(Marianne Lederer, 2010),她将翻译学研究方法大致分为"人文派"和"科学派"两类。"人文派"研究者往往凭借个人经验、过往研究及现有理论对所掌握的个案进行分析,得到具有普遍意义的结论,进而构建起完整的或部分的理论,对其所做的观察予以阐释;而"科学派"方法即指"实证"研究,研究者从所观察到的现实中提炼假说,并以实验和观察(如语料库)等方法予以验证或推翻。简言之,"人文派"主要采用论证方法,"科学派"主要采用实证方法。不过,上述几位学者也不约而同地指出,两种方法之间不应泾渭分明,它们在翻译研究中互为补充方有利于翻译学科的逐渐成熟。由 2.1.1 与 2.1.2 不难看出,目前"人文派"研究方法大量地用于新闻翻译中,尤其是基于某种理论对特定文本展开分析。近年来,语料库在新闻翻译研究中也日益兴盛(Choi, 2016;洪千惠,2011),显著提升了相关研究的科学性。然而,尽管"关照读者的接受""考量读者之需求"(陈雅玟,2013)、"新闻翻译的传播效果是检验新闻翻译的重要标准"(李中强,2012)等理念早已成为新闻翻译研究者的共识,最适于直接观察受众、验证传播效果的调查分析式"科学派"研究方法在新闻翻译研究中仍较为少见。杨晓荣(2005)曾指出,语言学界对于以逻辑性和实验性为基本特点的科学研究方法已经有了较好的接受和利用,反观翻译界,这种高度客观的方法则尚未形成气候。但翻译研究既然与语言研究存在必然联系,以适当的方法来保障翻译研究的客观性自是无可厚非。应该承认,在"中国文化走出去"的号召下,近年来汉译外事业蓬勃发展,相关研究领域随之涌现出一定数量的调查研究成果。在汉籍外译方面,杨雪(2007)向海外英语本族语使用者发放自行设计的问卷,调查英语母语者对张爱玲英译作品的认同程度;鲍晓英(2014)针对不同受众设计了

3份简易问卷,考察莫言作品在美国地区的认可度。而在非文学翻译方面,高存、张允(2005)针对旅游文本英译中常见的中式英语问题设计调查问卷,探究目的语读者的反应和期待;黄海军、马可云(2007)则针对两个译例设置了5道简单的选择性问题,调查西方读者对 Insight 杂志报道的中国特色词汇翻译策略的反应;武光军、赵文婧(2013)以2011年《政府工作报告》为案例,采用五级量表,从总体评价、词汇、句法和语篇等层面设计8道客观题和3道主观题,用于调查译文的可读性;潘莉(2014)以访谈和问卷的形式对新闻机构中的新闻译者展开调查,在调查中融入了译者对受众接受度的思考,"极有可能是(至撰写本文时为止)第一个针对中国权威新闻机构的新闻翻译行为进行的实证研究",但并未直接调查翻译产品的受众接受度。这些研究都是学者将"科学派"方法引入翻译研究的有益尝试,对其他类别的翻译实证研究有重要的参考意义。不过直至目前,仍未出现针对互联网对外新闻翻译受众的接受度研究。需要注意的是,通常在设计问卷时,较为普遍的做法是使用或改编现有调查中的问题而形成自己的调查问卷(Bradburn et al.,2004),但翻译研究的问卷调查方法似乎有其特殊的表现。上述研究所涉及的问卷虽均以受众接受度这一需求为出发点,但翻译文本类型各不相同,所考察的接受度具体层面存在差异,所需要的数据形式、总量、分析工具都不尽一致,因而大都缺乏可资借鉴的同类型研究,研究者有必要根据具体研究需要自行设计问卷,相互参考的情况屈指可数。为了考察互联网对外新闻翻译从译文生产到传播的全过程,本研究也拟一定程度使用"科学派"研究方法,利用自行设计的问卷初步了解受众对译文的接受程度;其后以这一实证研究结果为研究对象,辅以适当的理论,采用"人文派"方法及其他类型的"科学派"方法予以解析;再以类似的混合方法分析翻译过程与文本,最终形成该领域研究的新发现,建立新的研究框架。

2.1.4 研究成果

新闻与翻译均是实践性和实用性极强的学科,不难想见,新闻翻译研究领域涌现的许多成果会直接和新闻翻译实践形成参照,因而有不少学者基于相关学科理论为新闻翻译行为确定规范、制定标准、探索策略(林克难,2007;张健,2010:291-359;张健,2016:171-181),推动新闻翻译实践的发展与进步。另一方面,实践也能够反哺理论,实践性研究有助于促进理论的提升。有学者通过对特定翻译行为展开描述与剖析,拓展了相关学科的理论疆界(魏涛,2008;黄勤,2008)。还有一部分研究以新闻翻译为基点,为写作与翻译等相关科目的教学活动提供支持(王银泉等,2007;Chen,2011)。这些研究都为新闻翻译理论与实践的进一步发展创造了良好条件。具体到互联网对外新闻翻译领域,目前国内尚未有著作专事互联网新闻外译或网站新闻外译研究,是该研究领域的一大缺憾;从 2.1.1 部分可见,该领域引用率较高的论文成果或者为新闻外译网站的整体翻译行为提供指导,或者基于一定的理论推出互联网环境中的翻译策略与方法。但前者不涉及具体文本分析,因而研究结论缺乏可信性与实用性;后者虽冠以"互联网"之名,却往往仅是将选材依托从其他媒介转向了互联网,对网站作为翻译机构和传播媒介如何影响翻译生产与译文效果未予具体探讨,因而既对互联网新闻外译实践助力甚微,也难以推动相关理论的发展与进步。综上可见,目前该领域尚未有成果能够从互联网站同时作为翻译机构、译文载体和传播媒介的特点出发,对互联网对外新闻翻译进行较为全面的描述,一定程度上导致适用于该领域研究的理论体系与研究框架缺失,本研究将着力填补这一空白。此外,随着中国"文化走出去"的呼声日渐高涨,近年来外宣翻译研究的蓬勃带动了国内对外新闻翻译研究的热潮,但这一趋势在国际学界似乎并未掀起波澜,受众接受程度并不理想。国际上较有影响力的新闻翻译研究多关注欧洲语言之间的转换(Bielsa & Bassnett, 2011:95-97; Orengo, 2005), 仅有少量英汉新闻翻译研究成果(潘莉, 2015)刊登在有较大影响力的国际期刊上, 以中国对外新闻翻译为主题的研究在国际上的影响力几乎可以忽略不计。基于汉语与拼音文字的显著差异, 这样的不均衡既可能导致国际主流的新闻翻译研究成果在中国对外新闻翻译的领域中"水土不服", 难尽其用; 也在学术交流层面上体现了"文化走出去"之难, 表明中国对外新闻翻译从翻译实践到本体研究都有必要关注读者的接受程度, 大力促进对外新闻翻译相关研究成果在国际翻译学界的显身, 使这一中国对外传播的特殊组成部分更好地为对外新闻翻译和外宣工作服务。

2.2 外宣翻译研究的西方修辞视角

在广义修辞论的视角下,无论是国外修辞学研究还是中国由来已久的传统修辞研究,修辞学的交叉学科性质和修辞学研究的跨学科视野都有着坚实的学术事实支撑。在西方,许多走出国界的修辞学著作都有一个共同特征:学术视野是跨学科的,当中就包括肯尼斯·伯克的《动机修辞学》(*A Rhetoric of Motives*, 1950)等。这些著作因其对相关学科的深度介入而在不同的学科被引用、被研究。究其缘由,是修辞学在根本性质上就属于交叉学科,涉及符号学、文学、传播学、新闻学、哲学等众多领域,修辞学的许多基本概念在方法论意义上渗入各个学科,使得修辞学实际上为众多学科所共同拥有。因此,从研究视野看来,修辞学应当是跨学科的。它既可以广泛介入相关学科领域,同时又可以是相关学科领域的公共关注对象(谭学纯,2016:15-18)。修辞学如此广泛的触角为前述的西方修辞学与翻译学和传播学的广泛结合赢得了最基本的理据。

戏剧主义修辞观之于互联网对外新闻翻译——以"中国上海"门户网站为个案

在历史上,西方修辞学的发展与翻译理论的发展存在并行关系,不少著名的修辞学家同时也是翻译家和翻译理论家,在修辞学界声名卓著的西塞罗(Cicero)便是其中之一。作为古罗马著名修辞学家,他翻译了大量希腊名著,传播哲学思想,并就翻译过程中的相关问题进行了阐述,被认为是西方翻译史上第一位重要的翻译理论家。他区分了"解释员"式翻译与"演说家"式翻译,确定了两种基本的翻译方法(方梦之,2003:373-374)。这一"没有创造性"和"具有创造性"的译技之间的拉锯恰好是当前外宣翻译中的中华文化元素外译所关注的焦点问题之一。再如,古罗马修辞学家昆提利安(Quintilian)在他的主要著作《演说术原理》中也发表了对翻译的观点。他赞赏希腊作家天生所具有的丰富思想和风流文采,因而认为在翻译希腊著作时,"既然我们所使用的都是自己的语言,就应当允许我们利用最合宜的词句"。具体到修辞格,他提出"不得不对话语的主要修饰形式加以想象和变化,因为罗马人和希腊人的表达方式存在很大差异"(转引自 Lefevere,2010:47)。昆提利安的观点显示,他赞同译者发挥主观能动性,对原文进行一定程度的"改造"来生产译文,其潜在的动机在于"希腊之著应就罗马之需"(同上)。他的看法完全符合一名修辞学者对受众的重视,彰显了译文读者的地位,也暗合当前外宣翻译实践中普遍采取的编译策略。这两位西方修辞学代表人物的翻译思想体现了修辞与翻译之间难以割裂的联系,也为修辞思想进入翻译研究领域创造了可能。

从2.1部分可见,当前从新修辞学角度研究对外新闻翻译的成果仍屈指可数,以具体的新修辞学理论体系为基础探究互联网对外新闻翻译的研究更遍寻不获,因而笔者从"外宣翻译"与"西方修辞"这两个较大范围主题的结合入手,找寻本研究的理论基石。首先,随着中国综合国力的进一步提升,我国的对外传播意识与能力也逐渐增强,"外宣翻译"及其部分子领域的研究目前在国内已经取得了较为丰硕的成果,各家学者基于不同的研究方法、结合不同的理论视角提出了自己独到的见解。张健(2013)从外宣工作的目的与意义、内容与任务、形式与要求的研究着手,确定了"外宣翻译"的定义与译名、外宣翻译的原则与要求及外宣翻译和文学翻译的差异,并基于此提出外宣译者所应具备的译内与译外素养;他也通过大量外宣误译实例总结出常见的误译类型与成因,提出翻译补偿、化繁为简、释译、变换句式、还原等翻译技巧,并针对旅游资料、中式菜名、国俗词语等不同类型的外宣翻译提出了相应的翻译技巧,从而对实践层面的外宣翻译实现了多角度、立体化的呈现。朱义华(2013)基于外宣翻译研究的现状与不足,站在学科发展的高度,借鉴哲学理论话语体系建构外宣翻译研究的理论话语体系,包含本体论、认识论、目的论、方法论、价值论和批评论五个层面,力求在哲学高度上回答译学的本质问题,从根本上确立外宣翻译研究的独立分支学科地位。在外宣翻译的史学研究领域,骆忠武(2013)对中国外宣书刊的翻译在赞助人与主体、翻译政策与制度、选材、译介、发行、传播等方面展开研究,以过往的经验与教训为现阶段的"文化走出去"战略提供启示;袁西玲(2014)则分析了延安时期翻译活动的生成语境、译者主体性、翻译人才的培养与翻译产品等内容,在总结延安时期翻译活动特质的基础上,指出该研究对规范翻译伦理、建立良好的翻译生态环境,乃至对构建外语教育伦理都有着重要启示。此外,由于外宣翻译的本质在于"翻译",外宣翻译研究中直接采用传统翻译理论、以"译"论译者不在少数,如:肖群(2010)和曹志建(2012)采用功能主义视角分别探讨红色旅游外宣资料和软性法律外宣文本的英译;乐萍(2014)则将"目的论三原则"与"外宣翻译三原则"相结合,讨论贵州地区少数民族文化的外宣翻译;刘雅峰(2010)以本土译论"生态翻译学"的"翻译适应选择论"为基础,指出外宣翻译的过程实为译者适应与选择的过程,据此进一步确定外宣翻译的特点。不过,基于外宣翻译的跨学科性,越来越多的学科视角在外宣翻译研究中获得一席之地。衡孝军(2011)基于北京市外宣材料的翻译现状,分别从语言角度(包括语用翻译与语篇连贯翻译)、文化角度(即汉英文化对比)和翻译角度(如译文读者心理、语义空缺)分析了外宣翻译各方面的问题,据此提出改进北京市对外宣传语言的策略与建议。杨雪莲(2010)和卢彩虹(2016)都采用传播学视角探究外宣翻译,不同的是,前者对于传播学理论的梳理更为详尽,对于翻译与传播学的关联把握得更加准确,同时从传播学视角重新定义了外宣翻译的本质、特点与原则,继而以《今日中国》英译为个案具体展示上述发现;后者则在总结外宣翻译研究现状的基础上推出与外宣翻译最紧密相关的传播学理论,提出传播视角下外宣翻译的主体、内容、媒介、受众、目的、效果和情境,借以分析外宣翻译误译的成因,并归纳新常态下的外宣翻译特点与原则策略。吕和发等(2016)指出外宣理论与实践的根基在于"对外传播学",同时外宣翻译也属于跨文化交际学的研究领域,因而不妨在跨文化公关视域中观察外宣翻译。外宣翻译作为信息传播过程,其受众类别与目标需要应视具体情况作具体的区分,各种对外传播媒介应当互相取长补短,实现媒体融合与整合传播,并在适当情况下针对外宣翻译展开调研,使其与现实世界更紧密相联,更具实用性。基于外宣翻译在"讲好中国故事"、树立国家形象中的重要作用,需要对其进行必要的策划与管理,同时因应"走出去"的国家战略开展"应用创意翻译",以实现最佳跨文化交际效果,创建国际化语言环境,为我国实现更有效的全球传播而贡献力量。除了传播视角,文化视角在外宣翻译研究中也较为常见,如在文化间性视野中探讨中国大学校史的对外翻译(阮红梅,2014)、探析文化交往对商业广告翻译的影响和要求(李雅波,2014)、在跨文化语用学框架下梳理外宣翻译策略(王守宏,2012)、用跨文化交际理论观照中式菜名的英译(熊欣,2013)等。也有学者从文学批评中汲取养分,为外宣翻译提供启示,如胡兴文(2014)就以西方叙事学为基础,采用跨媒介、跨文类、跨学科的"泛叙事观"审视外宣翻译如何在跨国家、跨语言、跨文化的叙事中发挥提高中国文化软实力的作用。还有多位学者将外宣翻译置于国家形象建构的大背景下,提出外宣翻译的任务与特点、挑战与原则,分析外宣翻译的问题与成因,指出译者在国家形象建构的目的指引下应当采取怎样的外宣翻译策略(仇贤根,2010;卢小军,2015);或是从文本建构与形象建构的相通之处出发,提出如何通过优化外宣翻译的译前、译中与译后流程而促进国际形象建构,进而提升我国的国际形象(许宏,2017)。总体看来,外宣翻译领域的研究呈现实践与理论并重、宏观与微观并举、研究对象与研究视角多元化的跨学科发展态势,为外宣翻译的实践进步与理论升华带来了多方面的启迪。目前,随着国际传播能力的发展被摆上一个前所未有的重要位置,外宣翻译对国际交往的显著作用得到越来越多研究者的重视,因而促进了外宣翻译与传播学研究的多角度结合,西方修辞学便是其中的一座重要桥梁。

如 2.1.2 所述,西方修辞学正被越来越多地引入外宣翻译研究中,带来了一定数量的成果,为西方修辞学不同理论体系与外宣翻译各个研究领域的结合奠定了基础。西方修辞学通常被定义为"通过象征手段影响人们的思想、感情、态度和行为的一门实践"(the practice of influencing thought, feelings, attitude and behavior through symbolic means)(刘亚猛,2004:2),并非传统意义上的修辞格或修辞手段。刘亚猛(2014)追溯中西翻译思想的发展脉络,认为修辞是翻译思想的观念母体,翻译则是一种特殊的修辞实践;张瑜(2013)认为,一切话语都带有"说服动机",即具有修辞性;修辞实质上是人类"有意识、有目的的言语交际行为",而修辞学视角下的翻译活动本质上是跨文化的修辞活动;陈小慰(2013:120-130)指出,翻译与修辞在目的性、交际性、语言性、受众性、语境性、现实性和跨学科性等方面都十分契合,受众在翻译和修辞中都是不可或缺的参与对象和行为对象,因此译文话语对受众所施加的修辞力量不可小

戏剧主义修辞观之于互联网对外新闻翻译——以"中国上海"门户网站为个案

觑。学者们的上述观点无一例外地指出了翻译的修辞本质,肯定了翻译与修辞之间的学科交叉性。另一方面,西方修辞学又与传播学有着无法割裂的深厚渊源。无论是古典修辞学代表亚里士多德主张以人品诉诸(ethos)、情感诉诸(pathos)和理性诉诸(logos)三种修辞资源"说服"受众(Aristotle, 2007),还是新修辞学领军人物肯尼斯·伯克力主修辞者与受众之间须达成"认同"(identification)①(Burke, 1969a:55),都表明修辞行为需要借助某种方式和媒介的传播才可能取效。传播的根本属性是人类通过各种媒介展开信息交流的行为与过程,其中语言符号是人类传播的主要媒介和手段(陈汝东,2004);至于修辞,从前文论述可见,它总是一种带有目的的、积极能动的语言运用行为,这意味着传播和修辞的基本性质是一致的。另外,传播的价值取向是传播效果,修辞则以修辞效果或交际效果为目标,因而对象或受众自然又成为两者共同的关注点。刘亚猛也指出,在当代西方,修辞为"交流、传播、公关、广告及一切形式的宣传"提供了基础观念、总体思路和基本方法(2004:3),这进一步肯定了西方修辞学与传播学之间密不可分的关系。

正是基于翻译、修辞和传播相互之间的紧密联结,近年来国内学界有越来越多外宣翻译领域的研究开始借西方修辞之力,行对外传播之用。陈小慰(2007)以语用修辞为视角,从语言、文化和美学三个层面探讨外宣标语口号在翻译中的话语建构;张雯、卢志宏(2012)对比中西方修辞传统的差异,认为外宣翻译应采取适当的修辞方法以提升宣传效果;林晓琴(2012)以伯克的"戏剧五位一体"理论模式剖析温家宝总理外交演讲的动机,进而提出外交演讲的翻译应当采用"优选翻译策略",以实现修辞动机与功效的对等;雷沛华(2014)以高校网页翻译为例,分析

---

① 该术语译文参见刘亚猛:《追求象征的力量》,北京:生活读书新知三联书店,2004年,第110页。

汉英宣介文字的修辞差异,并基于人品诉诸、情感诉诸和理性诉诸分别探讨对外宣介翻译的修辞劝说策略;吴艾玲(2015)采用伯克的新修辞学理论探讨外宣翻译应如何在译文受众和原文及其作者之间取得"认同";高文成、张丽芳(2016)融合伯克的戏剧主义修辞批评范式及"同一"这一核心思想,提出公示语翻译应当达成译文形式与功能同一、译文与原文功能同一及译者与受众感受同一这三个目标;李霞(2016)用肯尼斯·伯克的"认同理论"观照中文广告语翻译,提出四条翻译原则帮助达成目标受众对广告语译文的认同。这些研究既不乏对传统西方修辞思想的传承,也越来越多地倾向于倚仗新修辞学的力量。新修辞学兴起于20世纪50年代的西方,其本质是"当代西方修辞学"(陈小慰,2013:82)。它把话语视为人类作用的一种形式,是历史和文化的构成、伦理和思想的体现(胡曙中,1999:104),从而扩大了话语的概念,扩展了修辞的作用范围。在新修辞学的主要代表人物中,肯尼斯·伯克的修辞理论在各类研究中都十分常见。伯克是20世纪美国最伟大的修辞学家之一,其相关研究多年来在国外长盛不衰,且日趋成熟而全面;应用性研究论文的比例逐渐增加,表明人们如今更关注伯克理论的实际运用(邓志勇,2008)。这一趋势也反映在外宣翻译研究中,伯克的修辞思想已得到多角度的展现:有些研究基于伯克创立的"五位一体"修辞批评模式进行分析,有些则借助伯克修辞理论的核心思想"认同"(也有国内学者翻译为"同一")或将其与"五位一体"融合,也有些抽取伯克的修辞情境理论与其他学者的类似主张展开对比研究。但从这些研究中都不难发现,国内学界对伯克的研究相对零碎,大多局限于伯克的"认同"理论和"五位一体"理论;同时往往将两者割裂开来,忽视其内在联系,导致研究不够全面,缺乏深度(邓志勇,2011:22)。对伯克基于戏剧主义的修辞思想采取此类断章取义的应用方式,难免以偏概全,因而相关研究的论证有效性与结果可信性尚待商榷。

上述研究现状表明,新修辞学在外宣翻译相关领域中的应用仍有很大发展空间;再加上作为新技术代表的互联网具有覆盖面广、时效性强、传播度高、影响力大的传播特质,拓宽传统修辞学疆域、反映当代修辞行为现实的新修辞学应能为基于互联网平台的外宣翻译研究提供全新的视角。其中,伯克的戏剧主义修辞思想得到学界较为广泛的认可,在上述研究领域中颇具潜力。

2.3 肯尼斯·伯克戏剧主义修辞思想研究

肯尼斯·伯克的修辞理论被视为当代西方最重要的修辞理论之一,其研究的重要性早已在国外学者当中达成共识。社会学家修·邓肯(Hugh Dalziel Duncan)曾声称:"当今谁要是对交际著书立说,无论他多么有独创性,都要重复伯克说的话。"(转引自邓志勇、杨涛,2001)伯克被誉为"当代亚里士多德",其相关研究由来已久,且随着时间的推移愈加兴盛,尤其自上世纪80年代以来,发展愈加迅速(邓志勇,2011:19)。在美国,不但有定期召开的伯克研讨会,修辞学、传播学等相关科系也对伯克思想展开专题探讨,其他学科也从伯克那里汲取养分,这些都彰显着伯克在修辞学界不可撼动的地位与影响(邓志勇,2015:118)。纵观近20年来国外学界对于伯克修辞思想的研究,我们大致可将其分为两类:一类是对伯克修辞思想本体的研究,另一类是对伯克修辞理论的应用研究。在第一类研究中,有学者追溯伯克修辞思想的根源,比如从伯克早期对社会与文化问题的关注出发,指出掌握伯克关于"形式"的理论有助于理解其修辞理论的丰富内涵,因为伯克正是通过形式理论来展现修辞领域中多种艺术表现形式的(Swartz, 1996);也有些学者聚焦于伯克本人的观点,重新梳理了伯克的经典修辞著作,包括《反论》(*Counter-State-*

ment)、《动机语法》(A Grammar of Motives)和《动机修辞》(A Rhetoric of Motives)等,他们从不同的时代背景和学科背景出发,对伯克修辞思想提出自己的解读,为学界应用伯克修辞理论提供了新的视角(Wolin, 2001; Wess, 1996);还有学者采用对比分析的方法,例如将伯克对于分裂(division)和认同(identification)的解读与文学批评家韦恩·布斯(Wayne Booth)的"理解"(understanding)一说进行比较,借助其他学者的视角侧面展现伯克对于其修辞核心思想"认同"的坚持与发展(Rood, 2014)。第二类研究则充分体现了伯克修辞理论的实用性与普适性,也反映了伯克修辞体系中最为人所瞩目的内容。有学者以美国国会首位女性议员埃妮特·兰金(Jeannette Rankin)的经历为例,深入解析伯克的分裂/认同二元论(Borrowman & Kmetz, 2011);也有学者基于伯克的"戏剧主义五位一体"(dramatistic pentad)分析美国剧作家莉莲·海尔曼(Lillian Hellman)剧作中女性角色所面临的经济与性别困境(White, 2010);还有学者利用伯克的修辞动机学说深入挖掘物理学家、认知科学家和佛教思想家之间的对话,指出这些对话中对佛教与科学的分割或联系各出于不同的修辞目的(Karlin, 2013);甚至有学者使伯克的"戏剧主义五位一体"突破了语言符号和形象符号等实体范畴,将其应用在嗅觉科学中,尝试建立所谓的"修辞气味"和"嗅觉动机语法"(Miller, 2010)。伯克修辞理论的广泛适用性在这些研究中得到淋漓尽致的展现。当然,还有部分学者将上述两类研究合为一体,"以伯克之道还施其身",如运用五位一体考察伯克本人提出的"不协调而获"视角,全面审视其可靠性(Groce, 2005)。不难看出,国外学界对伯克修辞思想的研究视角多样,涵盖面广,已经发展到比较成熟的阶段,不过目前为止,仅有伊丽莎白·尼尔德(Elizabeth Neild)发表于1986年的一篇文章谈及伯克修辞理论与翻译的可能联结,但仅止步于理论总结,尚未涉及具体文本的分析。这表明国外早已有学者探及伯克修辞理论用于翻译研究的可能性,只是就

戏剧主义修辞观之于互联网对外新闻翻译——以"中国上海"门户网站为个案

笔者目前掌握的文献看来,国外学界对两者的深入结合尚未作进一步的努力。

尽管国内目前仍缺乏对伯克修辞思想与翻译结合的全面研究,国外学界的研究趋势仍在一定程度上影响了国内学界,带来了数量可观的研究成果。顾曰国(1983;1989)最早向国内学界介绍了伯克(顾译"柏克")的"同一"理论,指出其大大扩展了修辞学的范围,丰富了修辞学的内容,使语言的使用与其他符号的使用融为一体,"同一"理论所提供的借鉴也有助于唤起学界对汉语修辞学的反思;其后,胡曙中(1999;2009)在其著作《美国新修辞学研究》和《西方修辞学概论》中也相对系统、全面地介绍了肯尼斯·伯克的动机修辞学说;柴改英、郦青(2012)介绍了戏剧主义修辞批评理论,并借此构建公示语翻译模式,解析传媒中的"被"现象;邓志勇(2011)是目前国内修辞学界较深入地研究伯克修辞理论与修辞哲学的学者,他既对伯克本人的修辞思想追根溯源,又将其与古典修辞学代表亚里士多德的修辞思想进行对比;他的著作大多兼顾伯克理论的应用研究,对国内的伯克研究发展起到了重大的推动作用。上述研究成果共同展示了一个与传统汉语修辞大相径庭的新修辞世界,因而也促进了汉英修辞的比较研究。温科学(2009)探讨了中西现代修辞学的差异与相互对接的可能性,介绍了伯克对现代西方修辞学的拓展;鞠玉梅(2012)提炼出伯克修辞理论的四大核心思想,将其与现代汉语修辞学思想进行了对比。学者们的这些努力既为学界多角度运用伯克的修辞理论奠定了基础,也促进了现代汉语修辞与西方修辞的融合,有助于从根源上改变对外传播中因中式思维习惯而导致的"传而不受"的局面,转而在适当的学科中确立以受众接受为目标的西式修辞思维。谈及对伯克修辞思想的具体运用,以语篇分析的成果最为卓著。鞠玉梅(2005)以伯克的新修辞学思想为基础,尝试建构全新的语篇分析模式,力图揭示语言提供知识、展示动机的方式,继而增进对人类本身的认识;邓志勇

(2011)采用戏剧主义修辞批评模式解析外媒有关西藏"3·14"骚乱的报道,力图揭示外媒撰文的动机所在;许峰、朱雯(2014)采用伯克的"戏剧主义五位一体"分析习近平的外交演讲技巧与"认同"策略,指出其对国家形象建构的重要意义。可以想见,伯克修辞理论研究带动的汉英比较修辞的发展,对于关涉汉英语言与文化差异的翻译活动,尤其是关注西方受众的汉英翻译应能形成助力;而伯克修辞理论在话语分析领域的相关应用也将有助于译文文本的分析,于是便如前文所述,有多位学者都将伯克修辞理论的不同层面与多种形式的外宣翻译研究相结合,即便这样的结合尚处于初级阶段,缺乏对伯克修辞理论体系相对完整的运用。此外,伯克的修辞思想随着研究的深入而愈用愈广,可以用来考察任何形式的人类行为,甚至涵盖艺术、建筑、军事和外交等领域(邓志勇,2011:24)。基于这一点,伯克修辞思想在本研究中不仅可用于分析人类对语言符号的使用,即用于对外新闻翻译过程和新闻译文本身,更可用于研究互联网技术通过译文的使用而达到的传播效用,这为本研究提供了较为可靠的理论依托。

2.4 本章小结

本章共由三个部分构成,力求将研究所涉及的不同维度相结合,以体现戏剧主义修辞观与互联网对外新闻翻译相结合的可行性与必要性。第一部分从研究对象、理论支撑、研究方法和研究成果四个方面梳理了国内外新闻翻译研究,归纳出当前互联网对外新闻翻译研究存在的几点不足:第一,研究对象略显单一,缺乏对"互联网对外新闻翻译"从翻译载体、翻译过程到翻译效果的完整研究;第二,对适用于对外新闻翻译研究的西方修辞思想运用不够系统;第三,缺乏以客观调查数据为表现的对

戏剧主义修辞观之于互联网对外新闻翻译——以"中国上海"门户网站为个案

外新闻翻译受众研究,导致此类本应以西方受众的接受为根本的翻译研究成果欠缺说服力;第四,研究对象的单一性直接导致该领域目前尚未有涵盖互联网对外新闻翻译完整体系的研究成果出现,未能充分体现"互联网"与"对外新闻翻译"之间的交互关系;同时,国内对外新闻翻译研究成果在国际上处于失语状态,并未得到国际学界受众的广泛接受。

由于与本课题直接相关的研究成果不足,基于课题研究需要,本章第二部分梳理了本研究关键对象的上义概念"外宣翻译"与"西方修辞学"相结合的研究,指出这一研究方向已经日渐引起国内学界的重视,从而进一步肯定本研究课题的可行性。在反映当代修辞行为现实的新修辞学中,以伯克修辞思想得到的认可最为广泛,因此本章第三部分对伯克修辞思想的国内外研究现状进行了爬梳。学者们在外宣翻译领域的研究成果及伯克修辞理论在语篇分析领域的应用均表明,该理论适于分析和比较对外新闻翻译文本;同时,伯克修辞思想应用对象的广泛性也使其可用于探究作为译文载体的互联网媒体在译文传播中所发挥的修辞功能,突破了西方修辞学主要用于研究人类如何使用语言符号的传统界限。因此第三部分再次凸显了本研究的必要性与可操作性,也一定程度上体现了研究的创新性。

综上所言,本章旨在提出研究空白、明确研究焦点,为下文进一步论证戏剧主义修辞观如何促进基于互联网的对外新闻翻译奠定基础;同时,本研究在方法上也将有所突破,力求通过相对可靠的调查数据提升研究结果的可信性。

第三章 核心概念释义

孔子有云:名不正则言不顺,言不顺则事不成。文章一事得成,必得先使"名正",方可至"言顺",因此清楚阐释本研究的关键概念是立论的根基。笔者将从本研究的实际需求出发,对文中的两个核心概念"互联网对外新闻翻译"与"戏剧主义修辞观"加以剖析和展示。

3.1 互联网对外新闻翻译

本研究以基于互联网的对外新闻翻译为对象。在探讨该研究对象的具体内容之前,有必要首先说明"互联网对外新闻翻译"在本书中的界定。本章将就这一概念的以下三个层面逐级展开:(1)本书所仰赖的"翻译"概念及其范畴如何;(2)在支撑本书的"翻译"概念框架下,"对外新闻翻译"应如何界定;(3)"互联网对外新闻翻译"应指具备媒体特征的互联网平台所承载的对外新闻翻译。

3.1.1 翻译何为?

诚如西方学者所言,翻译是一个"涵盖面极广的概念,可以有各种不同的理解方式"(Shuttleworth & Cowie, 2004:181)。说翻译"难有定意"

戏剧主义修辞观之于互联网对外新闻翻译——以"中国上海"门户网站为个案

绝非夸大之词,而是恰好体现了理论应当随客观实际的变化发展而不断调整进步的铁律,否则翻译研究极易与社会现实脱节而不利于翻译实践的发展与翻译理论的建设。提莫志克(Maria Tymoczko)就曾指出,作为一个集合概念的翻译是不可能有明确定义的,没有哪种翻译定义能够提供必须、充分的条件来包揽所有翻译现象(司显柱,2002)。笔者认为,即便仅在翻译的行为层面上,"译无定意"也是完全成立的,这至少可以体现在三个方面。

其一,翻译本身的多学科属性为其内涵的解读留下了巨大的空间。自翻译研究开启之时,便不断有学者从不同学科的研究视角出发,基于各自的研究目标尝试对其作出界定,使翻译研究表现出多次"转向"。他们视翻译为"科学""艺术""复制""改写""再创造""意义阐释""文化传播"或"政治操控"(蓝红军,2015),凡此种种,不一而足。比如,"艺术派"与"科学派"之争是传统翻译理论的一个突出表现,张经浩(1996:5-7)认为翻译是把一种语言表达的意义用另一种语言表达出来的艺术或技艺,尽管的确有一定规律可循,却不足以据此认定翻译是科学;孙致礼(1999:4-5)则认为译中大有学问,其理解与表达都涉及科学性问题;文学翻译不仅需要译者发挥艺术创造性,也往往有一定之规,这本身就是科学性问题,因而文学翻译应将艺术与科学熔于一炉。此外,语言学对翻译研究的意义也是显而易见的。基于长期的翻译教学经验及对西方翻译的潜心研究,纽马克(Newmark,2001b:7)提出翻译是一种技艺,它力图将一种语言中的书面信息或陈述替换成另一种语言中的相同信息或陈述,但有许多因素会导致翻译中意义的丢失。莫娜·贝克(Mona Baker,2000)对翻译的界定则主要落在了"对等"一词上,她在《换言之:翻译教程》(*In Other Words: A Coursebook on Translation*)一书中探讨了词层、词层以上、语法层、语篇层和语用层的对等,显著体现了她以现代语言学为理论基础、以各语言层次的对等为主体的翻译本质观。以奈达(Eugene A.Nida)译论为代表的翻译等效论则进一步发展了"对等"这一概念,将读者对译文的接受作为翻译实际发生与完成的最重要标准(金隄,1997)。哈蒂姆(Basil Hatim)和梅森(Lan Mason)(2001:3)以语言学在社会语言学、话语研究等方面的新发展为基础,将翻译视为"社会语境中发生的交际过程",借以将译文作为交际语篇加以讨论,并据此确立译者的核心作用。斯坦纳(George Steiner,2001)以阐释学为理论根基,指出"理解即翻译",人类的交际过程便是翻译过程。翻译是语言的基本要素,只不过在语内交流中,翻译是内隐的,而在操不同语言的人们之间,翻译则是外显的。总的说来,学者们对"翻译"一词的定义反映了翻译理论范式的不断演进,折射出翻译学界站在不同角度对翻译本质认识的不断深化,体现了翻译研究的多元理论视角,是翻译研究随时代发展的必然结果与必要选择,表明对翻译不应持"非此即彼"的唯一本质论。学者们从不同角度对翻译作出界定具有不容置疑的合理性,也越来越凸显翻译本质的多维属性(蓝红军,2015)。

其二,即便是同一位学者提出的翻译定义,学者本人的实践发展及理论水平的逐步提高,也可能促使其对原有的定义做出调整与改进,奈达便是一个突出的例子。他曾对翻译做出如下定义:所谓翻译,是指从语义到语体在译语中用最切近而又最自然的对等语再现原语信息。这当中"最切近而又最自然的对等语"便是译界所熟悉的"动态对等"。早期奈达认为,所谓"对等"是就意义和语体而言的;而在20世纪80年代出版的《从一种语言到另一种语言》(*One Language to Another*)一书中,奈达又将"对等"解释为"功能对等",倾向于突出翻译的交际功能,即语言在使用中的言语作用(谭载喜,1999:XXII-XXIII);他认为翻译即是"在译入语中重现原语信息,使译入语的接受者能够充分理解原语接受者所获得的信息"(Nida,1984)。奈达对其翻译定义中的关键词予以新的解读,实际上体现的是他对翻译本质的理解加深,是其自身的思想升华促成了对翻译定义的提升与发展。

其三,翻译学并非封闭型学科,而是一门开放型的、综合性强的学科,因此有必要依循这一特征建构翻译学科,以符合翻译实践发展的需要(刘宓庆,2005:18)。而翻译实践在不同的历史阶段势必有不同的侧重点,使译者的翻译行为、翻译产品乃至翻译活动整体都呈现不同的特点。即便某种翻译定义在某个历史阶段是适用的,我们也很难判断这一定义会不会随着时代的变化发展而发生重大改变乃至遭遇扬弃。正是基于当前时代发展特点对翻译的影响,目前国内有不少学者力主"重新定义翻译"。谢天振(2015)指出,当前翻译实践已发生"巨大的甚至是根本性的变化",翻译对象的涵盖面更广,现代科技使翻译方式出现重大突破,翻译的工具和手段日益现代化,文化外译强势崛起,翻译活动日趋丰富,因而"现行翻译定义已落后于时代的发展"。王宁(2015)则认为,在科技的高速发展推动全人类进入"读图时代"的今天,应当打破翻译的"语言中心主义"思维模式,进一步扩展翻译的内涵和外延。

基于以上三方面所体现的"翻译"定义的非唯一性,笔者不拟在本研究中僭越妄谈"何为翻译",而将主要根据翻译理论的最新发展及本研究的具体情境,力求相对全面地展示在本研究中"翻译何为",即基于本研究需要对"翻译"一词的内涵加以说明。笔者拟从以下几个层面阐释对"翻译"的理解:(1)"翻译"一词的多义性;(2)"翻译"的语言学内涵;(3)"翻译"的传播学内涵;(4)翻译的方向性。

3.1.1.1 "翻译"的多义性

《翻译学词典》(*Dictionary of Translation Studies*)的"translation"这一词条提到:人们谈到"翻译"时,说的可能是过程,也可能是产品;此外"翻译"还有一些子类型,比如文学翻译、科技翻译、字幕翻译和机器翻译,等等(Shuttleworth & Cowie,2004:181),这表明翻译的多义性可以体现在多个向度中。但笔者首先要说明的是,此处的"翻译多义性"并非指前文不同学科视角下的多种"翻译"定义,笔者也暂不拟从用途、体裁、载体等方面多维度地探讨翻译的多义性,而是从作为词语的"翻译"所具有的多重基本词义出发,确定本研究的原初概念。据《新牛津英汉双解大词典》(*The New Oxford English-Chinese Dictionary*),就"一种语言文字转换为另一种语言文字"这项词义而言,"translation"既可表示翻译过程(the process of translating words or text from one language into another),也可表示译文或译本(a written or spoken rendering of the meaning of a word, speech, book, or other text, in another language)(Pearsall et al., 2013:2324),贝尔(Roger T. Bell)认为(2005:24),"translation"一词可有三种不同的含义:(1)翻译过程(translating);(2)译作(a translation);(3)作为抽象概念的翻译(translation),包含过程和产品;蒙代(Jeremy Munday, 2010:8)则指出,在语言学科中,今天的"翻译"一词包含如下三层意思:(1)一个整体学科领域或一种现象;(2)翻译产品,即译文;(3)产出翻译产品的过程,即翻译过程。可见,西方学者对"translation"一词至少能在两种基本词义上达成共识,一是翻译过程,二是翻译产品。汉语中的"翻译"与"translation"在义项上存在一定的交叉,但由于中英文词义丰富性有异,这两者之间又不构成完全对等的关系,故此有必要具体确定"翻译"一词在本研究中的主要词义。依据《现代汉语大词典》的解释,汉语中的"翻译"可用于表示:(1)把一种语言文字的意义用另一种语言文字表达出来;(2)把代表语言文字的符号或数码用语言文字表达出来;(3)做翻译工作的人(《现代汉语大词典》编委会,2000:3003)。此外,和英文中一样,翻译研究中的"翻译"也往往指翻译产品,即译文,如"翻译批评"就是"针对具体的译作或与译作有关的某种翻译现象所发的评论"(杨晓荣,2005:3)。方梦之编撰的《译学辞典》对"翻译"则有着更全面的解释,指出这个多义词包含翻译过程、翻译行为、翻译者、译文或译语、翻译工作(事业)这五种词义(方梦之,2004:9)。不难

戏剧主义修辞观之于互联网对外新闻翻译——以"中国上海"门户网站为个案

看出,汉语中的"翻译"要比英语里的"translation"内涵更为丰富。结合中外学者对"翻译"(translation)基本词义的探讨,从翻译的基本性质即"两种语言文字之间的转换"出发,并以研究需要为基础,本研究对于互联网对外新闻翻译的讨论实际上涵盖三个层面、四种内涵的"翻译"。在调查受众接受度时,"翻译"指的是"译文";基于受众调查结果分析总体效果时,"翻译"指的是带有传播使命的"翻译事业";进入具体的文本分析阶段,"翻译"则主要指"翻译过程",即从汉语到外语的文本信息转换过程。不过,这三个层面的"翻译"均以翻译行为的实现为前提,因而下文对"翻译"定义的讨论将以"翻译行为"为基础展开,并随具体视角的转换适时纳入其他三个层面的内容。

3.1.1.2 翻译的语言学属性

诚如莫娜·贝克(Mona Baker,2000:4)所言,语言学既研究语言本身,也研究语言作为生成意义的工具是如何作用的,从而帮助人们更深刻地洞悉语言的性质和功能,因而对于翻译研究的发展有着重要意义。翻译的语言转换本质从根本上决定了其与语言学之间难分难解的瓜葛,促进了语言学界对翻译认识的发展,也催生了各种语言学视角下的翻译定义,其中原语和译语之间的"对等"是比较常见的内容(Shuttleworth & Cowie,2004:181)。除前文提及的奈达"最切近而又最自然的对等语"这一定义以外,卡特福德(J.C.Catford,1965:20-21)也曾将翻译定义为"用一种语言的文本材料对等地替换另一种语言的文本材料",其关键词在于"对等",因为"翻译实践的核心问题在于寻找目标语中的对等表达,而翻译理论的中心任务则是确定翻译对等表达的性质与条件"。类似的说法还有:"翻译是一组语言符号向另一组语言符号的'意义'转换"(Lawendowski,1978:267)。不过,在所有提出翻译定义的语言学家中,最为译学界所广泛接受的恐怕莫过于雅各布森(Roman Jakobson)。他从符号学的高度确定了三种基本翻译类型,包括:语内翻译,即用同种语言中的其他言语符号进行改写或重述(rewording);语际翻译,即通常意义上的翻译,表示用一种语言阐释另一种语言的言语符号;符际翻译,或称变形,即用非言语符号阐释言语符号(Jakobson,1959),这较为全面地囊括了多种已知的翻译现象。他同时指出,无论哪种类型的翻译,都不可能达到"完全对等"(full equivalence),而只能是对原语代码单位(code unit)或信息(message)的"合乎需求的阐释"(adequate interpretation)。尽管雅各布森本人称语际翻译为"真正意义上的翻译"(translation proper),上述定义仍不乏相对完整性和较广泛的解释力,因而学者们在介绍翻译入门知识时,往往首先便要提及这一定义(如:Bassnett,2010:22;Munday,2010:8-9),以确定进一步讨论的基本框架。随着翻译实践的发展,重新定义翻译的呼声日渐高涨,但雅各布森的这一定义非但没有被时代所淘汰,反倒成为诸多学者从不同学科角度重新划定翻译范畴的共同理论根基(如:蓝红军,2015;谢天振,2015;王宁,2015;穆雷、邹兵,2015),本研究也不例外。依据雅各布森的翻译"三分法",本研究中的对外新闻翻译仍主要指以语言为本的、将汉语文本转换为外语文本的翻译活动,即语际翻译;但需要注意的是,出于目前中国国内开展对外报道的特殊性,本研究的"翻译"也将不可避免地涉及语内翻译的内容,即:中文新闻原稿在进入转换为另一种语言的过程之前,大多需要首先经过语言的重新组织,即rewording的过程。此外,符际翻译就本研究对象而言也并不鲜见。有学者将符际翻译进一步阐释为"通过非语言的符号系统解释语言符号,或用语言符号解释非语言符号,比如把旗语、手势变成言语表达"(谭载喜,2004:199),这大大拓展了传统的翻译视界与研究对象范畴。当今时代,文化交流与知识传递的方式趋向多元化,"读图时代"的来临带来读者阅读习惯的重大变化,越来越多的人选择图片或视频来获取信息;加上互联网媒体平台图文并茂的信息传播特点,符际翻译将更适应网络化时代的读图受众(王晨爽、文军,2016)。就本研究而言,原新闻稿中不易通过译文文字充分表述的信息可以通过图片这样的非语言符号来展现；原文图片所表达的信息在译文中可能通过其他图片来传达；又或者，译文本应传达、却未能顺利传达的原文内容可能借助图片而较为理想地为读者所领会，从而使译文更易令读者所接受。据此，我们不妨首先以雅各布森的翻译定义为基础，将本研究中的"翻译"扩展为：语内翻译、语际翻译和符际翻译的综合体，旨在对原语信息进行合乎需求的阐释。

3.1.1.3 翻译的传播学属性

常有译界人士指出，语言学路径的研究才是翻译研究的本体（王斌华，2015），但从实际的翻译活动中不难发现，语言转换并不足以展现翻译活动的全貌。译者、翻译的语境、翻译的社会文化背景、翻译活动的功能和作用等，都是翻译实践中不可或缺的构成要素（同上）。因此，在从语言学角度初步界定本研究的"翻译"后，有必要厘清该定义中的一个关键内容：怎样才是对原语信息"合乎需求的阐释"（adequate interpretation）？首先必须承认，原语信息是翻译的最主要对象；翻译虽无法在原语与译语之间达成完全对等，译文也不能与原文的关键信息大相径庭甚或背道而驰，否则必然偏离翻译的本质。但是，"两种语言之间的信息替换往往不是针对单个代码单位，而是替换整体信息［……］译者会对某个信息源的信息重新编码后再行传递"（Jakobson，1959），这里的"重新编码"如何操作，应视翻译的具体需要而定。纽马克从区分文学翻译与非文学翻译的角度，指出文学翻译具体包括诗歌、小说和戏剧等文学形式的翻译；与非文学翻译强调事实和信息清晰性的特点相比，文学翻译强调的是原文的价值和风格，同时文学翻译应在措辞和内容上都尽量接近原文（李长栓，2004:55-60）。因此，就文学翻译而言，在双语转换时最大限度地尊重原作、忠实于原作，是"合乎需求的阐释"题中应有之义。而在新闻翻译这类侧重于"事实和信息清晰性"的翻译中，阐释的标准必然有所调整。顾名思义,新闻翻译是将新闻文本从一种语言转换为另一种语言的活动。新闻本身以传播为使命,新闻译文自然无法脱离这一使命,遑论翻译本身就具有不容忽视的传播特性。有学者将翻译过程界定为"一种传播行为(act of communication),它致力于突破文化与语言疆界,传递另一种传播行为(这种行为可能出于多种不同的目的,面向不同的读者/听者)"(Hatim & Mason, 1997:1);研究翻译过程,实质上是在研究"译文的生产与接受中所使用的传播策略"(同上),因此不妨将译者视为一类特殊的传播者,其"传播行为受先在传播行为的制约,且对该行为的感受尤为强烈",因为译者无论如何都要与原语文本产生密切的互动(同上:2)。威尔斯(Wolfram Wilss)也是较早提出翻译的传播学特质的学者,他认为"翻译是一种关涉语言行为与抉择的特殊的语际传播形式"(Wilss, 2001:14),实际上暗示了译者在翻译过程中的关键作用。与这些观点相应,国内有学者指出翻译是一种跨文化的信息交流与交换的活动,其原理与普通传播相同,应当属于传播学的一个分支(吕俊,1997);麻争旗(2001)也认为,翻译发挥着文化沟通和文化交流的作用,其本质在于通过语言符号之间的转换实现跨文化传播。可以说,传播学这一新视角某种程度上帮助翻译研究走出了传统的以"对等""忠实"为中心的语言学研究视域,转而寻求对译文接受者在文化层面上的更深刻理解(Osland, 2002)。还有学者深入分析翻译过程后指出,翻译所实现的传播不仅是人际传播,更是内向传播。译者通过内向传播生成译文后,通过人际传播传达给读者;而后读者经过内向传播,将其对译文的接受效果通过人际传播反馈给译者,从而开启新一轮的内向传播到人际传播的过程(姚亮生,2004)。基于传播学与翻译学之间显著的学科交叉,有学者甚至探讨了建立与发展"翻译传播学"的合理性与必要性,认为翻译活动以向目标读者传递原语信息为目的,致力于满足读者对特定信息的需求,并往往力求在知识、态度或行为等方面影响读者;而任何传播活动都具有目的性,传播效果是传播活动的灵魂,因而翻译学和传播学两门学科在内在属性上难以分割(谢柯、廖雪汝,2016)。可见无论翻译还是传播,读者或受众的需求是否得到满足、他们是否为译文的表达或信息的传递所影响,是研究者们关注的中心问题。综上可见,学者们的研究角度虽有不同,但都在尝试依靠传播学的力量帮助翻译研究摆脱语言学的过度束缚。这主要表现为两种趋向:一则凸显译者在翻译中作为中间传播者的重要作用,二则更多地从译文读者的角度来思考翻译,促使译者对原语信息做出合乎读者需求的阐释。故此,基于翻译与传播的必然联系及新闻翻译本身固有的传播特性,本研究拟强化对"翻译"的传播学理解,强调译者在译文生产过程中的关键地位及译文读者在这一特殊的双语传播活动中的重要性。笔者就此将"翻译"定义为:以译文读者接受效果及译文预期传播效果为导向的、再现原语信息的跨语言、跨文化的传播活动。

3.1.1.4 翻译的方向性

翻译方向即 Direction of Translation,也称 Directionality,是指译者把外语译成母语或惯用语言,抑或把母语或惯用语言译成外语。翻译方向的问题曾经在很长一段时间里未能得到重视,现实中的翻译活动则大多是从外语译入译者母语,即所谓的"顺向翻译"(Shuttleworth & Cowie,2004:42)。事实上,国际上的主流看法也支持顺向翻译(方梦之,2003:14),内罗毕宣言就认为"译者应当尽可能译入母语,或其对译入语言的掌握程度应基本达到母语水平"。但现实的问题是,符合要求的译者数量是否充足,译入语与译出语之间的差异程度如何,翻译文本的类型,翻译的用途及目标受众因素,都成为是否能够采取顺向翻译的制约因素(Shuttleworth & Cowie,2004:42)。仅以汉语和英语的差异为例,汉语在国际上的地位及影响力都难以与作为世界通用语言的英语抗衡,国际上汉语学习者的数量远低于英语学习者;再加上拼音文字与象形文字之间的巨大差异,能够熟练掌握汉语、完成汉译英任务的英语本族语使用者更是寥寥无几,远远不能满足当前中国对外文化传播的庞大需求。出于与各国开展政治、经济、文化与技术交流的多方面需求,中国既要了解国际形势,也迫切希望世界了解中国正在发生的改变,为中国的进一步发展创造良好的国际环境。于是,在难以由符合"外语译入母语"要求的英语本族语译者承担对外传播重任的情况下,大量汉译外任务就只能由较好地掌握了外语的汉语母语者来承担,从而形成所谓的"逆向翻译"(inverse translation)。有学者指出,逆向翻译并非不可行,甚至在非英语国家并不鲜见(Shuttleworth & Cowie,2004:90),许渊冲先生的诗词翻译成就获得国际译联的认可便是逆向翻译可有成就的一大明证。就对外新闻翻译而言,当前中国仍处于复杂多变的国际形势中,国际舆论对中国国际地位的影响不容小觑,这决定了新闻译者首先应当具备良好的政治素养和清醒的政治头脑,以免新闻译文出现不可挽回的政治错误而有损中国的国家形象。基于这一原因,使用外文记者或外国译者直接从事新闻外译工作并不现实。再者,逆向翻译尤其适用于对于文体要求并不太高的非文学类文本(Shuttleworth & Cowie,2004:90),这进一步表明其在国内新闻外译中实属必要之举。但是,必须认识到逆向翻译面临一个巨大的阻碍,即:无论一名汉语母语译者能够多么熟练地使用外语,作为非本族语使用者,他未必能很好地把握目标受众的语言与文化习性,这可能从根本上影响译者对翻译策略的判断和翻译方法的选择,最终影响译文的整体传播效果,因此从事逆向翻译的译者必须具备更强的读者意识,更关注读者的反应。总之,笔者之所以在界定"翻译"时强调翻译的方向性,并非为了凸显逆向翻译之难而支持较受认可的顺向翻译,而是意在指出顺向翻译在对外新闻翻译中并不可为,以引入本研究对象的逆向翻译属性,初步指明目标受众的需求在本研究中必然居于特别重要的地位,为下文更具体的受众研究与分析及戏剧主义修辞观的引人奠定基础。

3.1.1.5 小结

综合以上四个层面的分析,笔者将这样来解释本研究课题中"翻译何为":"翻译"一词可指译文、翻译事业、翻译过程,但归根结底是翻译行为。这一行为融合了语内翻译、语际翻译与符际翻译,是着眼于译文读者接受效果及译文预期传播效果而对原语信息进行合理阐释的跨语言、跨文化的传播活动,有顺向翻译与逆向翻译之分,在逆向翻译中译者应对目标读者予以特别关注,以确保其对原语信息的阐释能够达成交际目的。图4可较为直观地体现本部分结论。

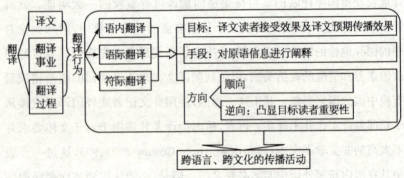

图 4 "翻译"概念构成图

3.1.2 "对外新闻翻译"之界定

基于前文所理解的"翻译何为",笔者将进一步界定"对外新闻翻译",并澄清其在本研究中的主要内容与特征。首先,依据3.1.1.1所述的"翻译"一词的多义性,本研究中的对外新闻翻译可指对外新闻译文、对外新闻翻译过程及对外新闻翻译事业,但本质上三者均属对外新闻翻译行为的产物。依据上文对"翻译"的定义,我们不妨先予"对外新闻翻译"以如下解释:对外新闻翻译是典型的逆向翻译,这一融合语内翻译、语际翻译和符际翻译的跨语言、跨文化的传播活动旨在对新闻原文信息予以合理阐释,以满足新闻译文受众的需求,达成译文的预期传播效果。笔者将在这一部分进一步展示对外新闻翻译中的"合理阐释"具体应作何解。诚如前文所言,新闻和翻译都是典型的传播行为,其读者或受众具有不容忽视的重要地位,因而两者相加时,新闻翻译的传播学特质自然而然被进一步放大;至于"对外新闻翻译",其逆向翻译的特性更是凸显了目标读者的重要性,这使得译文符合受众的阅读喜好和传播效果需求成为对外新闻翻译的重中之重。需要说明的是,笔者在此并非主张对外新闻翻译就此扬受众之大旗而弃原文于不顾;笔者仅是认为,在对外新闻翻译再现原文的过程中,形式需求将大大弱于内容需求,译者更需要在意的是新闻原文中的关键事实内容是否以受众喜闻乐见、并有助达成传播效果的方式得以传达,而非亦步亦趋、字当句对地对原文进行传统理解上的"翻译"。事实上,新闻翻译不同于一般意义上的翻译活动,这早已是国内外新闻翻译学者普遍达成的共识。他们大多承认,新闻翻译更多地采用编译(transediting)(Stetting, 1990; Bielsa & Bassnett, 2011)手段,包括替代、省略(Wu & Zhang, 2015)乃至重写(林克难,2007)等方式,当中涉及对原文本的操纵与选择(Holland, 2006);有学者甚至指出新闻翻译实为"新闻本地化"(Orengo, 2005)。一言以蔽之,新闻翻译的最终成果极有可能与原文大相径庭。必须承认,翻译研究发展至今日,早已破除了对"忠实于原文"的迷信。莱斯(Katharina Reiss)坚持以原作为中心、认为译文应当与原文对等的功能派等值理论(Nord, 2001)逐渐发展为弗米尔(Hans Vermeer)的目的论,后者指出翻译并非一对一的语言转换,而是需要达成某种社会目的的行为(同上:11);其后翻译研究的"文化转向"更是随着勒菲弗尔(Andre Lefevere, 2004)提出"文学翻译即改写(rewriting)"这一理念而使原作的地位进一步弱化。不过,由于新闻与文学作品最大的区别在于对原文信息真实度的高度要求,勒菲弗尔这

戏剧主义修辞观之于互联网对外新闻翻译——以"中国上海"门户网站为个案

一基于文学翻译的研究结论在新闻翻译中似乎颇显得"惊世骇俗"。但事实上,该研究所引入的意识形态、诗学和赞助人(Lefevere,2004)等翻译的介入因素,无一不体现在新闻翻译中,这在一定程度上表明新闻翻译同样需要"改写"。刘其中(2004:2)曾指出,新闻翻译是把用一种文字写成的新闻用另一种语言表达出来,这一再次传播的过程旨在使译语读者不仅获得原语新闻记者报道的信息,同时也能得到与原语新闻读者大致相同的教育或启迪、信息享受或文学享受。具体到我国的对外新闻翻译,他认为"汉英新闻编译是把用中文写成的新闻(或中文新闻信息)通过翻译和编辑的方法处理成英文新闻进行对外传播的新闻报道形式"(刘其中,2009a:2)。国内对外宣传工作的多位领路人也曾经发表过类似的观点。翟树耀(2001:738)指出,目前各个对外新闻媒体真正由专职记者采写的对外稿只占很小一部分,更重要的新闻来源是编发的国内新闻。沈苏儒(2004a:189)则明确指出,目前中国的对外新闻传播主要是通过"内稿外译"的方式实现的,即:将原本针对国内受众的新闻稿翻译成面向国外受众的外文,几十年来一向如此,且在可预期的时间范围内不会发生根本改变。基于此,"内外有别"成为指导我国对外宣传报道的基本原则,"内稿外译"则常常通过"删节""增添""概括转述""摘要""压缩""综合""分篇"(翟树耀,2001:739-740)等可能令原文面目全非的形式来实现。国内资深英文媒体人、*Shanghai Daily*(《上海日报》)原主编张慈赟曾指出,在中国办英文报纸,缺乏翻译这个环节是不可能的,但此时的新闻翻译与严格意义上的翻译有一定差别,可以称之为"编译",也可以说是"译写",属于广义翻译。在这种特殊类型的翻译中,英语思维是必不可少,乃至至关重要的;译者必须优先考虑以英语组织语句,并站在英语读者的角度来检查自己译写的新闻(袁丽梅、何刚强,2015)。张健(2016:171-174)提出,将英语对外报道不假思索地推断为单纯的汉译英工作是极大的误解。"外宣报道的翻译不是一般意义的翻译,而是用外文进行'再创造'"(张健,2010:407)。从新闻英语业务实践和大众传播学理论来看,汉语新闻的英译不是简单的对外翻译,一定要避免逐字对译,因为对外新闻翻译的成功取决于传播效果。要达到预期的传播效果,则应当以原文主旨为基础,对原文语言的方方面面进行处理,使译文灵活变通,与原文"若即若离"。学者们的洞见都已阐明了我国对外新闻翻译的本质,即:基于原文基本的事实和信息创作译文,对语言形式进行必要的改动,使译文在目标受众中达到理想的传播效果,其目的在于促进世界对中国客观、全面的了解。这也就不难解释部分主流媒体的新闻译文为何找不到对应的中文原稿,因为译者可能综合数篇汉语新闻的内容创作出一篇英语新闻。这些特殊的新闻撰稿者在消化中文信息、输出英文文本的过程中,主要承担的便是译者的角色。翻译这一活动在国内英语新闻的生产过程中并未消失,仅是内隐。因此,就新闻翻译这种特殊的跨文化传播活动而言,重构原文框架不应该成为质疑其翻译本质的理由,因为它并非是与客观报道背道而驰的做法(程维,2010)。相较于其他类型的翻译,对外新闻翻译这一颇具颠覆性的特质将成为本研究论证过程的重要基础。需要注意的是,尽管有学者认为新闻外译"集英语新闻写作、翻译、编辑于一体,三种创造性劳动几乎同时进行"(刘其中,2009a:3),但事实上所谓的"同时"目前仍难以实现。我国的对外英文新闻报道是由党和国家主导的,首先要求译者具备较高的政治敏锐度;从事汉英新闻翻译还需要既熟练掌握英语写作技巧与西方新闻写作基本方法,又具有扎实的中文功底。因此,迄今为止从事对外英语新闻报道的绝大多数都是我国外语院校的毕业生(同上:4-7),这才使得前述张慈赟先生对译者反复强调的"英语思维"显得尤为必要。据此,就目前的汉英翻译思维过程看来,"先编后译"是新闻外译实际操作过程的必要环节,这未必指译者或编辑在双语转换过程之前先形成书面文本,再由译者翻译,而更可能是由译者消化新闻原文的信息,在脑中形成大致的待

戏剧主义修辞观之于互联网对外新闻翻译——以"中国上海"门户网站为个案

输出文本后,再使用译语表达文本要旨。若以奈达的"分析-转语-重组-检验"(谭载喜,1999)来观照新闻外译过程,则"编"应属于"分析"的一部分。董史良先生(1988)多年前就已指出,语言、文字按其规律变换,属物质运动,信息则通过物质运动概括出来。译者在变换过程中不应只关注语言、文字运动变换形式,而更要着重于提取物质运动的内涵。据此,译者必得首先提取原语中的内涵信息,然后再使用另一种语言文字来表达,这一翻译思维方法的研究更是译学的一大重任。傅敬民(2000)也指出,只有当原文的思维内容和思维方式完全符合译者的接受能力时,译者才可能做到即时输出译文,或曰"语言信息处理的自动性"。但现实的翻译思维过程并非如此简单,而是分为原语信息→原语概念系统→译语概念系统→译语信息系统四个步骤,这表明译者在翻译思维中必然要经历用原语编辑原文、确定主要内容这一步骤。在思维方式总体偏向汉化的汉英译者身上,这种倾向只会更为显著,而不会有丝毫减弱。总之,无论新闻外译过程是否涉及其他行为主体,译者"编-译"的思维模式是必然存在的,这也是下文讨论的重要思想基础。

此外,由于本研究所界定的翻译本质上是"跨文化传播活动",本研究不但将涉及具体翻译过程中如何通过各种语言重组方式对汉语新闻进行外文化改写,受众对这些脱离了原文形式束缚的特殊译文的接受程度亦将成为讨论的重点,以求全方位体现对外新闻翻译读者相较于其他类型译文读者的超然地位。龚光明(2005)指出,新闻语篇的翻译最终需要体现新闻语言的三种功能:(1)交际功能,新闻语言必须通过交际方可实现其价值,新闻语篇的译者是以准记者的身份创造富于个性的新闻语篇;(2)传播功能,如反映社会舆论、传播文化知识、提供社会服务等;(3)语用功能,即新闻语言的翻译必须关照字面意义、蕴含意义及其可能的效果。同时,由于新闻传播的内容几乎涵盖人类社会活动的各个方面,是篇章数量极大的应用领域,探讨新闻篇章的视听者对各种篇章类型的理解与反应就成为新闻传播研究的一个重要方面,因此新闻翻译的最终落脚点必然是关注受传者的接受,注重效果。总之,对外新闻翻译要"合理阐释"汉语原文信息,重点在于以传播效果为本再现原文主要内容,对原文的语言形式则可依据译文读者的需求和预期传播效果的要求进行相对灵活乃至改头换面的处理,受众导向应成为对外新闻翻译的主要考虑因素。

关于"对外新闻翻译"所涉及的语种问题,事实上这一汉译外的过程可能涉及任何一种外语,但就目前对外传播的现实情况来看,汉语新闻英译应是对外新闻翻译最重要的、受众面最广的表现形式。老一辈对外传播工作者在谈及对外宣传的外语问题时,实际上探讨的往往是英译问题(爱泼斯坦等,2000),这在某种程度上说明英语是对外传播实践中约定俗成的主要用语。从学者的研究看来,进入21世纪后,对外传播媒体仍以英语媒体为主,中央与地方性媒体都首选英语作为对外发布语言(郭可,2008)。国际传播中的英语强势是一股不可抗拒的趋势,短期内难以逆转。尽管历史上多种语言的沉浮表明,英语确有可能逐渐衰落,但这一过程必将十分漫长。因此对于中国而言,恰当处理英语强势,利用英语作为融入世界的工具实为明智之举(郭可,2002)。有鉴于此,本研究在谈及新闻外译的"外语"时,实际上主要指英语;下文的个案选取也将遵循同样的原则,以新闻汉译英为讨论对象。

3.1.3 "互联网对外新闻翻译"界说

顾名思义,本研究的"互联网对外新闻翻译"可以理解为"以互联网为载体的对外新闻翻译"。但由于新闻传播属于典型的媒体行为,具体说来,此处的"互联网"应指互联网媒体,又称网络媒体。省略"媒体"二字,首先因为其是"新闻"题中应有之义,同时也为了尽量简化这一关键概念的提法。笔者之所以要对这一看似明朗的概念做些说明,是因为并

戏剧主义修辞观之于互联网对外新闻翻译——以"中国上海"门户网站为个案

非任何汉语新闻在翻译之后经由互联网进行传播,便可称为"互联网对外新闻翻译"。互联网所具有的功能并不止于新闻媒体,它在各个领域都发挥着作用;互联网并不只具有传播新闻、信息的媒体功能,还具有电子商务等其他重要功能,因此互联网本身不能成为媒体,媒体只是互联网的功能之一(雷跃捷等,2001)。有学者综合多方观点对"互联网媒体"做出如下定义:以计算机、手机等为载体,向社会大众传播新闻、知识等各种信息的专业网站(王东迎,2010:6)。这意味着作为个人传播行为的新闻外译行为,或是商家出于营销目的而进行的新闻外译行为等,都不在本研究所讨论的"互联网对外新闻翻译"之列。依据前两部分的定义,本研究的"互联网对外新闻翻译"应界定如下:互联网媒体开展的跨语言、跨文化的传播活动,包含语内翻译、语际翻译和符际翻译,旨在对汉语新闻原文信息予以合理阐释,以满足国外新闻译文受众需求,达成译文的预期传播效果。当然,如前文所述,这一概念在本研究的不同情境下可能指翻译过程、译文或翻译事业。另外,为体现关键概念的前后承接,文中主要章节标题与本研究标题保持一致,在涉及这一概念时仍采用"互联网对外新闻翻译"的提法,但文内讨论中往往简化为"网媒新闻外译"或"互联网新闻外译",以避免表述累赘。

为使本研究的"互联网对外新闻翻译"内容更为直观,我们不妨以上文提及的传播过程5W模式来观照这一主题,将其与一般意义上的"对外新闻翻译"进行对比,以侧面反映本研究的思路。

图5意在表明,同样作为以"翻译"为核心的传播活动,本研究中的"互联网对外新闻翻译"势必包含一般意义上的"对外新闻翻译",但互联网媒体的介入使得这一新闻外译活动表现为具有不同的传播主体、传播内容和传播渠道的双重翻译行为,这以更外显的方式呼应着本研究对"翻译"的另一重潜在界定,即:翻译是一种涉及多维度场景的社会实践活动。国内译学界长期以来盛行译本比较研究,确有助于体现不同译本

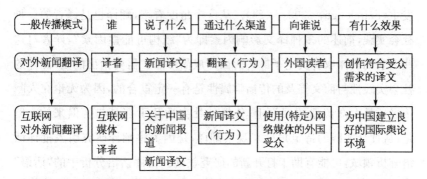

图 5　基于 5W 模式的"对外新闻翻译"与"互联网对外新闻翻译"对比

在翻译策略方面的风格差异,但单纯的译本比较难以触及更本质的问题,如:译本是基于怎样的历史背景和译者价值取向而呈现出不同面貌的? 因此,不仅是译本本身,译本产生的过程也是很值得探索的。译者作为译本的直接生产者,在翻译过程中起着"承前启后"的作用;译者如何理解原文、又如何将其消化后的原文以译入语输出成为文本,直接决定着译文读者最终接收到怎样的信息。因此,译者对译出语与译入语的语言文化掌握程度、其个人语言风格,乃至译者进行翻译活动时所处的社会历史环境和价值取向等因素,都影响着译者对译文的"操纵"。但是,过分强调译者主体性可能导致译者恣意操纵文本,因而应当认识到,译者在翻译过程中确实居于中心地位,但比起"主体性","主体间性"更适宜描述译者的作用,即:协调原作者、译者与读者三个主体间的各种关系而"创造性"地展开翻译活动,这就初步指出了翻译的社会实践性质(田海龙,2017a)。"社会实践"可以看作是社会结构(social structures)与社会事件(social events)之间的中介;抽象的社会结构不会直接导致社会事件的发生,要从"结构上可能发生的事件"过渡到"实际发生的事件",则必须经过"社会实践"。正是社会实践控制着"结构可能性因素"(structural possibilities)的筛选,入选的因素会逐渐导致某些社会事件的

戏剧主义修辞观之于互联网对外新闻翻译——以"中国上海"门户网站为个案

发生(Fairclough,2003:23-24)。从这个角度看来,翻译也是译者的一种社会实践,前述的多种译文影响因素即为"结构可能性因素",译者对这些因素的具体取舍决定了最终的翻译成品形态。需要指出的是,翻译的社会实践性与前文提及的传播学属性是有一定重合的,因为无论在人际传播还是大众传播的层面上,传播的社会性几乎都是与生俱来的。但是,从社会实践的特定角度来观察翻译,是因为将翻译研究引入批评话语分析领域,可能有助于打开新的研究领地。批评话语分析中的"话语"是人们在社会生活中实际运用的语言,但其更重要的内容在于与语言运用相关联的社会因素,包含人们运用语言的方式及左右人们运用语言方式的社会规约,因而话语实际上是社会实践,实践者根据自己的社会地位、与交流对象的关系、所在场合、所依托的机构权威及所要表达的价值取向,选择不同的词汇、句式、体裁或模式来传递信息、参与活动、建构身份、再现事实(田海龙,2009)。不难发现,对外新闻翻译也是一种作为社会实践的话语,甚至在这方面有着极为突出的表现:新闻译者需要确定新闻译文所使用的媒体与平台(如政府门户网站),明确潜在受众,继而衡量自己与政府机构、原新闻撰稿者和受众之间的关系,依据我国的整体对外传播目标,小心拿捏自己在翻译中"忠实"与"叛逆"的尺度,从而向目标受众传递有助于提升中国国际形象、为中国创造良好舆论环境的新闻信息。具体到互联网对外新闻翻译,互联网媒体的自身定位与所属地域将使得目标受众群体更为细化而可及;网络传播相较于传统新闻传播的速度优势将在一定程度上影响新闻的选材;而网站的设置方式对译文最终呈现的内容与形式或多或少有所制约,这些都为新闻外译中的"结构可能性因素"增添了新的内容。另一方面,新修辞学与批评话语分析素有关联。早有学者指出,尽管不同学术流派曾经从不同视角对修辞做出各种界定,但这些定义总有两个共同的基本前提:修辞是一种话语方式,也是一种社会实践,是面向特定受众的、在特定场合中所使用的话语(Hauser,2002:99)。鉴于后现代主义思潮对"科学"和"理性"的反思,具体而详细的文本分析开始日益受到重视。新修辞学在理论发展方面步伐缓慢,但伯克等代表人物的理论在20世纪60年代左右确立之后,便持续不断地被用于具体实用的研究中,使得新修辞学扎实地植根于具体的个案研究中,这既为新修辞学作出了贡献,也在一定程度上迎合了批评话语分析的兴起。新修辞学与批评话语分析都力图重新认识语言在社会生活中的作用,因而都重视具体的文本与谈话研究,包括对文本中的互联、互文及主体间性的研究;两者都透过文本语言探索文本使用者意图,且注重语言使用者使用语言的策略研究。另外,批评话语分析往往研究政治、机构、媒体等方面的话语实践及这些话语实践中体现的权力关系和意识形态,而新修辞学追求通过修辞来揭示社会、认识真理,因而对社会问题的关注也是新修辞学的特征之一(田海龙,2015)。既然互联网对外新闻翻译本身具有社会实践属性,"戏剧主义修辞观"又包含着新修辞学的诸多标志性理论与方法,本研究引入批评话语分析视角并非牵强附会,而实属顺势而为。下文的分析将表明,批评话语分析既是在翻译与修辞之间搭建了一条"快速通道",也有助于进一步凸显翻译研究的多学科性,以开启网媒新闻外译中更多潜在的研究领域。

综上所言,本研究将基于"翻译是社会实践"的基本思想及对"互联网对外新闻翻译"的定义,借助戏剧主义修辞观的相关方法与理论,以更为宏观、整体的视角看待互联网平台上的对外新闻翻译这一话语,适时引入批评话语分析框架,力求建构网媒新闻外译的新研究模式;同时,由于没有翻译过程便不会有新闻译文这一传播渠道的产生,本研究不会脱离两种文字之间的意义转换这一翻译的基本内涵,而仍将探讨具体的翻译策略与方法,以期在突破常规的同时坚守翻译研究本质,同时也在具体的文字转换中初步测试新的分析模式,力争对网媒新闻外译及其相关研究起到多维度的推动作用。

3.1.4 小结

鉴于"翻译"的定义一直随着研究视角的不断更新而与时俱进,本部分基于研究需要,首先从多义性、语言学属性、传播学属性和方向性四个方面解释了"翻译何为",其后将这一中心词的释义用于界定"对外新闻翻译"和"互联网对外新闻翻译",并通过两者的比较初步体现互联网对外新闻翻译的特殊性,说明笔者在剖析这一研究对象时的大致思路。

3.2 戏剧主义修辞观

本研究以"戏剧主义修辞观"为理论依托,但必须澄清的是,这一概念并非早已有之,而是笔者基于研究需要确定的一个新提法。本研究在"戏剧主义"修辞视角及与之密切相关的修辞理论的基础上,依据互联网对外新闻翻译这一修辞行为所涉及的多个层面,引入符合"戏剧主义"核心修辞理念的其他修辞观点,置于"戏剧主义修辞观"这一总括性概念之下。因此,笔者拟在这一部分首先阐明这一概念的主要构成,并初步说明其在网媒新闻外译中的可能表现。

3.2.1 "戏剧主义":解码修辞动机

作为"戏剧主义修辞观"的核心内容,"戏剧主义(Dramatism)[①]"是美国修辞学巨擘肯尼斯·伯克在其著作《动机语法》(*A Grammar of Motives*)一书中提出的一种分析人际关系、研究人类行为与动机的元方

[①] 该术语译文参见邓志勇,《修辞理论与修辞哲学:关于修辞学泰斗肯尼斯·伯克的研究》,上海:学林出版社,2011年,第53页。

法(Blakesley,2002),他称之为"一种语言的哲学"(a philosophy of language)(Burke,1966:54)。之所以确定"戏剧主义"这一术语,是因为这一理论视角是从戏剧分析发展而来的,其基本立足点在于"人生就是戏剧",本质是将现实世界视为戏剧舞台,舞台上身为"演员"的每一个人都出于某种动机而戏剧性地使用语言符号,表达一定的象征意义,因而人类的言语行为必然都带有一定的目的。这一认识是伯克修辞理论大厦的根基。伯克指出"戏剧主义"旨在探讨"当我们谈论人们在做些什么、为什么这样做的时候,要涉及哪些内容"(Burke,1969a:xv),他"依据人们对现实世界的实际经验架设了一个基本思维框架,当中的五个原则性要素总是或多或少地体现在各种具有显著目的性(即动机)的人类话语乃至行为中"(ibid.),这五要素分别是:做了什么;何时、何地做的;谁做的;如何做;为什么做(同上),这便是"戏剧主义"的基本构成。不难看出,这五要素与前述的传播学5W模式颇为相似,某种程度上暗示了伯克的修辞理论对网媒新闻外译研究的适用性。不过,为使这一概念更加明晰,仍有必要从伯克修辞思想的出发点谈起,以使上述五要素获得相对完整的呈现与明晰的解释。

3.2.1.1 行为与动作

"人是使用象征的动物"(Burke,1966:16)是伯克全部修辞思想的源头。作为源自西方文学理论的概念,"象征"原指代表或提示其他事物的物品或形象,但伯克大大拓展了这一概念的外延,使其涵盖了以语言为代表的一切标记和符号(刘亚猛,2008:337),从而也大大推动了修辞学对于"象征行为"(symbolic action)的研究。在伯克看来,一切通过象征手段进行的活动必然都涉及一定的动机,都属于象征行为。据此,伯克的戏剧主义动机认识方法的关键词确定为"act",即行为;因而戏剧主义的研究对象自然也是"行为"(action),与无关动机的"动作"(motion)应区别开来。伯克认为,行为与动作的最主要区别在于动物性(animality)和象

戏剧主义修辞观之于互联网对外新闻翻译——以"中国上海"门户网站为个案

征性(symbolicity)的不同。动物性是指人类的生物特性,符合动作的属性;象征性则指人类的神经系统特性,关涉行为。更具体地说,动物性是人类身上与生理过程相关的特性,比如成长、消化、呼吸、新陈代谢及各种器官的运作,等等。人类的动物性会促使某些动机产生,比如对食物、住房、伴侣和休息的需求,这是最基本形式的动机。动物性属于纯粹的动作领域,在这个层面上,人是在做出动作,而不是做出行为(Foss et al., 1985:166)。动作"涵盖了无法对言辞做出反应的实体"(Burke, 1966:366),属于"动作"范畴的活动是非象征性的。不过人类并不仅仅具有生物性质,也有神经系统属性,即人类这一生物体具备习得语言或符号系统的能力。正是由于符号系统的存在,我们才超越动物性而成为人。使用符号进入了"行为"的范畴,也就是"象征"领域,或者可称为"象征性行为",所以说"人是使用象征的动物"。

举例来说,实施空间计划所需的物质支持可能体现为"动作",但当中所涉及的理论建构、规划设计及协调工作都属于行为范畴,因为这些活动必须倚靠符号系统方可发生。人类有些动机是源自动物性,但还有些来自象征性,象征性动机多指人们在教育、政治体制、道德准则、宗教、商业、金钱等领域希望达成的多种目标;而要在这些领域中形成动机,则首先需要一个符号系统使这些需求成为可能(Burke, 1966:28)。

行为的产生需要三个条件,首当其冲的是"自由"。"如果某个行为不自由,那就无法称其为'行为'"(Burke, 1970:39)。隐含在行为这一概念中的是选择权:"如果人无法自主做出选择,那就不是一种行为,而只是被动地移动了,就像被球杆打中的台球一样,随着其所遭遇的阻力而机械运动"(Burke, 1961:188)。

行为产生的第二个必要条件是目的或意愿。人必须愿意做出选择(Foss et al., 1985:167)。伯克曾举例说明行为与动作在意愿方面的差异,展示了起初的动作如何由于目的的介入而转变成行为,"如果一个人不小心被物品绊倒,那不是行为,只是动作;但是,如果这个人在跌倒的过程中忽然从无意变成有意(比如借此来谴责任由障碍物阻挡道路的有关人员工作的疏失),那么这场单纯的小意外就可以演变成行为"(Burke,1970:281)。

行为产生的第三个必要条件是动作。虽然动作可以脱离行为而存在(就像球体滚下斜面),行为却不能脱离动作,就好比人们可以使用"面包"这一符号,却不能"单靠面包这个词活着"(Jay,1990:406),即:象征行为归根结底是扎根于非象征领域的——就如"面包"一词是以真正的面包为基础的。虽然行为必然需要动作,却不能简单地将其仅仅理解为"动作"。比如,"一句话的真义无法简化为空气中的声音或书页上的标记等纯粹的物质存在,即便某些类型的物质动作对于这句话的生成、传播与接受都是必不可少的"(Burke,1989:54)。

一旦生物体形成了符号系统,纯粹地做出动作而不受符号系统或象征行为的介入几乎是不可能的。比如,建造房屋可以被视为一种动作,因为包含了寻求住处的生理需要。但是,在建造房屋的过程中,人们却不可能不体现出对于房屋建造过程的象征性构思,从而促使行为的发生(Foss et al.,1985:167)。同样地,两个人可能做出同样的动作,但却"进行着不同的行为,因为他们对于这项工作的态度有所不同"(Burke,1969a)。简言之,象征性行为不能简化为非象征性行为,但前者必然建立在后者基础之上;对于具备完整符号系统的人类而言,象征性行为实质上是无处不在的。

之所以要在"动作"和"行为"之间做出详细的区分,是因为"正是伯克对于行为的关注启发他提出了戏剧主义"(Foss et al.,1985:168);换言之,伯克的戏剧主义视角正是基于"行为"这一要义构建起来的。他从"人类做出行为"这一命题开始,指出戏剧是建立在行为出场的基础上,并希望探究行为这一概念包含了哪些内涵。因此,戏剧主义成为了"一种探索式的工具,试图厘清行为这一概念的内涵"(同上)。他还指出对戏剧主义的理解就应是字面上的理解,而非将其视为隐喻(同上),这是因为"虽然'整个世界是一个舞台'这样的表述确可作为隐喻,戏剧主义模式的运用方式却是极为不同的。戏剧主义[……]帮助人们回答这样一个问题:在'人之所以为人,是因为能够做出行为,这与其他只会移动的物体迥然相异'这样一个命题的基础上,我们还能有些什么发现?"(同上)

综上所述,戏剧主义的人性论基础在于"人是修辞的动物"(邓志勇,2015:137),即人是始终需要、也的确在从事象征性行为的主体。基于这一思考,伯克对人类的动物性和象征性展开了深入思索,划分出了行为与动作各自的范畴,并随之确定了三个必要条件用以区分这两者,继而得出结论:人类的行为必然受到一定动机的驱使,象征性行为在人类世界是普遍存在的。鉴于行为与动机之间存在这样的内在联系,伯克确立了五位一体的动机认识方法,以便更深入地挖掘人类象征性行为的丰富内涵。

3.2.1.2 辞屏

在拓展"象征"的外延并将人类设定为"使用象征的动物"的基础上,伯克把"象征"视为人类生存的基本保证和赖以安身立命的根基,而不仅仅是一种工具。他指出,人所体验到的所谓"现实"不过是"有关过去的各种象征的组合,再加上我们通过地图、杂志和报纸等渠道了解到的当今之事"(Burke,1966:5),因而人所感知到的现实如何,与象征如何被使用有着莫大的关联。他不禁质疑:"果真是我们单纯地使用着语言?语言竟没有在使用着我们吗?"(Burke,1966:6)由于对人与象征的关系存在这样的认识,伯克指出对语言的本质存在两种截然不同的态度与方法。科学主义(scientistic)方法的出发点是有关命名或定义的问题,也就是说,专注于通过语言抓住事物的本质(刘亚猛,2008:337);与之相对的戏剧主义(dramatistic)方法则强调语言是前文所述的"行为",即"象征性行为"的一部分,认为语言的界定与描述能力都是衍生的,其最根本功能在于"表态或劝勉"①(attitudinal or hortatory):表态体现在抱怨、恐惧、感激等表达方式中;劝勉则在于命令或要求,乃至社会合作与竞争过程中逐渐确立的内在需要(同上)。伯克认为这两种视角可以区分为"用于定义的语言"和"作为行为的语言",在典型表达上存在明显的差异:科学主义重在表达"这是什么",或者"这不是什么";戏剧主义则用劝勉的方式说"你应该",或"你不应该"。此外,科学主义最终走向与符号逻辑(symbolic logic)相关联的各种思维,表现相对严谨;而戏剧主义所成就的思维方式,则在小说、戏剧、诗歌、演讲与广告修辞、神话故事和哲学等体裁中大显身手。但是,这两者并不是绝对相斥的。语言的戏剧主义观点在实践中必然体现其"劝说"本质,即便在最不带感情色彩的科学术语中也是如此,原因在于:虽然词语可以是对现实的反映(reflection),但任何词语,若究其本质,首先毫无例外是对现实的选择,所以从这个层面上说,词语也会对现实予以歪曲(deflection)(Burke,1966:44-45)。这一戏剧主义的语言哲学观是伯克戏剧主义修辞思想的又一重要来源,也引出了他修辞理论中的另一关键概念:辞屏(terministic screen)②。

在解释这一概念时,伯克首先有这样的联想:当摄影师采用不同的滤色镜拍摄同一样物品时,会得到多张不同的照片。而这些看似完全"真实"的照片在质感甚至形态上都会有显著差异,所以哪张照片都谈不上是真正记录了事件的原貌(Burke,1966:45),只是刻意地将观众的注意力引向物品的某些特征上,这正符合伯克对"辞屏"的最基本界定:吸引注意力(Burke,1966:44);就如任何科学术语都必定要将人们的注意

---

① 该术语译文参见刘亚猛:《西方修辞学史》。北京:外语教学与研究出版社,2008年,第337页。

② 该术语译文参见刘亚猛:《西方修辞学史》。北京:外语教学与研究出版社,2008年,第339页。

戏剧主义修辞观之于互联网对外新闻翻译——以"中国上海"门户网站为个案

力引向一些方面而偏离其他方面一样,其本质也是一种歪曲。因此,所谓"现实",绝大多数是由人类的符号系统所建构的。词语是连接人类与非语言世界的纽带,但同时会在人类与非语言世界之间形成一个屏幕(screen)(Burke, 1966:5),人类通过这一屏幕来观察世界。尽管这一屏幕上所显现的并非完整的"现实",只是这一屏幕所对应的符号体系为观察的人们构建起来的"现实",但符号的使用必然是主观的,因而不可避免地会"突出某些色彩、彰显某些特征,甚至歪曲某些形象"(刘亚猛,2008:339),"辞屏"便是以这样的方式形成并发挥作用的。伯克指出,"我们必须使用辞屏,因为不使用字词我们就无法进行表述;无论我们使用什么字词,它们必然会构成一种相应的屏幕,所有这样的屏幕都会将人的注意力导向某个而不是别的领域。在这个领域中可能还存在各种辞屏,每一种都用不同的方式来吸引注意力,用特定的字词形成观察范围"(Burke, 1966:50)。简而言之,"辞屏"具有两面性:人类对世界的观察与理解须臾不可离开语言符号,但使用语言符号又必然会在一定程度上扭曲这样的观察与理解,不可能真正反映客观事实。不过,这样看似无奈的人类困境却是进行象征行动的一个使能条件:正是由于词汇具有一定的"扭曲"功能,应用词汇时才可达到"劝勉""说服"的效果,使修辞者的动机在象征行动中得以实现。

"辞屏"在新闻外译这一象征性行为中也发挥着显著作用。如前所述,为使新闻外译达成其修辞动机,译文与原文往往会有较大出入。国内新闻记者为迎合国内读者的兴趣点而采用的"辞屏",在译文中往往被推翻,为译者的"辞屏"所取代,因为此时读者对象已经发生了变化,适于吸引读者注意力的字词自然须做出相应的调整。原文与译文在"辞屏"上存在差异,本质上是原文记者与译者受不同的修辞动机驱动而采取不同的象征性行为,因而对"辞屏"的研究也在一定程度上有助于了解原文与译文修辞者各自的修辞动机。

3.2.1.3 五位一体

前文可见,伯克是基于戏剧主义视角将语言作为一种行为来研究,而行为是根植于动作,以自由和目的性为标志的。伯克相信,人们在表述一段经历时,要使其在自己和他人身上达到预期的效果与意义,则必须采用适当的方式设计与安排这段经历(Burke,1989:14),采用"辞屏"将他人的注意力导引向修辞者力图强调的内容上。这样的行为背后总是潜藏着人们表达其思维的各种形式,它们对表述内容最终产生的意义有深刻影响。为此,伯克创立了一种以五大术语为中心的方法来分析作为象征性行为的话语(鞠玉梅,2005:93),力求透过戏剧主义的窥镜发现象征性行为的动机,他称这一方法为"五位一体"(pentad)①。有学者指出,伯克"借用戏剧词汇确定了多个角度,供评论家用于分析某一修辞情景"(Rohler and Cook,1998:10),这些角度即上文的五个原则性要素、五大术语,用来作为发现动机的原则,或者说"语法"。需要说明的是,伯克所谓的"语法"并非传统的语言学意义上的"语法"。"虽然其关注点仍是语言,其目的却是对语言单位组合的功能做出明确的、可供参考的说明;这种语法是依靠一套连贯的术语来运作的,用以开展描述性分析"(Stillar,1998:63)。这套语法中所包含的五个术语分别是:行为(act)、场景(scene)、行为者(agent)、手段(agency)以及目的(purpose)。至于选择这五个术语的理由,伯克是这样解释的:"在有关动机的完整论述中,你需要有一个词来命名'行为'(即说明思想上或行为上发生了什么),再有一个词来说明'场景'(即行为的背景及其发生的情境);此外,你还要说明是什么人或哪一类人从事这一行为(行为者)、他使用了什么样的手段或工具(方法),以及有什么'目的'。"当然,对于某个特定行为背后的

---

① 该术语译文参见邓志勇:《修辞理论与修辞哲学:关于修辞学泰斗肯尼思·伯克的研究》。上海:学林出版社,2011年,第73页。

戏剧主义修辞观之于互联网对外新闻翻译——以"中国上海"门户网站为个案

目的、做出这一行为的人的性格、行为的方式及行为的具体场景等,人们可能有着十分不同的见解,甚至可能坚持采用完全不同的词语来说明这一行为。但即便如此,任何关于动机的完整描述都应当回答以下这五个问题:"做了什么;何时、何地做的;谁做的;如何做;为什么做"(Burke,1969a:xv)。

举例来说,在研究动机时,我们可能发现上述要素在初级研究中可以这样排列:"主人公(行为者)在一位朋友(共同行为者)的帮助下智胜了反派角色(反行为者);他利用一把锉刀(方式)解开了镣铐(行为)以逃脱(目的)他被关押的那个地方(场景)。"不过,伯克希望五位一体的使用是内化的——即在某个修辞过程,比如演讲中确保五位一体的各个要素是从真实的话语内容中选取的。这样一来,行为就是修辞者所讨论的行为,场景则是修辞者所认为的行为发生的环境,行为者是修辞者认为参与了行为的人或人们。但是,五位一体还可以扩展到更大的范围内:人们研究的修辞内容被视为行为,再与之相应地选择其他要素。在这一情况下,演讲可以被视为一种行为,场景是发表演讲的场所,行为者则是发表演讲的人,以此类推。伯克所主张的这种五位一体的使用方式,也奠定了本研究的逻辑主线。首先,笔者作为一名研究者,循伯克的五位一体结构对"互联网对外新闻翻译"的各研究内容(包括新闻外译行为、新闻译文、传播效果等)进行阐述,需要相应地选择这些修辞行为的其他五位一体要素,力求客观、全面地描述本研究对象所涉及的各类修辞现象;其次,撰写论文的笔者同时是一名修辞者,在探讨互联网对外新闻翻译在"翻译"与"传播"两个层面上的修辞行为时,也参照伯克的"五位一体"确定各个要素,基于本研究的条件与需求来展示研究发现,以期与受众达成"认同"。

如前文所见,戏剧主义分析方法的前提在于"人是创造与使用符号的动物;正是基于人类创造与使用符号的能力,人与人之间的交流形成了一个符号的世界"(Rohler and Cook,1998:9)。伯克主张在观察所有人类的符号使用行为时都应采用上述的五重视点(胡曙中,2009:255),同时,为了解动机如何在象征手段的影响下发生变化,伯克确立了一个由上述五要素构成的动机认知框架,这就是"戏剧主义五位一体"(dramatic pentad)(Burke, 1969)。这五个要素中的任何2个可组成共20个关系对子(ratio)(Burke, 1969a:xix),如 scene-act, act-scene(Burke, 1969a:3)。这些关系对子中与修辞话语吻合次数最多的就是主导因素,即修辞动机(Foss, 2004:386-388)。关于五要素的具体界定,笔者依据伯克的著作进行了如下归纳。

由于戏剧主义的五大要素均源自戏剧分析,因此 act 本应为"表演"之义,但考虑到伯克对修辞定义的扩大及戏剧主义的修辞批评本质,此处翻译为"行为"是更为合理的选择,因为它实际上"泛指一切行动、行事或行为,即在一定目的驱使下已经完成或正在做的事情"(刘亚猛,2008:341)。伯克指出,"在戏剧主义的概念里,行为的基本单位可定义为所有有意识的、有目的的动作"。因此,任何一个隐含意识或目的的动词,无论它多么具体或多么抽象,都构成一种行为(Burke, 1969a:14)。发表演讲、参加马拉松比赛,或是在布上画画,这些都是象征性行为,可以从修辞者的动机角度加以研究。结合这一解释,本研究中的互联网对外新闻翻译实际上涉及两方面的主要"行为":一是将新闻原文转化为译文的"翻译"行为,二是将译文通过网络媒体平台向大众发布的译后"传播"行为,因为新闻翻译必有所用,而此"用"是需要通过传播来实现的。综合两种行为展开讨论,有利于保证较为全面地分析当前网媒新闻外译所体现的修辞意图。

与 act 相应,agent 的原义应是舞台上的"表演者",但由于伯克赋予act 以"象征行为"这一本质,agent 实际上是指发出 act 的"行为者"。伯克把有意识、有目的的人类行为都纳入了修辞的范畴,使得 agent 突破了

戏剧主义修辞观之于互联网对外新闻翻译——以"中国上海"门户网站为个案

"戏剧舞台上的演员"这一本质为人的概念,指涉范围大大扩展。"行为者"不仅可以是"演员""英雄""母亲""博士"等指代人类的总括性或特指性词语,也可以是"动力""思想状态""态度"等表达行为者动机属性的词语;此外,行为者也可以是集体概念,比如"国家""种族"或"教堂"等。要而言之,所谓的行为者既可以指人,也可以指由人构成的集体,或是可能形成主要动机的人的某些属性。在本研究中,"戏剧主义"这面镜子所映照出的不仅可以是原文作者、译文译者这样显而易见的语言符号(即象征手段)的使用者,更可见到"互联网媒体"这样代表某一类人乃至某一种力量的传播行为者,因为媒体归根结底仍是人的集合,媒体传播信息以求达成传播效果的过程实为"行为者利用语言诱发合作"的更宏观表现。

Scene 原指戏剧表演发生的场景,但此处应指象征行为发生的地点、位置或情境。常见的场景可以是表示时间或地点的,比如"现在是下午4点30分",或者"在广场上";也可以标志一定的历史时期,比如"文艺复兴时期"。场景的表述还可以是这样的:"在原子弹发明之后、电子仪器登上月球之前的那段时间"(Burke,1966:360)。选定场景十分重要,因为场景表明了分析的范畴。而选定场景这一需求本身表明在描述一个场景时,往往有多种情况可供选择:"因为人并不仅仅处在他所属的时代或这一时代的特定地点的情境中(即便人们能够对这一时代的特点达成共识)。人还会处在一个绵延数个世纪的情境中,一种一般人类的情境中,一种普遍的情境中。"(Burke,1989:167)因此,假如我们要表述一名艺术家作画的场景,我们可以说是"工作室""纽约城""1984 年某一天的子夜""艺术发展的后现代时期",甚至是"这个星球上"。总之,"场景"涵盖了所有跟行动或事件的背景、氛围相关的概念,包括情势、语境、事态等(刘亚猛,2008:341)。但无论如何,最终选定的场景势必影响五位一体中其他要素的选择,从而对分析范畴的确立产生影响。从这个意义上说,没有哪种场景描述是唯一正确的,伯克要说明的只是标记场景的方式将会影响评论者诠释动机的范围。由于本研究将涉及两个层面的行为研究,场景的选择分别与"翻译"和"传播"相适应。就最直接相关的背景看来,"翻译"的最主要场景是原文与译文,包括各自的目标读者及所处的语言文化背景,而在涉及具体原文与译文的对比时,特定语言与形式上的差异也应纳入场景范畴;至于"传播",发布译文的网络媒体本身的设置及媒体的目标受众等都属于其"场景"的内容。两个层面的行为所对应的不同场景将对具体的动机分析产生影响,有助于两个层面行为的动机对比,发掘网媒新闻外译的目标修辞意图与实际修辞目的之间的异同;同时,两个层面的场景比较也有助于全面了解网媒新闻外译的现实社会环境。

在戏剧表演中,agency 指的是舞台上的道具,是帮助演员完成表演、表达剧本意图的工具,因此对应的是象征行为所采用的手段或方法,即用来从事某个行为的手段或用于达成某种目的的工具。比如,一杆画笔、一块画布或对色彩的特殊运用都可以是视觉艺术家所使用的手段;至于发表演讲的政客,他的手段可能是演讲中所使用的独特语言风格和沟通策略(Foss et al., 1985:170)。本研究的"翻译"行为应以新闻体裁常用的翻译方法为主要手段,但到了"传播"行为中,翻译行为则成为了达成传播使命的手段。

演员在舞台上表演的目的是由剧本设定的,主要表达的是剧作家的意图;而实际的象征行为的"目的"(purpose)通常是从事某个行为的行为者个人的意图、情感与价值观。这样的意图可以是外露的,但多数情况下是隐蔽的,因此旁观者未必能够了解。目的与动机不尽相同;目的是行为发生的原因,而动机的范围更广,往往指的是行为发生的下意识原因,可以看作是对某个情境、或我们用来解释某个情境的话语做出的粗略而含糊的描述(Burke, 1989:126)。比如,接受更好的教育可以是驱使

戏剧主义修辞观之于互联网对外新闻翻译——以"中国上海"门户网站为个案

一个人努力学习的根本动机,而考入某一所理想的大学或者前往某国继续深造则可表现为学习的目的。简而言之,行为的动机可以表现为目的,我们未必能够从行为的目的中直接了解其动机,而通过研究"五位一体"的全部五个要素,却可能发现某种修辞行为的动机所在。有趣的是,尽管伯克在"目的"这一部分解释了目的与动机之间的联系与差异,但无论是他本人对"五位一体"的解读,抑或学者对"五位一体"在修辞分析中的实际运用,都清晰表明利用这一架构所探究的修辞行为动机实质上与修辞目的等同。首先,如前文所言,伯克所谓的"戏剧主义"所探讨的是人们做何事、为何做(why)时,究竟涉及哪些要素;作为"动机语法"的核心主题,此处的"为何做"显然指的是修辞行为的动机;而既然"目的是行为发生的原因",此时"动机"实际上与"目的"无异。此外,伯克也曾在另一本著作中强调:"属于行动和目的意义上的人类行为[……]运用戏剧主义术语来讨论最为合适"(Burke, 1954:274),这显然又将戏剧主义所指向的动机与目的等同了起来。因此,就伯克本人而言,他对于"动机"和"目的"在普通意义上的区别有着清醒的认识,但在其所高举的"戏剧主义五位一体"大旗下,他对这两者基本等同视之,而学者们的研究亦是伯克这一"动机=目的"思路的承续。修辞批评家大卫·宁(David Ling)曾就爱德华·肯尼迪针对其车祸丑闻发表的讲话进行了"五位一体"分析,指出在有关其议员席位的讲话部分,肯尼迪的重点落在了"麻省民众"这一行为者上。于是他进一步认为,肯尼迪这部分讲话的动机是将自己的去留诉诸于麻省民众支持与否,以赢得民众的同情(宁,1998:44);邓志勇(2011:170)利用"五位一体"方法分析《时代周刊》一篇有关西藏骚乱的报道,指出报道着力凸显行为场景即"西藏人民受压迫的生活",从而发现报道的动机是企图将这场骚乱的原因归结为中国政府在西藏实施了压迫。不难发现,上述分析对象的所谓"动机"都能够从修辞行为本身找到线索,且正是修辞话语产生的直接原因,体现着修辞目的。

据此笔者以为,"五位一体"分析框架在理论和实践中体现出"动机即为目的"的倾向,很大程度上是因为这一方法常用于研判具体修辞行为的动机;动机则视修辞者对五要素的先后排列而存在于具体修辞话语清晰可辨的"行为""行为者""场景""手段""目的"之中,因而具体修辞话语的动机很难说得上是"对某个情境的粗略而含糊的描述",反而体现为相对具体的修辞目的,即修辞话语发生的直接原因。就本研究而言,"翻译"行为的目的是创作出适于传播的译文,但翻译活动的实际动机,亦即翻译活动的直接原因,则有待五要素相互结合而加以考察;同样地,"传播"行为旨在为中国创造良好的国际舆论环境,但其实际操作中又受到怎样的因素驱动,也有待"五位一体"的综合研究。

既然伯克构建的动机分析架构名为"五位一体",上述五大要素必然不是相互孤立的,而是要以一定的方式联结起来,使其最终指向行为背后的动机。伯克因此引入了"关系对子"(ratio)[①]这一概念,旨在体现五位一体各要素之间的内部联系。所有这些要素都是同质的,因为它们都具备行为的本质;行为必然蕴含着行为者的存在,而行为者的存在则蕴含着行为发生场景的存在,以此类推。伯克据此确定了 10 组关系对子,借以更仔细地考察各要素之间的多种关系。这些对子包括:场景-行为、场景-行为者、场景-手段、场景-目的、行为-目的、行为-行为者、行为-手段、行为者-目的、行为者-手段、手段-目的。把每个对子中的术语对调,则可得到另外 10 个关系对子(Burke,1969a:127-139)。每个关系对子中两个要素间的关系为因果关系,或遵循决定与选择性原则(同上:15,18)。

例如,场景-行为关系对子考察特定场景所要求的行为、或是行为发生的情境所需要的某种反应。特定的场景决定了只有具备某些特征的

---

① 该术语译文参见邓志勇:《修辞理论与修辞哲学:关于修辞学泰斗肯尼思·伯克的研究》。上海:学林出版社,2011 年,第 61 页。

戏剧主义修辞观之于互联网对外新闻翻译——以"中国上海"门户网站为个案

某些行为才能在其中发生,比如祈祷在教堂里就是适当的,而翻跟头就不是。再比如,发生海难的场景中,船上每个人都会对这个情境有所反应,于是场景决定或促成与之相应的行为。在考察这样的关系时,场景可以被视作"行为的恰当'容器'",在固有的属性中表现出行为所表达的与之相同的特性"(同上:3)。

　　行为-行为者关系对子用于判断行为如何依据自身的性质而重塑行为者,比如背叛朋友的行为可能将某个人塑造成背信弃义之人;穿上神职人员的服装、法官袍或是警官制服等行为也可能改变行为者的性格特征。将这一对子中的两个术语对调后,行为者-行为对子关注的是一个人的性格如何导致某些行为的发生,比如一名生性保守的教授应有深沉睿智、严肃认真的行为表现。

　　在手段-行为关系对子中,被选中从事某种行为的手段会以某些方式约束这种行为。比如,若要用十四行诗的形式来传情达意,则"表达"这一行为势必要遵循一定的节奏与韵律。反过来,行为-手段关系对子表示的是:要达成某种行为,则必须采取特定的某些手段。比如一个人要原谅另一个人,这一行为的实现需要的是体现宽厚与仁慈的办法,而非依靠仇恨与暴力。

　　对所有关系对子的考量有助于发现五位一体中哪个术语获得了修辞者最大的关注度,进而表明修辞者的动机所在。在前述的大卫·宁(David Ling)针对肯尼迪讲话的分析中,他利用上述方法对讲话文本中的五要素进行排列后得出结论:肯尼迪一直试图在讲话中凸显"场景"这一要素——冰冷、黑暗、湍急的水面上横跨一座狭窄的小桥,桥上没有路灯照明而一片漆黑;车祸后,他在湍急的河水中奄奄一息、神志不清等等。肯尼迪如此极尽勾勒"场景",显然是为了将大众的视线从"肯尼迪不顾落水女伴生死、独自逃出生天"的错误行为转移到"恶劣的客观环境导致他心有余而力不足"这一点上,进而促使公众谅解他的行为,把肯尼迪同样视为事件的受害者而非肇事者(邓志勇,2011:63)。又如,在关于平等权利修正案的辩论中,通过研究各关系对子后可以得出这样的结论:支持修正案的一方在论述中竭力突出"场景"要素,而反对方则以"行为者"为陈述重点。前者指出,一个对于女性充满歧视的环境要求作为行为者的女性勇于挑战不公平的体制,因此她们应当利用游说和游行等手段做出争取平等的行为,其目的在于为女性赢得公正与平等;而后者的话语则推崇家庭妇女和母亲等所谓"真正的"女性,把她们放在家庭的场景中,从事照顾家庭的行为,目的是强调女性应充分履行家庭妇女的职责。这样一来,两者的动机就有显著的不同:前者希望改变现有的不公平的"场景",后者则希望"行为者"女性固守传统观念所赋予她们的属性(Foss et al., 1985:172)。由此可见,伯克从戏剧主义视角提出的"五位一体"分析能够帮助研究者找出某个行为的所有相关要素,并深入研究要素之间的关系,从而逐步形成对修辞者动机的合理诠释。

从上述对五要素及其相互关系的解读不难看出,伯克的修辞理念大大拓展了修辞的涵盖范畴,相应地也扩大了本课题研究的疆界。本研究将翻译的本质界定为"跨语言、跨文化的传播活动",网媒新闻外译显然是典型的使用象征手段开展人际交流的行为,理当纳入分析人类符号使用行为的"戏剧主义"视野中。基于五要素的释义及"五位一体"分析演示,"戏剧主义"的五重视点首先可用于研究新闻外译宏观层面上修辞者的实际修辞动机,将其与达成宏观修辞目的所应持的动机相比较,以帮助探寻网媒新闻外译的整体情况,发现其中可能存在的问题,并提出可行的改进方法。其次,这五大要素也可用于分析新闻原文与译文的篇章生产过程。伯克曾将这五个要素引入他的语篇理论中,指出篇章的生成可视为一种行为(act),而篇章的作者(agent)必然会采取一定的手段(agency)、依托特定的语境(scene)、基于一定的目的(purpose)来完成这一行为的(Neild, 1986)。从翻译的角度看,分析篇章在这些方面的表现,有助于读者增进对篇章的理解,因而对于翻译过程也有着重要的意义:译者在开始翻译任务前,可以利用"五位一体"来分析原文本,以便从所有细枝末节上洞悉原作者的动机,更透彻地理解原文本;其后译者可以在着手翻译之前先分析未成文的译文(potential translation),这一事前分析可帮助译者从思想上澄清翻译的目的、场景等要素,进而影响其在着手翻译时做出的各种选择(同上)。与此类似,译文则是译者采取目的语中可用的方式或手段,在某一特定场景下(如目标文化及翻译的特定时间与环境下)为了某一目的所实施的篇章生成行为。对于研究者而言,剖析原文与译文在上述五个方面的不同,有助于充分认识新闻等特定体裁的译文生成过程。另外,在有具体内容的原文与译文的比较中,"五位一体"分析有助于发现原文与译文在写作动机上的不同侧重,进而可能从同一类体裁或题材的文本翻译中发现一定的规律,总结出具有指导意义的翻译方法。综上可见,采用"戏剧主义"视角观察网媒新闻外译这一修辞行为,势必会有别样的启示与发现,秉持"以戏剧主义视角观察修辞行为"的方法是本研究所提出的"戏剧主义修辞观"的基本内涵。

3.2.2 "修辞情境":从分裂走向凝聚

人类的言语行为是戏剧,带有某种动机——正是这一语言戏剧主义哲学观成为伯克修辞理论体系的基石(邓志勇,2011:29),也促成了他的修辞情境观。新修辞学界普遍认同,任何修辞话语的存在都意味着修辞情境(rhetorical situation)的存在,伯克也曾在他的文章"修辞情境"中谈及这一问题,指出自己是尝试"从更具哲学思维的高度来进行概括,思考整体'人类情境'的性质"(Burke, 1973:263),借以探讨修辞情境应当具备的基本属性。正是由于语言戏剧观将置身于广袤世界、浩瀚人生中的人类言行比拟作戏剧舞台上演员的多样演绎,伯克便基于这样宏大的视角将修辞情境的本质定位为"普遍的人类情境"(human situation in general)(Burke,1973:263),扩大了传统上只与特定修辞话语相关的修辞情境的范畴,有利于从更宏观的角度看待修辞情境及相应的修辞行为。伯克在文章中指出,"修辞情境"这 标题不妨带上这样一个副标题:"凝聚与分裂"(congregation and segregation)(同上:264),这就清楚地表明这两者正是修辞情境的关键构成,只要满足这两点就表明修辞情境的存在。伯克认为,人类与生俱来的神经系统各不相同,而这些不同的神经系统却能通过语言和各种生产方式聚合成各种性质与范畴各不相同的利益与观念团体,正是在这样的分离和聚合中产生了"普遍的"修辞情境(同上)。这表明,人天生是相互独立的个体,在家庭背景、个人经历等方面存在很大差异,且人的不同行为总是出于不同的动机,因而人与人之间从来就不是团结一致的,而是互有区隔的;但在一定的修辞情境中,人可以通过包括语言在内的多种方式达到某种聚合,即走向凝聚。这意味着恰恰是人与人之间的不一致催生了人类交往中最根本的修辞情境:人们的语言交往存在固有的"分裂";但分久必合,修辞就是要促成合作,产生 种"凝聚"的力量来减少分裂(薛婷婷,2011:25)。分裂与凝聚作为伯克修辞情境观的两大要素,其意义就在于此。

然而,正因"戏剧主义"可用于研究人类使用象征手段的各种行为,这样的广泛性势必体现在特定研究对象的特殊性中,因而依据研究对象所处的特定修辞情境对"戏剧主义"方法做出相应的调整,几乎是不可避免的。伯克认为,人一旦使用象征(也涉及非语言符号系统)就不可避免地进入了修辞环境,因此修辞蕴含在人类的一切交往活动中,用于解决分歧、促进相互理解、达成社会和谐(姚喜明,2009:245)。他据此对修辞情境做出了"从分裂走向凝聚"的精要概括。不过,虽然它颇具理论高度,有极强的包容性,在分析特定修辞话语时的可操作性却较弱,对于实践性较显著的翻译研究而言尤其如此。从上文可见,"场景"是"五位一体"的重要组成部分。在研究某一特定修辞行为时,势必要触及其"场景",即

戏剧主义修辞观之于互联网对外新闻翻译——以"中国上海"门户网站为个案

这一修辞行为所发生的情境,或曰"修辞情境"(rhetorical situation)。既然"场景"对于解读修辞行为必不可少,在解析具体的修辞行为时,就有必要视实际情况作出适当的补充,力求对修辞情境有较为全面的探讨。比如,劳埃德·比彻的"修辞情境"思想便十分贴合"分裂与凝聚"的主旨,且提出了具有较强可操作性的修辞情境要素,适于针对具体修辞情境展开分析。

同为美国当代著名修辞学者,比彻提出的"修辞情境"更为具体,其基本观点是"任何修辞行为都是对一个先已存在的'修辞情境'做出的反应[……]'修辞情境'有三个基本构成成分:缺失(exigence)、受众(audience)和修辞局限(constraints)"(刘亚猛,2004:62)。比彻认为,"修辞情境"是一种自然语境,是由人、事、物、关系及急需话语填补的"缺失"构成的,而缺失、受众和修辞局限三要素构成了相对完整的修辞情境。修辞情境中的"缺失"指的是一种必须通过话语修辞解决的,同时也是亟待解决的问题,这是修辞情境存在的根基;修辞情境的另一个要素是"受众",因为修辞必然需要受众,需要通过话语促使他们做出决定或行为,从而带来良性的改变;修辞情境还需要"修辞局限",它是由"人物、事件、对象和各种关系"构成的。之所以称之为"局限",是由于它们共同限定了能够填补缺失的那些决策和行为(Bitzer,1968)。

具体说来,修辞情境的第一大构成要素是"缺失"(exigence)。比彻认为,修辞作品是具有实际意义的,其最根本作用在于促成行动或带来改变;修辞作品的存在必有其使命(Bitzer,1968)。修辞作品肩负的使命,或者说使其"促成行动或改变"的根源,正是"缺失"。缺失指的是亟待弥补的缺陷,它是不足,也是障碍,是应处理好却尚未处理好之事。几乎所有语境中都有数个缺失,但并非所有这些缺失都能构成修辞情境。无从改善的缺失不具有修辞意义,这就意味着所有必然存在又无可改变的事实(如死亡、四季和某些自然灾害)尽管属于缺失,却并不具有修辞性。此外,仅能以话语以外的手段改善的缺失不具有修辞性,即当缺失仅需要人的行动或某样工具便可获得改善,而完全无需借助话语时,缺失便不具有修辞意义。只有当缺失能够带来情况的改善,且这种改善须利用话语或依靠话语帮助来实现时,缺失才具有修辞意义。比如,某个人的行为可能伤及他人,只有对其使用话语时才可能阻止伤害,那么他可能伤及他人的行为正是具有修辞性的缺失。再如,大气污染也是修辞性缺失,因为要想改善这一情况,需要话语的帮助来唤起公众意识和愤慨,进而引发正确的行为。在很多无法确定缺失的情况下,修辞者的话语选择主要是以缺失的紧急性及其具有修辞意义的可能性决定的。因此,任何修辞情境中都至少有一个关键缺失(controlling exigence),起到组织原则的作用,用以确定该修辞话语针对的受众及人们期望带来的改变。这样的缺失未必能为修辞者或修辞情境中的其他人所明显感知;缺失是强还是弱,取决于修辞者或修辞情境中的其他人对其能否清楚感知、及他们对此的关注程度如何;它可能是话语能够彻底消除的,也可能在数次改善后仍顽固存在;它可能是人们日常所时时经历的熟悉事物,也可能是全新的、独一无二的。但当它被察觉、且其重要性十分显著时,它就能制约察觉者的思想和行动,促使他在适当情况下做出修辞反应。

修辞情境的第二个构成要件是"受众"。修辞话语要影响、改变媒介者的决定和行为以带来改变,则修辞必然需要受众,即便是在修辞者把自己当作受众的情况下。而且很显然,修辞受众应当与纯粹的听者或读者区分开来;准确地说,修辞受众仅指那些能够被话语影响、并能够成为改变媒介的人们。科学话语和诗歌话语都不需要这一意义上的受众;或者说,这两种话语都不需要受众来达到他们的目的。科学家不需要另一套思想的参与就能产生一种表达知识或生产知识的话语;诗人在作品创作出来以后,就达到了他的创作目的。当然,科学家和诗人都需要将作品呈现给受众,但他们的受众并不总是具有修辞性。科学受众包含能够

戏剧主义修辞观之于互联网对外新闻翻译——以"中国上海"门户网站为个案

获取知识的人们,诗歌受众则包含能够参与诗歌所引发的美学经历的人们,而修辞受众则必须是能够促成话语带来改变的媒介者(同上)。

除缺失和受众外,所有修辞情境都包含一套由人、事、物和各种关系构成的局限,这是修辞情境的一部分,因为这些局限能够左右人们改善缺失的决定和行为。常见的修辞局限来源有:信念、态度、文献、事实、传统、形象、利益、动机等等;当说话者进入某个修辞情境时,他的话语不仅会强化该形势所赋予的局限,也会加入其他重大局限——比如他的个人品质、他的逻辑论据以及修辞风格。修辞局限主要分为两大类:(1)由修辞者及其方法产生或把握的局限(亚里士多德称之为"艺术性论据");(2)修辞情境中的其他可能可以操作的局限(即亚里士多德所提及的"非艺术性论据")(同上)。

正是上述三种成分构成了修辞情境的所有相关内容,当说话者进入某一情境、发表意见、提出话语时,说话者及其言词便会成为附加成分。国内曾有学者指摘比彻所提出的"修辞情境"仅限于"紧急状况",相对于伯克略显狭隘(薛婷婷,2013),但事实上,"缺失"在比彻的修辞情境论中更多地是指一种亟待用话语应对的客观情况,这并不意味着这一情况必须此时此刻便得到解决方体现其"紧急"。诚然,比彻曾指出,"缺失"是"一种带有紧迫性的不完美状态,是一种缺陷、障碍、尚待解决之事、尚未到达正常状态之事"(Bitzer,1968),但他也这样解释道:"无论何种情况下,修辞情境总会成长并成熟,直至演化到一种极其适切的修辞话语出现"(同上)。可见,所谓的"紧迫性"是修辞话语相对于特定的修辞情境而言的。比彻用"缺失"的原意不外是强调一种适切的修辞话语对于当时当地某一修辞情境的必要性,但绝不应据此就认为比彻所指的是一种绝对的"紧急状况",否则便不会有国内学者在翻译这一术语时刻意避开本可信手拈来、词义上顺理成章的"紧急"二字,转而采用更为稳妥而恰切的"缺失"(刘亚猛,2004:62)。此外,也曾有学者批评比彻将修辞情境看作是先于修辞话语的客观存在(薛婷婷,2013),但事实上,这正体现了比彻与伯克两人在修辞情境论上的互补性。伯克基于对人类本性的思考而提出"分裂与凝聚"是无处不在的人类主题,只要存在人类交往,修辞情境就必然在场,这是站在哲学思维的宏观角度上提出的看法。照此看来,修辞话语的确应该是先于修辞情境而存在的;但是,究竟如何具体地去解决"从分裂走向凝聚"这个课题,仍须在特定的修辞情境中加以探讨,寻找这一修辞情境所适用的修辞话语,此时修辞话语又确是应一定的修辞情境需要而生成的。因此,修辞话语是先于或后于修辞情境而存在,并不足以构成比彻与伯克理论之间的矛盾,更不应成为比彻的理论不足取的理由。事实上,这两者的结合能够使修辞话语与修辞情境真正达到你中有我、我中有你的同体状态,使具体的修辞情境分析既有明确的理论指引,也具有可行性与客观性。

在互联网对外新闻翻译的修辞情境中,比彻的修辞情境观有助于分别剖析文本翻译和译文传播过程中的"缺失"之所在,探讨相应过程的修辞者如何在各种修辞局限中满足受众之需,促使受众带来预期的改变而达成修辞目的。这一分析过程逐步展开,就形成了"何者分裂、如何凝聚"的总体趋向,将具体修辞情境融于伯克的"大修辞情境"观中。有鉴于此,笔者将比彻的修辞情境论并入伯克的同类理论中,共同纳入本研究"戏剧主义修辞观"的范畴内。

3.2.3 "认同":修辞所归,取效之径

伯克认为修辞的关键在于运用以语言符号为主的各种象征手段,对他人动机的形成和变化施加影响(刘亚猛,2008:340)。由前两部分可见,伯克创立了"戏剧主义五位一体"用以了解修辞动机,是促成合作、引导受众填补缺失、使整个修辞情境由分裂走向凝聚的前提。但是,究竟能否"凝聚",关键在于是否达到"认同"(identification)以及如何达成认

同,这是伯克修辞思想的另一重要组成。

伯克的"认同"说源自"实质"(substance)这一概念。人是通过多种属性或实质而形成自我或身份的,这些属性或实质包括实体对象、职业、朋友、活动、信仰和价值观等等。当我们把自己与某些属性或实质结合起来时,和我们有关联的人或事也可能具有这些属性或实质,伯克称这样的关联为"同质"(Burke,1969b:21)。当两个实体由于共同的思想、态度、物质财产或其他属性而在实质上达成一致时,这两者就是同质的。比如,男女之间虽有很大不同,但由于都具有人类这一实质而具有同质性。在伯克眼中,"同质性"首先与"认同"是基本同义的(同上)。相同的实质使一个人与某种属性或某个人产生认同:"使 A 认同于 B 就是使 A 与 B 同质"。其后,伯克又将"说服"(persuasion)与"同质性"和"认同"等同起来,认为这三者的含义不可能相互分离,因为说服正是认同的结果:"只有当我们能够讲另外一个人的话,在言辞、姿态、声调、语序、形象、态度、思想等方面做到和他并无二致;也就是说,只有当我们认同于这个人的言谈方式时,我们才能说服他[……]当然,修辞者可能需要改变受众在某些方面的观点,但他只有顺从受众在其他方面的观点才能够成功实现说服,即他需要以某些观点为支撑来推动其他观点的改变。"(Burke,1969b:55)伯克正是据此将修辞定义为"人类行为者利用言辞塑造其他人类行为者的态度或说服其采取某种行为"(Foss et al.,1985:157)。无论哪种形式的修辞,都"根植于语言本身的本质功能[……]即利用语言作为一种象征手段,以诱发他人的合作,因为人天生就会对符号做出反应"(Burke,1969b:41,43)。这表明伯克认为人类的言语行为总是出于一定的目的,这些目的基本可归结为"塑造态度""说服对方采取某种行为""诱发他人合作",与传统修辞学所主张的"说服"的确不乏相似之处,只是伯克在"说服"的基础上进一步提出了修辞的成败关键在于受众是否主动与修辞者达成"认同"。需要注意的是,伯克这一概念拓展的目的并不在于用"认同"替代传统的"说服"成为修辞的核心术语,而是将"认同"视为对"修辞即是说服"这一传统观点的补充(Foss et al.,1985:158)。

在伯克对修辞的定义中,"诱发合作"这一说法颇耐人寻味,因为伯克的预设显然是"合作需要诱导方可实现"。的确,人并非天生就懂得合作,最多是生来具备合作的能力,因此,对"认同"的理解如果离开了"分歧"(division)这一概念,那便是不完整的。伯克有时也将"分歧"称作"异化"(alienation)或"分离"(dissociation)(Burke,1969b:22),认同是用来补偿分歧的。如果人与人之间不是相互分离的,修辞学者们也就不必力主人们是一致的;但要说人类是完全同质的,那完整的交流才是人的本质所在。不过,若果真如此,完整的交流就不会是一种理想,不会既受到客观物质条件的支持又遭受其制约;它应当是自然的、自发的、彻底的(同上)。正因人无法达到基于完全同质的完整交流,我们才需要用认同来填补人们之间固有的分歧,以增进理解,"把相互隔绝的人们联系起来"(Ehninger,1972:9)。只要人们的身体是互相分离的,人与人就不可避免地相互独立。与B产生认同意味着"A实质上与一个并非自己的他人同一了。但同时,A仍然是独一无二的,有他自己的动机所在。他既与他人相连,又与他人分离;既有其鲜明的实质,又与他人同质"(Burke,1969b:20-21)。至此,不难发现"分歧"中蕴含着修辞的根本动机:人们之所以相互交流,正是为了消除分歧;正是因为彼此分离,人们才需要相互交流以消除差异,这形成了一种看似自相矛盾的状态:认同根植于分歧。但事实上,这与伯克的修辞情境观是完全吻合的,即从人与人相分离的"分裂"状态逐渐走向达成认同的"凝聚",修辞的作用就在于弥合人与人之间天然的、不可避免的疏离,在一定程度上帮助人们超越这种状态。

由此可见,修辞者之所以要在尽可能多的方面认同对方,为的是换取对方在某一有分歧的关键问题上认同自己所持的观点,因此"认同"既是修辞的必然归宿,又是一种策略手段,修辞者应在尽可能多的方面认同受众,方可赢得受众对自己所表达思想的认同。修辞的成功因而意味着修辞者与受众进入一种同中有异的"一体"状态(刘亚猛,2008:346)。至于如何达成"认同",伯克在形式和内容上分别提出了三种方式。

形式认同(formal identification)主要包括"规约形式"(conventional form)、"重复形式"(repetitive form)和"递进形式"(progressive form)。"规约形式"是指受众在接触作品之前对作品形式先已存在的预期,比如阅读十四行诗的人自然会认为它应该遵从某种固定形式(Foss et al.,2001:163)。不过,这并不意味着规约形式是一成不变的;恰恰相反,"对某种规约形式的改变一旦被广泛接受,便会形成新的规约"(Burke,1968:204)。"重复形式"则是"以各种新名目维持同一种原则,以多种不同方式重复说明同一事件"(Burke,1966:486)。比如一首传递欢乐情绪的诗歌可使用多个不同的意象来表达这一讯息(Foss et al.,2001:163),这意味着某个修辞行为可以不同表现方式重复展示内在的前后一致性。"递进形式"是指"利用情境使受众预见到事件的发展"(Burke,1966:486)。三段论法(syllogistic)就是一种典型的递进形式,即一旦出现某种开头,其后必然会跟随某些特定话语,这意味着受众只要熟悉前提就能基本确定作品的结局如何。还有一种递进形式是性质递进(qualitative progression),比起三段论更为含蓄,因为性质递进不是"借助情节中的某个事件使受众预计到另一桩事件的发生[……]而是利用某种特性的出现使受众自然接受另一种特性"(Burke,1968:124-125)。这种形式所利用的不是行为本身,而是场景或事件的氛围。比如,戏剧中的某个谋杀场景如果看似凝重却又荒诞十足,其后出现一些滑稽可笑的场面也就不足为奇了。此时行为发生了变化,但场景的性质是前后一致的(Foss et al.,2001:164)。比较两者不难看出,性质递进的可预见性要比三段论法来得小。

内容认同(substantive identification)也包括三种情况。第一种认同通过强化与受众之间的共鸣而确立和谐的关系,这与直接的说服十分相似,比较典型的例子是亲吻孩子的政客总是更易赢得选民的好感。又如,当一个旅人远走他乡,遇到一位来自故乡的陌生人或某个从事相同行业的人士时,可能会与之建立起短暂的友谊。许多分析家在使用"认同"这一概念时,往往首先考虑的便是这种基于共鸣的和谐关系(Burke,1973:268),因为这是一种相对明确而公开的、获取受众认可的谋划。也有学者称这种认同为"共同价值观认同",认为"价值观是我们关于对错的核心信念,也关乎我们作为个人、作为群体、作为国家如何与他人共处"(Denton,124)。说话人的话语导向和世界观都源于其价值观,修辞者可能会努力显示其与受众共有某些价值观,以使受众认同于他。伯克本人称这一方式为"基于同情的认同"(同上:269),即"只要 A 与 B 利益相联,两者就实现了认同"(Burke,1969b:20)。

　　第二种内容认同是"基于对立的认同",是"通过分裂达到凝聚的最迫切、最显著的形式"(Burke,1973:268),是一种由于共同的对手而形成的联盟,是针对某一共同敌人而实现的"团结",是在有共同敌人的基础上而达成的认同。战时同盟、种族主义都是这方面的典型例子,两股势力可能在许多问题上都态度迥异乃至相互敌对,但在同时遭到外部敌人的威胁时却会互相"认同"。更进一步说,基于对立的认同会使对立的焦点放在所有"外部"敌人(有时实则是替罪羊)的力量上,从而消减对我方阵营中某些作恶者的注意力;甚至当阵营中有人针对我方提出反对意见时,那也会被当作是敌方发出的批评。因此,修辞者要达到基于对立的认同,关键在于准确寻找到与受众共同的敌对焦点,并坚持以此作为团结受众的基础。

　　伯克对最后一种内容认同的命名颇有些犹豫,称其为"不准确(inaccuracy)认同""无意识(unawareness)认同",也曾认为"错误假设(identification by false assumption)认同"符合其本义(同上:269)。伯克是这样来解释这种认同的:人在驾驶汽车的时候往往会发现,只要轻踩踏板车就可以立刻加速,于是人就容易把机械的力量误当作是自己的力量,从而对机器产生认同并崇拜自己。再比如,一个原本谦逊谨慎的国民可能由于所在国家的强盛而在外国人面前莫名地自大起来;购买万宝路香烟的人可能不知不觉就把自己联想成为广告中风度翩翩的万宝路牛仔;购买某名牌化妆品的女士则会不自觉地把自己与广告中的女明星等同起来。不过,最经典的"无意识认同"还要数"we"这个简单的人称代词。"一旦说'我们'正在经历战争,实质上是把战场上浴血奋战的士兵与华尔街那些指望大发战争财的投机者们放在了同一个称呼之下"(同上:272)。这样一种认同是以隐晦的、无意识的方式在人们之间建立起来的,帮助修辞者将缺乏共性的各方团结在一起,"往往是一种最具力量的"(Foss et al., 1985:159)认同方式,在其所发生的情境中并不为人所知。

显然,"认同"实质上将受众的重要性提升到了不亚于修辞者本身重要性的高度,这一演进恰好符合现代传播学以受众接受与否为传播效果衡量标准的导向,与作为对外传播手段之一的新闻外译不谋而合:由于中西方语言与思维方式的固有差异,新闻外译必须采用某些策略认同受众,才能取得良好的接受效果,使受众也认同中国对外传播的新闻外译内容。此外,"认同"既是目的,也是手段;上述三种"认同"方式均可作为修辞策略运用于新闻译文的生成过程中,使目的与手段达到根本一致。因此毋庸置疑,"认同"说进一步体现了"戏剧主义修辞观"对网媒新闻外译的适用性。

3.2.4 小结

综上所述,"戏剧主义"基于"行为"和"动作"的区别指明了人的象征性行为背后必然存在某种动机,并结合"辞屏"提出语言在使用中定会在某种程度上"扭曲"现实以帮助象征性行为的动机实现,据此伯克归结出

"五位一体"这一动机分析模式。"戏剧主义五位一体"集伯克修辞思想之大成,是认识修辞行为及其动机的重要方法,因而成为"戏剧主义修辞观"的关键要素。但是,单纯依靠"五位一体"探察修辞行为的动机,不易把握修辞行为的全貌,也割裂了"五位一体"与伯克相关修辞思想的内在联系,难免有断章取义之嫌。"戏剧主义"与伯克修辞大厦的建立密不可分,他在《动机语法学》(*A Grammar of Motives*)、《动机修辞学》(*A Rhetoric of Motives*)和《语言是象征行动》(*Language as Symbolic Action*)等主要著作中构筑了以"戏剧主义"为中心的自成一家的修辞理论(刘亚猛,2008:335),因而本研究所称的"戏剧主义修辞观",不仅包含最具代表性的"戏剧主义五位一体",也将在很大程度上利用与"戏剧主义"相关的其他修辞思想,即上文的"修辞情境"与"认同"。但根据具体修辞行为的变化,其部分内容将依循伯克的修辞理念做出调整与补充,如引入比彻的修辞情境论,以期更全面、彻底地认识本研究课题。需要说明的是,伯克的修辞思想博大精深,但这位缺乏学术训练经历的作者可谓"无门无派",他的论述往往"极具启发性但缺乏系统性[……]旁征博引时又缺乏注解[……]常常使读者感到晦涩难懂"(袁影,2016:104)。有学者指出,伯克最宝贵的贡献在于其批评性视角,假如"为了建立某个新的体系而牺牲了有价值的内容,这称不上是进步"(Wolin,2001:216)。也有学者认为,"不必费心使伯克的著述表现出前后一致性[……]'戏剧主义'代表的是一种创造性的方法"(Hughes,1968:251)。正因如此,有学者认为伯克的思想恐怕只能用"伯克学"(Burkology)来概括,称他是"跨学科的、多学科的、甚至是反学科的"(Wolin,2001:221)。这些观点与伯克思想活跃在多个学术领域的现实相符,同时也表明:要构建起完整的伯克修辞思想体系殊为不易。但"伯克的研究前后贯穿",一些核心概念如"'戏剧主义''修辞''认同'[……]在许多文章中反复出现,且精神基本一致[……]通过对各个概念的认识和相互关系的明察,我们仍可以立体地窥

戏剧主义修辞观之于互联网对外新闻翻译——以"中国上海"门户网站为个案

见伯克所建构的这座修辞学大厦"(袁影,2016:104-105)。本研究的"戏剧主义修辞观"正是以"戏剧主义"的视角与方法作为中心和立论基础,探察其与相关修辞概念的关系,借助这一经典修辞视角对本研究的翻译行为进行新的诠释,以期获得新的启迪。因此,笔者并不希求面面俱到,而是坚持以"戏剧主义"在观照修辞行为时所主张的五要素为本,构建适于本研究课题的理论框架。由前文分析可见,无论是"戏剧主义五位一体"还是"认同"都须臾未曾离开以语言戏剧观为基础的修辞情境,将三者结合不仅有助于构成较为系统的伯克修辞思想框架,同时也是本研究所主张的"戏剧主义修辞观"题中应有之义。伯克视语言为行为模式而非传递信息的手段,"戏剧主义"则是分析语言与思想的方法,同时也可作为一种"人际关系的哲学"(Burke,1966:54),可见戏剧主义的深意就蕴含在"行为"(action)这一关键术语中;而"有行为则必有行为者,也必有行为者实施行为的场景,在场景中有所行为的行为者还要使用某种手段或工具;此外,行为还需有目的才成为行为"(Sills et al., 1968:446)。这充分表明,采取戏剧主义的修辞视角,即是认同"对一个事件进行完整的描述,必须涉及行为、行为者、场景、手段、目的这五个戏剧要素"(邓志勇,2015:131)。有鉴于此,笔者以伯克观察象征性行为的戏剧主义视角为基础,依据伯克修辞思想的发展线索建构起新的理论框架,由修辞情境、"五位一体"和"认同"三大一脉相承的修辞理论组成。行为与行为者在不同的象征性行为中总是各不相同的,但"戏剧主义五位一体"、修辞情境和"认同"却可分别用来研究特定象征性行为的目的、场景和手段。在本研究主张的"戏剧主义修辞观"中,这三个要素的内容主要采用伯克的学说,或与伯克的核心修辞理念相符,构成本研究"戏剧主义修辞观"的最核心要素。

依据这一小节的分析不难发现,伯克的"戏剧主义""修辞情境"和"认同"等修辞思想与网媒新闻外译的语言转换和信息传播过程均有着诸多契合,初步体现了"戏剧主义"对本研究的适用性。事实上,遵循"戏剧主义"视角也预设了本研究整体的写作逻辑。正如前文所言,在这一视角下,对事件进行完整的描述必须涉及前述的五个戏剧要素。本研究作者同时作为研究者和修辞者,既要对互联网新闻外译这一修辞行为进行完整描述,以力求客观;也需要在研究结论的展示上尽力与本研究读者达成"认同"。故此,笔者选择遵循伯克的"戏剧主义"基本思想,尽可能均衡地铺排用于支撑本研究的五大要素:"戏剧主义五位一体"能够发现形成修辞行为"目的"的动机;"修辞情境"即为"场景";而"认同"既是归宿,也是"手段";"行为"与"行为者"则会随着研究陈述对象的变化而浮现。总而言之,本研究所主张的"戏剧主义修辞观"的要义在于:以戏剧主义视角看待修辞行为,包括本研究的研究主体;在戏剧主义框架下引入适当的修辞理论,但不盲目尊崇伯克的权威地位,而是依照研究课题的需要适当吸纳其他学者的修辞思想精华。

第四章 互联网对外新闻翻译：
全景与焦点

传播学中的"传播"一词由英语中的 communication 对译而来。依据词典的解释，"传播"（communication）一词的基本词义是"通过口述、书写或利用其他媒介来传递或交流信息"（the imparting or exchanging of information by speaking, writing, or by using some other medium）（Pearsall et al., 2013:440）。而 communications 作"传播学"解时意为"以多种形式传递信息的相关研究领域"（the field of study concerned with the transmission of information by various means）（同上）。因此，一般而言，"传播"的核心在于"多种形式的信息传递"。不过，在传播学的专业领域中，"传播"一词还具有其他值得关注的属性。社会互动理论创始人库利（Charles Horton Cooley）认为，传播"因人与人的关系而得以成立与发展"，因此传播具有社会关系性（郭庆光，2011:8）。除此以外，传播的内容可以是"观念"或"意义"，而"表明意义的符号"则是传递这些内容的工具（Peirce, 1933:396）。在信息科学诞生后，学者们开始发现，传播所传递的归根结底是"信息"，是以符号为载体、以意义为内容的（郭庆光，2011:8）。综合以上几方面可见，学术研究视域中的"传播"是指通过社会关系来传递意义与符号相结合的信息。简言之，"所谓传播，即社会信息的传递或社会信息系统的运行"（同上：10），传播学也就成为研究社会信息系统及其运行规律的科学。传播通常可分为人内传播、人际传播、群体传播、组织传播和大众传播(同上:12),其中大众传播这种社会信息系统是依托报刊、广播和电视等传播媒介而发展壮大的,是专业传播机构采用现代化技术手段、面向广泛而分散的一般社会成员公开进行的有组织的传播活动(同上:13)。很显然,面向普罗大众、由各大新闻机构进行采、写、编、播并通过不同技术载体传递信息的新闻传播是大众传播领域的中坚力量。本研究虽以"互联网对外新闻翻译"为研究对象,但笔者在正式论述部分选择从"对外传播"这一话题谈起,原因有二。首先,无论是对"翻译"从传播学属性上予以界定,还是采用戏剧主义修辞观这一与传播学息息相关的理论来源,实际上都体现着本研究以翻译的传播效果为主要考虑因素的传播学导向。本研究的讨论始于"对外传播",是对本研究基本属性的再次强调。其次,英语新闻译文是对外新闻翻译过程的最终表现形式,这种以翻译为主要实现手段的国内英语新闻自然应是对外新闻的一部分,应在当代中国对外传播的基本框架内发挥作用,遵守对外传播规律,促进对外传播达成预期目标。基于上述两点原因,笔者拟从对外传播的当代要求与目标出发,结合对外新闻翻译的现实需要及互联网技术对传播活动的影响,探讨互联网媒体中对外新闻翻译的目标与特点。

4.1 现阶段对外传播的要求与目标

中国的对外传播事业在不同历史阶段呈现不同的特点,承担不同的使命。一般认为,中国共产党领导的常态化对外传播工作肇始于1944年的延安,以新华社对外英语广播为主要形式(钱行,2005:7;曾建徽,2005:75),其根本目的在于争取国际社会对中国共产党革命事业的

戏剧主义修辞观之于互联网对外新闻翻译——以"中国上海"门户网站为个案

支持。自 1949 年新中国成立到 1979 年中美建交的这段时间里,我国的对外传播工作由于西方国家的封锁和国内"文化大革命"等因素而举步维艰,非但未能使世界了解新中国,反倒在国际上产生了恶劣影响(甘险峰,2004);直至 1978 年改革开放政策实施后,新中国的对外交往才取得了较大发展,进而带动了我国的对外传播事业(曾建徽,2005:75),在国际上为新中国的改革与发展及社会主义建设的顺利进行争取同情和支持。如今,随着中国国力的进一步增强,对外传播工作的重要性被提升到了前所未有的高度。在这样一个以信息化和全球化为主要特征的时代,对外传播的能力与效果关系到国家的繁荣发展与长治久安。正因如此,习近平同志于 2013 年在全国宣传思想工作会议上提出"讲好中国故事,传播好中国声音",可谓对当代对外传播总体任务的高度凝练。在全球信息一体化的时代背景下,这一任务对我国的对外传播工作提出了更高的要求,需要广大对外传播工作者具备与之相匹配的素养与能力。应该承认,同样作为世界最重要的经济体,中国与美国在某些领域的实力已然旗鼓相当,甚至前者大有赶超后者之势。但在国际话语权格局中,美国却仍居于主动地位,中国在国际传播领域的影响力仍有待提升。在美国,被誉为"西方传播学四大先驱之一"的著名学者拉斯韦尔早在 1927 年便出版了《世界大战中的宣传技巧》(*Proganda Technique in World War I*)这部西方传播学的奠基之作,它促成了传播学的迅速发展,这侧面体现了美国的传播学研究根基深厚,传播活动具备成熟的理论依托和娴熟的技巧运用;再加上其世界唯一超级大国的地位,美国在国际话语权格局中一直占据着先发优势。反观中国,新中国的对外传播工作起步较晚,直到 20 世纪 80 年代才正式引入传播学,并接受其为一门学科(沈苏儒,2009:214),其后才有了"对外传播学"这一概念的提出(段连城,2004)。对外传播的实践与理论研究发展至今,仍存在不少问题。国内不同的对外传播主体往往各行其道,缺乏统一的对外传播目标意识。尽管对外传播工作者"人数众多、人才济济",但"互不通气,无法形成合力"(姚遥,2013)。相关研究尚显稚嫩,有待"深化、细化与中国化"(同上),导致研究成果应用到实践中往往捉襟见肘,效果不甚理想。有鉴于此,学习西方的传播技巧、以国际受众喜闻乐见的方式开展对外传播,应是我国提升对外传播能力的一种可行手段,有助于逐渐达成对外传播目标,乃至逐步掌握国际话语权。不过,既然能力的提升意在达成目标,学习西方的传播技巧需要达到何种程度、从哪些方面努力、如何评估等等,首先也由当前对外传播的目标所决定。因此,有必要一开始便就现阶段对外传播的目标与要求进行相对具体的阐述,为不同领域的对外传播工作确立较为清晰的指导思想,使对外传播工作者在借鉴西方传播方式的过程中能够较好地把握策略尺度,巧妙地坚守中国思想,善用西方表达。

4.1.1 对外传播:定义与范畴

单就字面来看,"对外传播"一词中的"对外"并无明确的主体,即"对外传播"可指"一国向他国开展的信息传播活动",各国都可以是从事信息传播活动的主体。然而,从对外传播学的实际发展历程来看,这是一门在中国环境中成长起来的、融合中国国际传播实践与西方传播学理论的传播学分支;在这一学科中,"对外传播"是由中国主导的输出型信息传播活动,这使得该学科具有鲜明的中国特色。"对外传播"至今仍常与"对外宣传""对外报道"等术语混用。事实上,从多位学者的研究看来,三者的核心概念在国内学界并无本质差异。首先,我国所习称的"对外宣传"总体上是一般意义的传播,而非被称为"宣传"的那种臭名昭著的虚浮式传播(沈苏儒,2004b:15-16)。"宣传"一词在中国文化中的正面意义与其在西方文化中的强烈贬义形成巨大反差,因而招致争议,于是"对外宣传"这一表达正在随着人们对传播活动的认识加深而逐渐退出历史舞台。另一方面,"对外报道"是"以中国立场客观地向其他国家报道来

戏剧主义修辞观之于互联网对外新闻翻译——以"中国上海"门户网站为个案

自中国或与中国相关的新闻事实和中国的立场原则,是一种国家(政府)控制、主导的对外传播行为"(何国平,2009a:14),这符合下文对"对外传播"实为"对外新闻报道"的解读。出于对文献原始表述的尊重,上述三种表达在本部分都将有所体现,但本研究最终选择以"对外传播"这一表达为标准,主要是由于"对外传播学"已经获得相对明确的学科地位。目前国内对外传播学者普遍认同,"对外传播学"这一概念是由段连城先生在其1988年出版的著作《对外传播学初探》中首次提出的(沈苏儒,2004b:7;魏秀堂,2013;王帆,2015)。素来自称"对外宣传老兵"的段连城在书中以传播行为的五要素为基础,分别阐述了对外传播的主体、对象、渠道、内容和效果,并结合多年的对外传播实践经验,提出对外传播的原则与技巧,这是我国在学术研究领域涉足对外传播的最初探索,为对外传播学研究初步确定了理论框架。其后,同样从事了多年对外传播工作的沈苏儒先生在该领域进行了更系统的理论探讨,高屋建瓴地指出对外传播是"跨国的、跨文化的、跨语言的传播"(沈苏儒,2004b:34),并结合客观实际的变化,从广义上进一步梳理了对外传播的对象、渠道、原则与技巧等重要理论构成。但他同时指出,传播学的主要研究对象是人际传播和大众传播,特别是后者,因而传播学通常指的是大众传播学(沈苏儒,2004b:7)。也有从事当代对外传播研究的学者认为,大众新闻媒体受科技发展的推动而获得广泛接受,新闻媒体的传播已成为人们生活中不可或缺的一部分,因而一般意义上的对外传播通常取其狭义的理解,即"大众新闻媒体的对外传播活动"(郭可,2003:2)。综合上述观点与本研究的出发点,本研究主张的"对外传播"主要指以中国为主体的"对外新闻传播"。曾有学者指出,对外新闻传播是"通过中国人自主创办或者与境外人士合办的报纸、刊物、广播、电视、通讯社、网站等传播媒体,以境外人士为主要传播对象,针对境外受众的特点和要求,以让世界了解中国为目的而进行的新闻传播"(甘险峰,2004:7)。有学者对这一定义表示认可(郭可,2003:2),本研究也基本认同这样的概括。不过,随着今日中国对外交流活动的极大活跃,上述定义中尚有两点值得进一步澄清。首先,"对外传播"中的"外"不应是地域疆界上的概念,而更多地体现在受众的国籍属性上。现有数据显示,联合国估计2013年居住在中国境内的外籍人士为84.85万人;英国汇丰集团于2014年10月公布的报告指出,中国在"最吸引外籍人士居住的国家或地区"排行榜中位列第三(王辉耀、苗绿,2015)。来华移民数量的稳步增长意味着对外传播的主要对象,或曰"受众",不应局限在字面上的"以境外人士为主",短期或长期在华的外国人已经成为对外传播应当积极争取的一支力量。另一方面,"境外人士"不仅包括与中国人从文化到语言都迥然不同的外籍人士,还应包含与中国有骨肉亲缘、能够使用中文的广大华人华侨。目前世界各地华侨华人总数达6000万人(同上),他们在中国的对外传播中从不曾是遗珠,实力雄厚、影响日盛的《人民日报》(海外版)便是一例明证。此外,随着中文在国际上的影响力日渐显著,一些识读中文的国际受众已开始直接接触甚至引用我国的中文媒体(郭可,2008)。因此,对外传播不仅包含以新闻翻译为重要手段的外语新闻,用汉语进行的对外传播也是让世界了解中国的重要力量。不过,无论使用哪种语言,针对不同受众需要采取适切的传播方式,仍是所有对外传播活动的行为准则。

4.1.2 对外传播:探索中进步

在对外传播学得以确立之前,缺乏理论指导的中国对外传播活动是在摸索中前进的,熟练掌握中外语言的中方翻译人员和外国专家在其中发挥了重要作用,总结了许多宝贵的实践经验。早在1944年中国解放区首次对外发送英语广播时,由新加坡投奔中国解放区、负责对外报道的沈建图便已提出:报道撰写者应考虑国外读者的需要和习惯,用恰当的英文表达出中文材料的实质内容,对原文的形式和表述进行灵活加工

戏剧主义修辞观之于互联网对外新闻翻译——以"中国上海"门户网站为个案

(钱行,2005:8)。事实上,这正是多年之后对外报道确立的首要原则"内外有别"的雏形。不过,纵观中国的对外传播史,传播内容与传播手段总是因应国情变化与时代需求而不断调整,导致现实的对外传播活动是进步与倒退并存、经验与教训交织的。在抗日战争与解放战争时期,中国共产党领导下的对外传播主要通过《中国通讯》等政府与民间报刊、新华社对外广播及外国记者实地采访报道等方式展开,着力介绍中国共产党领导下的人民军队和中国面貌,旨在为新中国的成立和中国共产党的领导赢得国际支持(甘险峰,2004:51-120)。1949年后,中国的对外传播全面铺开,对外印刷媒体、广播事业、国家与民间通讯社乃至对外影视等传播手段初现锋芒,主要就社会主义建设、抗美援朝、日内瓦会议和亚非会议等内容进行了对外传播,但后期有关"大跃进"的报道为对外新闻事业之后的动荡埋下了伏笔(同上:136-193);1966年"文化大革命"的爆发严重摧残了许多行之有效的外宣经验和做法,"左"倾思潮导致对外传播不看对象、内外不分,中国在许多外国人眼中成为一个"狂乱的国度",这是对新中国对外传播事业的极大挫伤(同上:196-207)。所幸,党的十一届三中全会召开后,对外传播事业得以拨乱反正,逐渐回到正轨而获得快速发展。随着对外传播专门领导机构的成立,广播、电影、电视、通讯社、报刊等媒介齐头并进的传播新格局也初具雏形,对外新闻传播得到了空前的重视(同上:209-305)。至此,开展对外传播学研究的条件已经成熟,因为多年的对外传播实践为理论总结奠定了坚实基础,而推动实践迅速进步也需要理论探索成果的助力。在段连城的《对外传播学初探》和沈苏儒的《对外传播学概要》为对外传播学确定了较为完备的理论架构之后,越来越多的学者基于时代的变化发展探讨对外传播内容与手段的与时俱进,借助多学科视角和多种研究方法丰富了这一新兴学科的理论基础,实现了对外传播理念的更新,其中最突出的变化表现为对外传播原则的调整及对受众和传播效果的日益重视。

如前文所言,"内外有别"作为外宣工作经验的精华积累,曾是我国对外报道长期坚持的指导原则,其本意是对外新闻传播不能照搬对内宣传的 套做法,而要遵循特定受众对象所体现的特殊规律(翟树耀,2005:108)。然而,进入全球化和新媒体时代后,互联网的普及促成了全球信息共享的大趋势,外语与汉语并行的对外传播态势伴随着中国的日益国际化逐渐模糊了"内"与"外"的界限,"有关中国的信息传播呈现无隙性、即时性、全球性,所谓内宣与外宣的物理界限越来越模糊"(张振华,2008),"内外有别的双轨制逐步淡化"(郭可,2008),国外受众能够通过包括互联网在内的多种渠道接触、使用国内报道,导致上述原则的局限性逐渐显露。事实上,新形势下的"内外有别"主要表现为信息传达任务与形式的区别(王浩雷,2008),因此应当赋予这一原则以新的涵义,弱化新闻专业价值方面的区别(唐佳梅,2008),乃至逐渐转变为"内外一体"(唐润华,2016:45),即无论对内或对外报道都应秉持新闻传播真实、全面、客观等普遍原则,才能帮助中国树立稳定的国际形象。这是对外传播原则的首要变化。与此相应,作为对外传播工作的另一大基本原则,"坚持以正面宣传为主"一度遭到滥用,使得"对外报道清一色的报喜不报忧"(钱慰曾,2005:217)。但由于所报道的景象与中国的发展中国家地位颇不相符,难以获得目标受众的接受与支持。有学者通过受众调查发现,中国对外传播中负面新闻较少、缺乏平衡报道是西方受众对中国媒体信任度低的重要原因。但是,正是由于负面新闻往往比正面新闻更加引人关注,对外媒体更应及时、客观地报道才能掌握舆论主动权,赢取受众的信任(高美、胡泳,2012)。这些研究结论都逐渐推动着对外传播从观念到实践由"正面宣传为主"向平衡报道转变。

除了在修正对外传播原则方面做出贡献,对外传播学研究也将越来越多的注意力放在了受众和传播效果上,对实际的对外传播工作形成了正向导引。随着中国政府在对外传播的基础设施、技术手段和人才培养等方面的投入逐步升级,巨大的付出是否获得相应的产出,自然而然成为学界关注的重点。一直以来,国内对于大众传媒主导的对外传播都存在这样一种误解:媒体传播力的全面增强必然能够对目标受众产生直接影响,从而获得良好的传播效果。但实际的调查结果却显示,中国对外传播的效果并未随着物质力量的增强而有所提升,不少西方受众对于中国甚至缺乏最基本的认知(程曼丽,2009)。传播效果如此低下,直接原因自然是受众不买账。于是,针对不同领域、不同地区及不同层次的对外传播受众展开细化研究,以期渐次提升传播效果开始成为学界的新趋势。这一趋势对于对外传播实务的意义在于:借助科学研究方法深入了解与剖析受众的实际需求并上升为理论概括,有助于更具针对性地指导对外传播实践,使"贴近国外受众对中国信息的需求、贴近国外受众的思维习惯"(黄友义,2004)等传播理念随着更多的研究发现而落到实处。

4.1.3 对外传播:时代的要求

中国的对外传播事业在实践中经历了起伏跌宕,从学术研究中汲取了理论营养,在不同历史阶段适应时局变化确立了不同的工作方向,虽有倒退却也有显著发展,总体上呈现曲折中前进的态势。如今,全球化趋势加深了"让世界了解中国"的需求,对外传播事业迎来前所未有的巨大发展机遇,我国在对外传播能力建设方面投入了大量人力、物力和财力,取得了显著的能力提升。但目前仍陷于窘境:对外传播的力量增长并未带来传播效果的提高,中国在国际上的话语权仍有较大的提升空间。随着和平与发展成为当今世界的两大主题,综合国力日渐强盛的中国在国际交往中不能单靠"硬实力"说话,而更需要"软实力"的托举,令世界全面领略泱泱大国的魅力所在。要而言之,"软实力"是一个国家的文化、价值观和内外政策形成的吸引力,用于达到预期的目的和效应。依据"软实力"的提出者小约瑟夫·奈(Joseph S. Nye, Jr.)的说法,"软实力"运用在国际关系上实为"公共外交"(public diplomacy),而公共外交的首要层次便是日常的新闻报道,包括对政府内外政策的说明(Nye,2004)。这表明"软实力"的提升需要行之有效的对外传播,以帮助中国树立良好的国际形象,为中国的持续发展创造有利的国际环境。立足时代需求与现实国情梳理对外传播的总体目标和工作方针,旨在为不同形式的对外传播提供原则性指导,为切实提高传播效果奠定基础,因而近年来也成为对外传播学界探讨的热点。各家学人基于不同的理论视角或各自领域的从业经验提出了不少切实可行的工作思路,在对外传播实践的不同层面发挥着积极作用。但是,现实的对外传播活动从内容到形式都极为丰富,情况较为复杂,单用一种思路挂帅难免以偏概全,糅合多种原则又往往缺乏统一的基础,很难有哪一种工作方法能够涵盖对外传播的所有具体情况。因此,以当前对外传播的总体要求与目标为统领,研究具体对外传播领域的工作原则,应是相对可行的办法。

鉴于中国现行的新闻体制,党和国家领导人及负责宣传工作的有关领导是中国对外传播主体的代表,他们就宣传工作所发表的公开言论反映了对外传播工作的权威理念,指引着对外传播的总体前进方向(王帆,2015:42),是对外传播总体要求的公开表达。在2003年的全国宣传工作会议上,胡锦涛同志首次提出了对外传播应当"全面客观"和"及时准确",确立了对外传播的基本工作准则(新华社,2003);其后他又进一步指出遵守新闻从业基本准则是对外传播取效的关键,应当着力促进新闻信息真实、准确、全面、客观地传播(胡锦涛,2009)。此外,他提出对外传播的发展对于提高国家文化软实力至关重要,要借助高新技术发展的契机,调动各种先进的传播手段,全面提升传播能力(胡锦涛,2007),营造"中华文化国际影响力不断增强的新局面"(盛卉、肖红,2012)。总的说来,胡锦涛同志主政期间的对外传播工作思路可以概括为三点:国际通行表达、先进技术手段、中国特色内容。

戏剧主义修辞观之于互联网对外新闻翻译——以"中国上海"门户网站为个案

习近平同志所表达的对外传播工作思想延续了上述思路,但目标更加明确,重点也更为突出。首先,习近平强调,提高国家文化软实力,"要努力提高国际话语权",而两者都需要"加强国际传播能力建设"(李源、闫妍,2014),这为当前的对外传播工作提出了更清晰的奋斗目标。其二,站在新时期对外传播任务的高度,习近平提出"讲好中国故事,传播好中国声音"(程宏毅、常雪梅,2013)的根本要求。这不仅一如既往地强调了传播内容的中国元素,更以两个"好"字强化了对外传播应当赢得受众、取得实效的中心思想。其三,新的目标和新的要求呼唤新的手段与新的渠道,而"创新"也正是习近平对外传播理念的关键词。他十分重视互联网技术在对外传播中的应用,在多个场合重申网上舆论的重要性,倡导传统媒体与新兴媒体融合发展、强化互联网思维(李源、闫妍,2014)。至于"打造融通中外的新概念新范畴新表述",则再次表明应以多维度的创新使对外传播与国际接轨,"增强对外话语的创造力、感召力、公信力"(同上),以使目标受众易于并乐于接受"中国故事"与"中国声音"。综合两位国家领导人的观点不难发现,中国对外传播主体越来越认识到对外传播在中国国家发展与国际交往中的重要性(王帆,2015:47),更尊重国际通行的新闻传播准则与方式,更重视新兴媒体在对外传播体系中的地位,更注重对外传播效果,也更强调以中华文化与中国发展作为主要传播内容(杨振武,2015)。在十九大报告中,习近平又提出"高度重视传播手段建设和创新,提高新闻舆论传播力、引导力、影响力、公信力。加强互联网内容建设[……]推进国际传播能力建设,讲好中国故事,展现真实、立体、全面的中国,提高国家文化软实力"(秦金月,2017)。基于以上不同角度与情境所反映的我国对外传播指导思想,不妨将当前对外传播的总体要求概括为:中国声音,国际表达,媒介创新,传播取效。

另一方面,不同历史阶段的对外传播目标导向往往略有调整。改革开放以来,对外传播工作的根本任务曾被三任国务院新闻办公室主任分别定位为"为社会主义建设建立良好的国际环境"(朱穆之,2005)、"让世界了解中国,让中国了解世界"(曾建徽,2005)、"为建设有中国特色社会主义营造良好的外部舆论环境"(赵启正,2005)。进入 21 世纪后,我国对外传播使命的定位主要体现在两个方面,一是营造良好的国际舆论环境,二是塑造国家形象与提高国家文化软实力(何国平,2009a:256)。习近平同志在全国宣传思想工作会议上发表重要讲话后,时任国新办主任的蔡名照(2013)指出,当前对外传播的中心任务是"增进中国与世界的相互了解和理解,为全面建成小康社会、实现中华民族伟大复兴中国梦营造良好的国际舆论环境"。在《人民日报》(海外版)创刊 30 周年之际,习近平作出重要批示,鼓励对外传播主流媒体"努力成为增信释疑、凝心聚力的桥梁纽带"。综合上述对外传播领域的权威观点,结合当前的社会现实与时代背景,现阶段的对外传播使命可以归纳为:塑造中国国家形象,提高国际话语权,增强国家文化软实力;增信释疑,凝心聚力,为全面建成小康社会、实现中华民族伟大复兴中国梦营造良好的国际舆论环境。

4.1.4 小结

由于"对外传播"本质上是"对外新闻传播",涵盖以外语新闻译文为表现形式的新闻翻译活动,本研究的"互联网对外新闻翻译"必然要遵循现阶段对外传播的要求与目标。因此,本节内容首先明确了"对外传播"的定义与范畴,初步指明其与"互联网对外新闻翻译"的关联;其后简要梳理了对外传播的实践历程及累积的经验和教训,展现对外传播实践与理论顺应时代变化而不断发展成熟的特点;最后,依据当前的时代特点和要求,从国家领导人及对外传播权威部门的传播理念中总结出现阶段对外传播的总体要求与奋斗目标,为下文论述对外新闻翻译的总体原则确定了大致框架,同时也初步显示了互联网传播在现阶段对外传播体系中的重要地位。

4.2 对外新闻翻译:原则与策略

既然"对外传播"的实质是"对外新闻报道",对外新闻翻译作为对外新闻报道的一种形式,自然成为对外传播的重要组成部分,理当受到对外传播的总体要求和奋斗目标的约束。但是,当这些具有普适性的、相对宽泛的要求和目标投射到某个具体的传播领域时,势必要体现为该领域所适用的特殊原则和策略,否则难以付诸实施,对外新闻翻译自然也不例外。如前文所述,对外传播可能是用与中文相异的语言传递有关中国的讯息,即以对外新闻翻译为主;但我们也在很大程度上需要用中文向华人华侨进行传播。这两种对外传播形式之间的差异不仅在于语言的不同,还在于目标受众的区别。于是,就总体要求而言,这两者在传播哪种"中国声音"、运用怎样的"国际表达"、何种媒介更为适用、对哪些群体产生传播效果等方面都会存在明显的差异;从传播使命的角度看,则是它们"塑造中国国家形象,提高国际话语权,增强国家文化软实力"的具体对象和做法必然各具独特性。因此,本部分将探讨对外新闻翻译这一对外传播形式应遵循怎样的原则、采取怎样的策略,以顺应当前对外传播的总体要求,为达成对外传播使命贡献力量。

4.2.1 对外新闻翻译工作原则

如前所述,翻译是传递社会信息的过程,具有传播学的一般性质,对外新闻翻译的传播特性尤其显著。以传播关系为基础的完整的信息传递过程必须由传播者、传播渠道和受信者组成(吴磊,2009),在对外新闻翻译中,它们分别对应的是新闻翻译工作者、新闻译文和新闻读者。与此相应,笔者将从翻译工作者的整体观念、新闻文本处理和受众接受三方面阐述当前时代背景下对外新闻翻译的原则问题。

在观念层面上,作为对外新闻翻译的直接实施者,新闻外译工作者在从事翻译工作时必然要坚持一定的翻译思想,从根本上确保新闻翻译理念的正确性。不少对外传播领域的专家仍支持对外新闻译者以"信、达、雅"的传统翻译标准为准绳(沈苏儒,2004a:191;黄友义,2004)。这一"最科学、最概括、最实用"(沈苏儒,2004a:191)的翻译标准迄今已沿用百年,因后辈学者针对不同翻译语境的多样化解读而每每焕发出新的生命力。不过,若仅以这一统领各类翻译的标准作为对外新闻翻译的准则,难免失之宽泛。2004年4月,李长春在中央对外宣传工作会议上首次提出,对外宣传媒体要践行外宣"三贴近"原则,即:坚持贴近中国发展的实际,贴近国外受众对中国信息的需求,贴近国外受众的思维习惯的原则(王一三,2004)。这既是中国对外报道在现阶段适用的方法论(何国平,2009a:160),也应被外宣翻译工作者奉为圭臬,牢记于心(黄友义,2004)。对外新闻翻译是对外报道与外宣翻译的交汇点,因而这一原则理所当然也成为对外新闻译者的基本工作准则。细究之下不难发现,"外宣三贴近"实为"信、达、雅"在对外新闻翻译领域的个性化发展:它要求新闻外译工作者在翻译中以原文陈述的贴近中国发展实际的事实为本,以符合新闻传播习惯的、明白晓畅的语言,传递国外受众希望知道、容易理解、乐于接受的有关中国的信息。因此,"信、达、雅"的翻译标准及由此生发的"外宣三贴近"原则是包括译者、编辑、审稿专家在内的新闻外译工作者应当始终抱持的整体观念。

在文本层面上,首先应当明确这样一个问题:对外新闻翻译和其他跨越国界的对外传播形式一样,都具有跨语言、跨文化的特性(麻争旗,2005)。但"跨语言"除了指中文转换成外文而带来的语言基本形式上的差异之外,还涉及语言文化内涵的不同。又因为语言与文化是密不可分的,"这两方面的困难在很多情况下成了一而二、二而一的事情"(沈苏儒,2004b:47)。这意味着在新闻外译的过程中,文本所体现的语言差异实际上是更深层次的文化差异的反映,因而做好对外新闻翻译工作的本质在于克服中西方文化差异。有学者总结,文化差异对外宣新闻翻译的制约主要体现在三方面:一是思维方式差异及由此引发的语言表达差异;二是历史文化背景知识差异;三是价值观的差异(马瑞贤,2015)。针对这三种文化障碍,张健(2013:25-37)在外宣翻译的大框架下提出四条文本操作原则,具有重要的借鉴意义。第一,"字斟句酌,把握政治分寸"。这主要是出于历史文化背景与价值观方面的差异,因为这两者是导致中外受众政治理念有异的关键因素。对外新闻翻译关系到国家的尊严与利益,具有明显的官方色彩,保持高度的政治敏感性应当是首要原则。第二,"条分缕析,凸显核心信息",这指明了新闻外译的主要任务。"核心"一词充分表明翻译中往往存在一定程度上可以放弃的"次要信息"和"冗余信息"(同上:28)。显然,若原文信息可尽数迁移至译文中,也就不存在核心与非核心之说;非核心信息的存在,是因中外受众的文化差异导致双方的兴趣点和可接受信息不均衡。在译文中仅体现适于保留的信息,是新闻取得接受效果的基础,因而有必要在翻译中对信息内容有所侧重。第三,"言简意赅,译文经济达意"。这一要求根植于语言表达上的差异,汉语的冗长繁复移植到外语中往往会"水土不服",讲求明快简洁的新闻外译更需要摒弃过分矫饰的语言习惯,使受众以尽可能低的信息处理成本获得尽量明晰的信息。第四,"形神兼备,传递美学形式"。表面看来这极易令人联想到文采斐然、华词丽句的"美文"。但事实上,就语言表达方式和审美价值都与汉语迥异的英语而言,堆砌辞藻、工于文饰往往谈不上"美",反倒是一个符合英语习惯的有序表达的句子(同上:34)、一个修辞巧妙、表意明确的新闻标题,更容易在新闻外译中传递出读者能够感受到的"美"。鉴于上述四条原则对新闻外译的具体操作提出了相对明确的指导,为克服新闻外译中的文化差异提供了较为适用的准则,笔者主张在对外新闻翻译的文本层面上,以这四条原则为基准。

在受众层面上,读者的接受是新闻外译取得效果的先决条件。外宣翻译的最关键要求是"读者至上",要知道"读者是谁,读者有何需求以及读者需求如何满足",才可能达到最佳传播效果(张健,2013:38)。新闻译文所传递的信息能不能最终满足目标受众的需求,不仅在于译文本身,更关涉各环节联动的新闻外译活动整体,新闻外译活动应当以受众的接受为首要导向,遵循一定的原则。

从新闻的基本特性看来,中外普遍强调的是真实性、新鲜性和重要性,其中真实性是新闻的灵魂与命脉(张健,2010:8-9),也是新闻外译面对受众的第一原则。新闻外译的真实性不仅指原文内容必须真实,更重要的是译文应当如实传递原文所表达的事实,方可体现"真实性"原则的完整内涵。

新闻的新鲜性在新闻外译活动中可归纳为"及时性",这是不少新闻外译专家认为应当首先考虑的问题。新闻从本质上摆脱不了一个"新"字,要防止稿件翻译出来后从新闻变为旧闻,对时间的要求无疑是极高的(赵乾龙,2005:194),这意味着新闻翻译难以获得充分的时间来反复推敲,必须做到"快工而不出糙活"(徐成时,2005:50)。但需要指出的是,由于不同层级的对外新闻传播媒体任务不尽相同,对新闻外译的时效性要求也存在一定差异:有些涉及国家大政方针与对外关系的重要内容可能需要几乎同时翻译成外文,在较具国际影响力的对外传播媒体上发布;而有些新闻内容则具有较强的地域性和针对性,允许有稍长的时间翻译成外文再传达给特定的受众群体。因此,关于新闻外译时间性强的需求,笔者在此选择"及时性"这一说法,旨在体现不同对外传播媒体

戏剧主义修辞观之于互联网对外新闻翻译——以"中国上海"门户网站为个案

对时效性的要求不一:新闻外译未必都需要"即时",而"及时"与否则可视受众特点与需求而定。"及时性"这一表述更为灵活,也更易体现受众在传播活动中的地位。

新闻的"重要性"是指重要的消息才是值得传播的消息,其在新闻外译中的表现与前两者略有不同。由于中外受众固有的文化差异及中外新闻体制的不同,哪些新闻具有重要性是"内外有别"的,即对内新闻稿无论在国内多么重要,在翻译成外文面向外国受众之前,需首先考虑其对外国受众是否具有同等重要性、受众能否对相关话题产生兴趣。能够进入新闻外译流程的汉语新闻对于目标受众而言理当具有重要性,因而新闻外译行为本身并不存在"重要性"一说。但站在受众接受的角度上,不妨将"重要性"归入内涵更加广泛的"召唤性"中。笔者采用"召唤性"这一提法是受到了纽马克的启发,他在《翻译教程》(*A Textbook of Translation*)一书中依据功能将文本分为几大类,其中"召唤型文本"(vocative function)是以读者和受话人为核心的文本类型,原意是"'促使'读者依照文本的预期目的而行动、思考或感受;也就是表现出预期中的'反应'"(Newmark, 2001a:41)。由于信息的接受对传播而言是十分必要,笔者在此仿拟纽马克的提法所采用的"召唤性"同样是以译文受众为中心,但发生在读者的反应之前,旨在通过译文内外的各种要素唤起受众对译文的阅读兴趣,因为这是受众对译文能够真正有所"反应"的前提。但是,站在受众的立场上,信息的传播往往面临几方面的障碍,包括语言障碍、经验障碍、知识障碍、兴趣障碍和环境障碍(张健,2010:399-400),采取各种手段帮助受众克服这些障碍,是信息得以顺利传播的重要保证。因此,译文首先应当符合受众的阅读习性、思维习惯和语言表达方式,以克服语言、经验和知识方面的障碍,即译文应具有可读性。其次,译文的选材对于受众而言应属于重要消息,即具有前文所述的"重要性";或者新闻内容与受众具有较高的相关度,能够符合受众的阅读兴趣,这些都是克服兴趣障碍的可行途径。另一方面,新闻外译能否在"入心"之前能入读者的眼,外在的形式也是不容忽视的,这也是传播过程中可能出现的一种环境障碍。早已有学者提出,现代传播科技的发展导致以视觉为中心的视觉文化符号传播猛烈冲击着以语言为中心的传统文化传播形态,使前者逐渐成为我们生存环境中更为重要的组成部分(孟建,2002)。这说明,视觉符号的生产与流通即便尚未颠覆语言在文化传播中的中心地位,也至少已经是语言文化符号传播的必要补充。与此相应,新闻译文的版面设置是否合理、色彩搭配是否悦目、是否配发合宜的图片等,实质上都是视觉符号的常见形式,是一篇新闻译文吸引读者的必要外在条件。此外,还有一种环境障碍来自承载译文的媒介。对于受众不甚熟悉或缺乏公信力的媒体,很难想象读者愿意阅读其所刊载的消息,更不必说接受。因此,对承载媒介是否熟悉和信任,也是受众是否接受新闻译文的重要因素。所有这些看似居于译文之外的要素实际上仍处于对外新闻翻译的完整过程中,因其很大程度上关涉读者对译文的接受,进而影响预期传播效果的达成。综上所述,此处归纳的"召唤性"内涵较为丰富,包含了译文内容的重要性和可读性、译文形式的合理性和趣味性,以及译文传播媒介的认知度与可信度;简言之,"召唤性"集中反映了有助于吸引受众阅读新闻译文的各项文内与文外要素。

但是,细捋"召唤性"的内涵后不难发现,译文内容可不可读、重不重要;译文形式是否合理、有趣;传播媒介的认知度与可信度高低与否,表面上都是以受众立场来考虑译文的接受,实际上外国受众群体众多、情况不一,无法一概而论。因此,受众层面上的新闻外译原则还有一点是较难操作却不容忽视的:差异性,即所谓的"外外有别"。新闻外译受众在多个方面表现出来的不同也是新闻译者在工作中需要考虑的。从国别角度看,由于时空的差异和不同的生活环境,各国受众的心理需求与兴趣点不同,看问题的立场、观点与方法不同,因此对于什么样的新闻具

戏剧主义修辞观之于互联网对外新闻翻译——以"中国上海"门户网站为个案

有可读性,不同国家的受众存有不同的理解(李荣霞,2009)。为此,有必要"深入了解目标国家的政治制度、文化传统、宗教信仰乃至接受习惯"(唐润华、文建,2011),多报道与传播对象国受众有密切关系的"切肤新闻",以各种方法使对外报道为目标国受众所接受。但除此以外,即便是同一个国家的受众也属于不同的社会群体,由不同的宗教信仰、职业属性、民族背景、政治理念等划分而成,因此对外传播还应注意所传递信息的共同价值观,即"全世界绝大多数国家和民族都认同的最基本的人类价值"(黎海波,2008),以尽可能消弭上述差异。另外,依据拉扎斯菲尔德(Paul Lazarsfeld)的"两级传播论",大众传播是通过意见领袖流向一般人群的,因而对外传播受众还可以依据舆论影响力的不同做出划分:驻华记者、国际主流媒体和一国的社会精英均属于意见领袖,有别于一般受众,对外传播应当重点突破前者,方可利于最终提升其面向普通国际受众的传播效果(唐佳梅,2008)。最后,我们还不妨站在信息传播国的立场审视这一问题。随着全球范围内人口流动的加剧,越来越多的外国人来到中国生活、就业,我国的国际传播出现了受众融合的趋势:一部分对外传播的国外受众正在成为我国的国内受众(邓建国,2009)。显然,这部分受众对中国的了解程度及对中国相关信息的需求与他们远在异国他乡的同胞必然有所不同。正是基于上述受众差异性,细分受众市场进入了对外报道研究的视野,目前受众定位开始出现"小众化"(侯迎忠、郭光华,2008:102)趋势,用以满足不同细分市场中的受众信息需求,因为"针对性越强,传播效果越好"(同上)。

综合以上内容,对外新闻翻译原则可从观念、文本和受众三个层面来考虑。在观念层面上,除了常用常新的"信、达、雅"以外,当前对外新闻译者还应以"外宣三贴近"原则为核心指导思想,顺应新时期对外传播工作的需要;在文本层面上,为了克服影响语言表达的深层文化障碍,在翻译操作中应当做到"把握政治分寸、凸显核心信息、译文经济达意、传递美学形式"四个方面,体现"中国特色、国际表达"的对外传播总要求;最后,在受众层面上,新闻基本价值与信息传播面临的障碍都决定了新闻外译还应注意把握真实性、及时性、召唤性、差异性四条原则,充分、完整地体现受众的重要性,因为"塑造中国国家形象,提高国际话语权,增强国家文化软实力;增信释疑,凝心聚力"等等,无一不以外国受众接受对外传播信息为前提。

4.2.2 对外新闻翻译工作策略

翻译不仅关乎一组语言符号向另一组语言符号的转换,更涉及一系列语言之外的要素,与社会文化密不可分。语言不浸淫在某种文化语境中就不可能存在,而文化不以自然语言结构为中心,也将荡然无存。基于这一点,译者绝不应脱离文化来处理文本,就如做心脏手术的医生不可无视心脏周围的人体组织一样(Bassnett, 2010:21-22)。故此,有学者进一步指出,翻译并非处于真空中,而是典型的社会行为。它实际上是一种文化改写,乃至文化操纵的过程,意识形态、诗学和赞助人等非语言因素操纵着翻译的全过程(Lefevere, 2004)。这里的"全过程"不仅指我们所熟悉的语言转换过程,更是将原语语篇和目的语语篇都置于各自的文化语境中来考察,即上述非语言因素操纵着从选择适于翻译的原文到呈现翻译产品的全过程(查明建,2004)。不过,这一特点并非仅仅体现在文学翻译中,更不仅仅体现在"译入语文化对外国文学"(同上)的操纵和利用上;事实上,"外宣翻译较之其他类文本的翻译,其意识形态的主导作用相对而言要绝对化得多"(胡芳毅、贾文波,2010)。外宣翻译由于其对外输出的本质属性,基本是原语文化的社会主流意识形态与诗学传统的体现;再加上现有的以政府"喉舌"为导向的新闻体制,"赞助人"的影响无疑从原语文本的选择就开始了。但是,这种以逆向翻译为特点的对外文化输出极可能在异国遭遇挫折,因此外宣翻译还需要顾及译入语

戏剧主义修辞观之于互联网对外新闻翻译——以"中国上海"门户网站为个案

社会的主流意识形态与诗学传统,照顾目标受众对翻译最终产品的接受心理(同上),而并不只是依照一套所谓的原则、技巧"改写"出译文后便就此结束翻译过程。有鉴于此,笔者对于"对外新闻翻译策略"的探讨与原则部分的思路基本一致,即不仅探讨原语新闻转换为译语新闻的具体过程,也要细究影响翻译行为的其他要素,因而此处的"策略"将涉及译前、译中、译后三个部分,其中"译"专指译者进行的语言转换工作。这样的分阶段方式主要是着眼于对外新闻翻译的全局,旨在观察新闻译文从源起到传播的全过程,而不是狭隘地局限于文本语言转换层面。因为没有传播,对外新闻翻译就不具有任何意义,甚至没有了存在的必要。

在新闻外译的译前阶段,编辑作为"把关人"之一集中代表着意识形态等非语言要素的影响。大众传播中的传播控制把握在大众传播媒体手中,所谓"把关人"就是指能够控制公众最终接触到哪些资料信息的个人或群体(Dominick,2010:15)。西方传播学中,传统的大众传播媒体通常有多个把关人,包含传媒中的记者及包括编辑在内的所有编辑部人员,他们的工作是对信息进行选择和必要的加工,做出发表的程序安排后发送给受众(沈苏儒,2004b:20-21)。而目前国内专业的对外报道主要仍采取记者、编辑等用中文写稿、再由翻译译成外文(并经外籍专家润色)的办法,"已沿用几十年且在可见的将来尚难完全改变"(沈苏儒,2004b:189)。因此,译者在某种程度上也是"把关人",其工作也涉及如何选择与加工信息。但是,究竟哪些中文稿能够进入对外新闻翻译流程,却不是记者或译者所能决定的,而需要编辑进行挑选,稿件选择是编辑的关键性工作(张健,2010:174)。由于国外新闻选择更加重视对受众的研究,在推进中国软实力建设的大环境下,目标读者的需要势必影响编辑对信息的筛选,绝不可不加选择地直接把国内媒体的新闻编译成英文。因此,在选取用于新闻外译的中文原稿时,编辑需要很好地结合目标受众需求与我国的新闻政策,选取的中文原稿应当对受众而言具有新闻价值、涉及国际上共同关心的问题、具有中国特色又为国际受众所接受(张健,2010:185-188)。编辑工作的另一项要点是对原稿进行必要的订正、增删和润饰(张健,2010:189),依据相关从业经验,这一步骤在新闻外译中最先体现在稿件进入翻译的工作领域之前,主要包括:主题思想的再提炼、选取更恰当的角度突出主题与新闻价值、增加必要的背景解释、重新编排和运用事实材料(翟树耀,2001:736),目的是便于具体翻译操作的顺利开展。此外,新闻外译中的译者实际上居于特殊"把关人"的地位:译者在翻译中仍需借助自身经验、依据受众需求对原文进行内容的增减或重新编排,即部分地承担着编辑的工作;而输出译文的过程中,译者实际上也部分地扮演着记者的角色。这样的双重身份使译者和编辑之间有必要形成译外的补充机制,译者可在条件允许的情况下,依据从业经验与编辑就待译文稿的题材和内容进行商议,一切以符合国家对外传播政策、有助提升传播效果为基准。

综上所述,在新闻外译的译前阶段,编辑的"把关人"作用最为重要,直接关系到受众最终会接收到哪些题材和领域的消息,对最终翻译产品的传播效果有着根本性影响,因此编辑应当基于自己的政治理论水平和新闻敏感,结合受众需要,依从一定的标准谨慎选稿,并基于翻译工作的需要对原稿进行适当的修改。译者在这一阶段的"把关人"角色特殊,在适当情况下可结合自身对受众需求的理解,配合编辑参与原稿的选择和修订工作。

新闻外译的译中阶段是由译者来完成的。一般认为,译者在实际动笔之前需对汉语新闻稿进行"译前处理",其实质是"抓住原文主旨、领会原文精神,对原文语言的方方面面进行处理,或重组、或增删、或编辑、或加工"(张健,2016:174);要而言之,就是提炼新闻原文的核心信息,梳理出适于传达给受众的所有内容。这一过程发生在编辑对新闻原稿的处理之后,实际上应属"二次译前处理",本质上是一个语内翻译的过程。

戏剧主义修辞观之于互联网对外新闻翻译——以"中国上海"门户网站为个案

至于语际转换阶段,国内已有不少学者采用不同的理论视角、针对不同类型的新闻(如软新闻和硬新闻)及新闻的不同组成部分(包括标题、导语、正文)提出新闻外译策略。段连城(2004)最早提出,对外传播首先要做到清楚易懂,译者应当采用"解释性翻译",包括提供背景知识、慎用政治术语、通俗解说"行话"、防止"数字混乱"、避免词藻华丽。总的说来,就是基于中外语言文化的差异和实际传播需求,当增则增,可免则免。至于电视新闻导语的翻译,有学者认为除了"解释性翻译"外,还需注意句式顺序和句式结构的调整(王银泉等,2007)。对于题材相对轻松的软新闻,有的学者主张采取语篇顺序调整、删减、增添等编译手段,有的学者认为不妨让译者尝试以基本的事实和信息为基础,"制造出一篇英语软新闻"(吴自选、许建忠,2011)。后者事实上是一种改动幅度较大的编译策略,将译前处理直接融于翻译过程中,也可称为"译写"(袁丽梅、何刚强,2015)。还有学者从确保对外报道清晰易懂的角度,指出对于外国读者可能不了解或产生疑惑的新闻内容、包括国俗词语等中国特色表达,可采取"译释并举"的方法,补充背景知识进行阐译(张健,2016)。另外,翟树耀(2001)认为不同类型的稿件应当使用不同的翻译策略:政治性和政策性强的稿件,翻译不宜擅自改动原文,但仍需恰到好处地处理某些语言习惯差异造成的歧义,如国内目前仍然常用的"对外宣传"便不宜直译为 overseas propaganda;一般性的中文稿可较大幅度地依据外文需要予以加工,前提是维持原意,如某些文稿中可能使用的流行一时但并非必要的政治术语;对于照搬国内宣传做法但题材适合对外报道的汉语新闻,翻译可以拥有更大的自由度进行改写。徐林(2011)针对"第四媒体"互联网的传播特点探讨了网络新闻编译策略,指出其与普通新闻编译的最大区别体现在标题上,翻译中应尤其关注标题的吸引力、独立性、关键词、简明性及时态语态的转换,因而标题翻译往往有较大的灵活性,译写倾向显著;但摘要、导语和正文的编译则与普通新闻编译大同小异。总体看来,学者们的观点其实仍是从不同角度支持各个文本层次上的新闻外译常用手段:编译。大多数情况都需要先编后译,即对原文内容进行必要的增减,此时译前处理与翻译之间的界限较为清晰,比如无关宏旨的术语、套话往往被译者在着手语言转换之前删去;但也有些时候还需要编译合一、融编于译,如以"麻将"等国俗词语作为文稿主题时,可能只有在翻译阶段通过译者以音译加注等方式编译出来。综上所述,编译仍是目前对外新闻翻译广泛采取的基本策略,指的是译文对原文在内容上进行增删,在构词、句式与篇章结构等形式上做出或大或小的改变。总体说来,"编先于译"代表了必要的译前处理步骤,但有时还需要"编在译中"。具体采取怎样的编译方式和编译手段,应视新闻原稿的题材和类型、新闻的组成部分、新闻传播媒介及译文目标受众的具体情况而定,其目的都在于使译文清晰易懂,力求在满足受众的阅读兴趣和信息需求的同时,传播好中国声音。

如果说译中阶段是制造翻译产品的关键,译后阶段则是翻译产品能否为目标市场所接受的关键,这一阶段既需要显形"把关人"为译文质量保驾护航,也需要隐形"把关人"在译文的传播效果中发挥作用。首先,新闻外译外文阶段的工作关系到整个工作的成败,"要找懂得对外传播的专业人员提供咨询和协助,要找外文修养较好的外国人来帮忙润色外文文字"(沈苏儒,2004b:188),因此,负责进一步修正、加工译文的外籍专家是这一阶段的把关人之一,其角色近似于编辑。其后,在经润色的译稿正式交付媒体发布之前,编辑需要再次进行确认和修改,严格把好对外报道任务的"五关"。第一,政治关,即确保最终编辑完成的稿件无政治性或政策性观点错误;第二,事实关,即稿件内容符合基本事实,无夸张渲染;第三,写作关,即译文应当简明扼要、有理有据、逻辑严密、解释到位;第四,技术关,即译文不应存在错别字等技术性错误;第五,外文关,即译文在符合以上几方面要求的基础上,还应符合外国人的阅读习

戏剧主义修辞观之于互联网对外新闻翻译——以"中国上海"门户网站为个案

惯;经外国专家润色的译文不应存在原则性差错(翟树耀,2001:737-738)。除了这些沿用已久的译后编辑策略,编辑有时还需依据发稿平台的特殊性,对译文在格式乃至个别文字上做出调整,如在网络媒体中,新闻网页的版面限制决定了标题多为单行,因而字数不宜过多,长度往往存在一定的限制(饶梦华,2006)。但是,译者在译文创作阶段通常具有较大的自由度,以译文出彩、符合受众阅读习惯为主要目标,一个精彩的标题未必能够兼顾字数上的局限。即便译者能够严格遵守字数规范,单词数量相同的两个标题在版面上所呈现的长度仍可能存在差距。这些情况都可能需要编辑对原译做些取舍。另外,图像时代的到来使得视觉传播的重要性日渐显著,视觉转向能够"将语言的逻辑巧妙地掩藏于图像华丽的外表之下"(孟建,2005:73),因而一定的视觉辅助手段不仅能够增加新闻的趣味性,有时甚至可用于侧面展示译文中未及说明的事实,足以作为符际翻译的一种手段。有鉴于此,编辑在新闻译文对外发布之前,还可视译文传播媒体的具体条件,搭配静态、动态图片及短视频等视觉要素,提升新闻译文的趣味性、可读性、易解性,这是对把关人作用的进一步发挥。另一方面,译前与译中阶段被反复强调的"受众"在译后阶段应成为隐形的把关人。关于受众在译后阶段的重要地位,应当摆脱曾经"只闻其声,不见其人"的尴尬处境。过去我国在对外传播效果的评估上,往往"只看投入,不看产出","只有主观的定性总结,无法客观、科学地评价国际传播的效果"(唐润华,2016)。但是,传播覆盖率不等于有效到达率,覆盖规模也无法真实反映传播的实际效果(柯惠新等,2009)。就新闻外译而言,无论哪种类型的译文承载媒体,传播实力的提升所带来的覆盖率增加固然有助于提升传播效果,但归根结底仍需要以受众的实际感受作为传播效果的可靠依据。因此,有必要建立起更科学的、能够反映客观现实的对外传播效果评价体系,以指导实践。具体说来,应依据特定传播媒体的特点,明确目标受众范围,定期展开调研,深入研究其信息需求和思维习惯，形成受众反馈机制，了解对外传播的信息是否真正入眼、入耳、入脑、入心，并征询受众对新闻题材、表达方式、传播媒介等传播要素的建议，从而不断调整与改进新闻内容和传播方式，增强译文传播的针对性与有效性，促进新闻外译整体传播效果的提升。长远看来，媒体建立长效的受众研究机制，正是体现了受众对于特定媒体的新闻外译整体质量与报道倾向的总体把关。所以说在译后阶段，外籍专家、编辑和受众实际上均在某种程度上起到"把关"的作用，唯作用方式有所不同。

简而言之，新闻外译虽以"译"为本，却不是一项单靠译者便可完成的工作。以传播效果为导向的完整的新闻外译过程需要编辑、译者和受众等多方合力，因而新闻外译策略不能简单归结为译者的翻译策略，还应包括编辑工作策略及媒体对受众应采取的策略，可以从译前、译中与译后三个阶段展开探讨。在译前阶段，编辑作为首当其冲的把关人，需居于一定的政治高度，同时考虑受众需求，依照既定标准选、编稿件，同时应允许译者依据客观条件，在适当情况下协助编辑参与到稿件选编工作中；在译中阶段，译者主要采取传统的编译策略，即视具体翻译需要对原文内容或增或减，对词、句、篇各种结构进行调整，"编"与"译"可能各司其职，也可能融为一体；在译后阶段，除了由外籍专家和编辑继续完善译文以外，传播媒体应当加强后续的受众研究，了解目标受众的具体需求，使新闻外译工作真正做到有的放矢，为对外传播工作的整体发展提供助力。

4.2.3 小结

基于当前对外传播的总体要求和目标，结合现有的研究成果和媒体环境的变化，笔者对新时代背景下的新闻外译工作原则和工作策略进行了重新梳理：从观念、文本和受众三个层面提出新闻外译工作者的一系列工作原则,探讨译前、译中和译后三个阶段的相应工作策略,为下文结合互联网对外传播的发展探讨网媒新闻外译的目标与特点做好铺垫。

4.3 互联网对外传播的发展与特点

互联网传播融合人际传播与大众传播,是一种有别于传统大众传播媒体的特殊传播类型。它具有快捷性、开放性、丰富性、交互性的特点,其所负载的多媒体和超文本等信息呈现方式使得新闻传播更具生命力(匡文波,2004)。网络媒体的这些传播优势也逐渐在对外传播领域引起重视,并于1995年起开始形成对外传播的网络化发展趋势。2000年,中央确定了中国日报网、中国国际广播电台、新华网、人民网和中国网五家媒体为首批中央重点新闻网站,迎来了对外新闻传播网站迅速发展的时期(侯迎忠,郭光华,2008:234),其后许多传统媒体也纷纷建立新闻网站进行对外传播。到2007年,新华网的受众已遍布世界200多个国家和地区,来自境外的访问量占每天总访问量约20%(王东迎,2010:57),我国网络媒体的对外传播体系正在逐渐成形,并具备一定规模(侯迎忠,郭光华,2008:234)。如今,随着"对外传播"逐渐上升到国家战略层面,同时"传媒业正在向数字化、网络化转型"(蔡名照,2013),顺应潮流,"充分运用新技术新应用,创新媒体传播方式"(同上)、"在传播渠道上以新媒体为重点"(唐润华,2016)成为提升我国对外传播能力的重要途径。中央外宣办原副主任杨正泉指出:"21世纪将是一个全面发展的信息化时代,信息技术和信息传播也必将成为各国激烈竞争的一个制高点,世界各国政府和媒体争相运用最新传播技术加强和改进新闻信息传播手段,扩展思想舆论阵地,尤其是对外传播。"(王东迎,2010:45)可见,积极运用新兴的网络媒体进行对外传播,是我国政府在新媒体技术发展的浪潮中审时度势、为对外传播实力的飞跃做出的重大决策,也完全符合全球互联网的整体发展态势。有学者认为,互联网的崛起和全球网民数量的急速增长已使网络媒体成为向世界介绍中国的新型传播渠道,"中国必须利用新媒体全球传播的技术优势,有效开展对外报道"(何国平,2009b:28)。美联社首席执行官兼总裁汤姆·柯利曾表示,互联网将成为未来全球新闻传播的主要途径,彻底改变当前的新闻提供方式(陆菁,2004)。此外,有数据表明,到2005年为止,互联网已成为美国人的生活"新常态",约有三分之二的成年人都在使用网络,网民人口构成已经十分接近普通人口构成(Dominick,250)。到2016年底,互联网的普及率已达到47.1%,全世界的互联网用户达到35亿,比2015年增加4亿;发达国家互联网用户普及率超过80%(张嵩,2016)。用户规模之大、扩展之迅猛,都使得互联网毫无疑问成为对外传播大展拳脚的舞台,客观上促进了我国对外传播媒体的建设与发展,这也正是当代对外传播总体要求中"媒介创新"的关键部分。从这个角度来看,所谓"中国声音、国际表达"不仅在于对外传播的语言表达,还应包括"以国际受众所习惯的新的媒介渠道来表达"(邓建国,2009),而最终目的便是"传播取效"。因此,网络媒体的对外传播发展这一行为本身便是对当前对外传播总体要求的积极、全面的响应。

显然,由于互联网对外传播是互联网传播的一个分支,前者理当具有后者的一些普遍特性;但普遍性总是寓于特殊性之中,因而互联网对外传播势必会有其特殊的表现,从而对这一特殊媒介上的对外传播活动形成新的要求。故此,笔者拟结合前述的互联网传播基本特征,探讨互联网对外传播的具体优势与特殊要求。

借助数字化传播模式,在网络传播中只需输入信息便可实现即时传播,省去了许多中间环节,因而网络新闻传播快捷,具有极强的时效性(王东迎,2010:36)。有学者甚至进一步提出,网络新闻传播发展了新闻

戏剧主义修辞观之于互联网对外新闻翻译——以"中国上海"门户网站为个案

价值要素的内涵,"时新性"俨然已进化为"实时性",使报道与正在发生的新闻时间同步,在尽可能短的时间内把新闻传递给受众(董天策,2005)。的确,在国内国际重大事件发生时,中央对外传播网络平台的即时反应与"实时"报道有助政府第一时间把握舆论走向,为后续报道确定基调与方向,是提升对外传播有效性的重要依靠,但不宜就此将"实时性"输入新闻价值中,至少在对外传播领域是如此。首先,硬新闻与软新闻存在不同的时新性要求(董天策,2005)。硬新闻即纯消息报道(straight news coverage),具有很强的时间性,一旦过期,新闻便成为历史(张健,2010:57),因此第一时间发布极为重要;软新闻又称"特写文章"(feature article),是"再现"新闻事件、人物和场景的形象化报道形式(张健,2010:55),题材方面讲求"纪实性"与"娱乐性"(刘宓庆,1998:2),对时效性的要求远低于硬新闻。诚然,在大事要事上及时表明我国立场是争夺国际话语权的重要方式,但在当今注重"文化软实力"构建的对外传播趋势中,有必要谨慎考虑哪些内容适应对外传播的需要。传播内容有效是传播取效的重要保证,"长期的实践证明,在对外宣传中,文化内容的传播最为有效"(郭光华,2010),这无疑表明更适宜文化传播的软新闻形式在对外传播中有着不容忽视的重要作用,而互联网环境下的软新闻传播显然并不具有那么高的、足以上升到新闻价值的"实时性"要求。其次,我国对外传播媒体是一个系统化、多层次的整体结构,除了中央级对外传播媒体以外,地方性对外传播媒体也是重要的组成部分。与中央级新闻网站面向广大外国受众的定位不同,地方性对外新闻网站的本土化倾向显著,受众范围无论在理论上还是实际上都要狭窄得多,这在一定程度上削弱了地方网媒"实时"发布信息的必要性。综上可见,网络传播的"实时性"的确对网络对外传播提出了更高的时效性要求,但由于新闻写作方式有异、对外传播媒体层次不同,适应不同情况的"及时性"应是对互联网对外传播在时间上的更恰当要求。

第四章　互联网对外新闻翻译：全景与焦点

　　传统媒体的跨境传播容易受到限制，而网络传播没有地域上的局限，本质上是完全开放的信息空间，因而天然地具有全球性，是对外传播的理想媒介。在西方国家，网络媒体入境要比传统媒体容易得多，许多中国网站在国外都能轻易登录，这也为对外传播铺设了良好的条件（王东迎，2010：33）。但需要注意的是，网络媒体的全球传播并不意味着实际拥有受众的全球分布，各家网络媒体的传播实力与定位不同，拥有的受众数量也不同（同上）。对于对外传播而言，这意味着网络媒体需要找准自身定位，以精准化、针对性对外传播为导向，依据目标外国受众的特点和需求安排内容。

　　与开放性相应，互联网传播的丰富性给对外传播带来了机遇，也形成了挑战。互联网储存与传播的信息可以不受时间与空间的限制，所有在网络上出现过的历史信息都能够通过检索发现（匡文波，2004：25）。这意味着在对外传播中，外国受众有机会接触到各种对外传播媒体所传递的信息，从而对中国的过去与现状可能有更全面、深入的了解，并据此形成更为客观的印象，有利于对外传播活动持续顺利开展，进而提高整体对外传播效果。但另一方面，正是由于互联网空间有大量的传播媒体同时作用，且信息量巨大，受众拥有更多获取信息的渠道和更多可供选择的内容，此时受众对于传播媒体就拥有了极大的主动选择权。在对外传播中，这意味着外国受众唾手可得的海量网络对外传播信息使"把关人"主动设置议程的方式在互联网环境下受到极大挑战：若内容不具吸引力，传播媒体则极易被受众所抛弃。所谓"议程设置"是指大众传媒可以通过反复提供信息和相关议题的方式而隐蔽地凸显某些信息的重要性，继而左右人们对特定事件的重视程度，但这并不可能一蹴而就，人们对于某个问题的看法总是根植于个人经历、整体文化环境或人自身与大众传媒的接触程度，而有关某一问题的公众舆论倾向总是要历经一定时间，借由"世代更替、外部事件和大众传媒而形成"（McCombs，2010：19）。

戏剧主义修辞观之于互联网对外新闻翻译——以"中国上海"门户网站为个案

因此,就议程设置而言,对外传播媒体不能不对目标受众需求进行更深入透彻的研究:与中国受众早已对某些特定主题的新闻习以为常一样,外国受众也早有预设的议程设置倾向,对外传播中有必要将这一倾向与我国的对外传播总体要求与目标相互对照,找准结合点。而在受众有无数选择的互联网传播环境中,照顾目标受众的接受心理与阅读习惯对于对外传播而言尤为重要。

交互性是互联网融合大众传播和人际传播的集中体现,指的是"传播者与受众的双向互动传播,是指人们在信息交流系统中发送、传播和接受各种信息时表现出的实时交互的操作方式"(王东迎,2010:34)。这意味着互联网用户既是信息的接受者,也可以是信息的传播者,受众甚至可能在某些条件下自主发布消息,成为所谓的"公民记者"。相对而言,传统媒体的传播方式是单向的、线性的、以传播者为中心的;受传者对于传播内容的参与和反馈途径都极为受限(同上:35)。由于传播者和受传者的语言差异与能力的限制,"公民记者"目前尚未在对外传播中表现出显著的重要性,但交互性这一特征对于对外传播媒体仍有着重要启示。受众可在接受网站信息时发表自己的观点和见解,而这些观点和见解一方面可以反馈给网络媒体,以帮助其更好地把握受众的反应,了解受众对报道内容和形式的意见与建议,继而适时调整传播策略,提升报道的针对性和贴近性,增强传播效果与媒体影响力;另一方面,这些内容又可能通过网络传递给其他受众,使人际传播的效用在网络上得以最大化(同上)。此时,一家内容具有足够吸引力的对外传播媒体便可能随着受众之间的相互连通而一跃成为对外传播的中坚力量。

此外,多媒体与超文本是互联网传播所依赖的两种重要传播形式。多媒体即集合多种媒体的表现形式(包括文字、声音、图片、动画、视频等)(匡文波,2004:26),等于同时具备报纸、广播和电视三种传统媒体的优势,方便身处不同社会阶层、具有不同阅读兴趣和习惯的读者,这是此类媒体赢得受众的关键之一。超文本则是"用链接的方式将各种文本组织起来连成一体"(董天策,2004:48),以非线性的方式组织信息,这样受众便"能够按照自己的意愿和思路,实现新闻内容的'跳转'及表达方式的转换,更好地体现读者的主体地位,大大增强新闻报道的综合性、信息量、可选择性和自主性"(同上)。可见,超文本有助受众综合了解信息并主动进行选择,传播媒体如能借助超文本提供更多便利,则必然更易得到受众的青睐。

综上所述,互联网传播具有快捷性、丰富性、开放性和交互性,采用多媒体和超文本的传播形式;这些特征在对外传播中又有其独特的表现形式,向对外传播提出了新的要求。快捷性依据实际的传播内容不同应理解为"及时性"而非"实时性";开放性实际上召唤着对外传播的分众化、精细化;丰富性意味着受众有更多的信息选择;交互性使得受众在某种意义上成为对外传播媒体的主人;多媒体与超文本是满足受众阅读需求、扩大受众信息捕获范围的重要工具。不难看出,这些特性无一不以受众为根本出发点。互联网对外传播的新要求归根结底仍是受众研究,提高传播效果离不开对受众需求的深入把握。

4.4 互联网背景下新闻外译的新趋势

"互联网对外新闻翻译"不是凭空产生的,而是倚仗互联网技术手段的一种对外传播活动形式,是全球化时代对外传播体系的重要组成部分,具有较大的发展空间与研究价值。新闻外译既然是我国对外传播的构成之一,则必须遵循对外传播的总体要求与目标,因而探讨互联网新闻外译首先需追本溯源,从对外传播的发展历程中归纳出当前对外传播的总纲。另外,了解互联网对外新闻翻译如何发展,还有必要结合互联

戏剧主义修辞观之于互联网对外新闻翻译——以"中国上海"门户网站为个案

网之于对外传播的影响,探讨互联网对外传播的发展向新闻外译提出的新要求。有鉴于此,本章首先总结了当前对外传播的总体要求与传播使命,明确了互联网新闻外译的根本导向;其后在这一框架下,笔者梳理概括了对外新闻翻译的工作原则与工作策略,以便于同互联网对外传播的整体发展现况相结合,追索互联网对外新闻翻译的特殊要求。

如上文所见,互联网对外传播中的受众握有在传统对外传播媒体中前所未见的巨大主动权,而网络的交互性也使得传播媒体更容易得到受众的反馈与建议。这意味着对外传播媒体要获得更好的传播效果,则有必要给予目标受众更多的重视;同时,互联网媒体与外国受众之间的交流渠道也更加畅通,这些都有助于在互联网环境中从根本观念上进一步强化新闻外译的"外宣三贴近"原则。在新闻外译的受众工作原则方面,除了"真实性"这一灵魂原则外,互联网环境中的"差异性"应为重中之重。不断有学者指出,重视受众研究首先需重视受众的精准定位,这是我国对外传播面临的重大课题,对外传播的受众定位从泛化的"外国受众"走向"分众化""精准化"将是未来5—10年对外传播面临的三大挑战之一(史安斌,2012)。目前国内大部分对外传播网站受众定位趋同,信息严重重叠,一方面造成传播资源的极大浪费,另一方面极易影响受众对中国对外传播媒体的总体印象。受众定位的抽象、笼统导致各对外传播媒体难以形成明确的受众范围,也就难以从根本上执行"外宣三贴近"原则(王东迎,2010:74-76)。但在互联网传播中,交互性使得受众的需求与接受研究更加便利,丰富性则强化了传播媒体展开受众研究的必要性,开放性令受众细化与精准化成为必须,而这三者的结合表明,互联网环境中的对外传播媒体更有必要、也有更大可能针对其特定的外国受众群体展开更为具体的受众研究,以帮助提升自身的传播效果,这正与新闻外译的"差异性"相互呼应。也只有以此为基础,"及时性"与"召唤性"在网络媒体中才能针对具体受众表现出更强的适用性。有鉴于此,开展新闻外译的网络媒体首先应当在庞大的对外传播体系中找准自身定位,继而明确目标受众范围,使议程设置更具针对性和贴近性,以吸引目标受众的注意;同时应当借助互联网的互动便利,就新闻外译活动的形式与内容直接对目标受众展开调查,设置受众反馈单元,积极、快速地接收受众的意见与建议,促进新闻外译接受效果的提升,实现传播媒体自身的持续发展。

由于互联网传播中受众调查的可行性、针对性和有效性有所提高,对外新闻翻译的工作策略在互联网环境中也更具可操作性,同时表现出一定的特殊性。在译前的选稿阶段,对象明确的受众调查能够帮助编辑精准掌握目标受众需求,充分了解目标受众所关心与重视的、兼具中国特色的新闻主题;译者与编辑又可通过网络媒体得到的受众反馈在后续的翻译活动中持续关注并适时调整前期的稿件选择及修改策略。在译中阶段,译者有可能在译文发布后借助网络媒介直接搜集受众的评论或整体反馈,以回顾与梳理自己的编译策略,继而在后续的工作中以受众的阅读习惯为导向加以调整。网媒新闻外译的译后阶段则在某种程度上对调了显形与隐形"把关人"的角色,因为在网络媒体上,只有最终的翻译产品和互动交流的内容是可见的,产品的生产过程却并不为人所知。通过在网络媒体上对新闻外译发出人人可见的评论,原本隐形的受众实际上使自己的意见与建议变得公开化,直接体现了对新闻外译活动的影响乃至一定程度的"操纵";而此时,本是显形的编辑则可能依据受众的这些公开意见逐渐调整审稿标准,适当处理标题长度,充分动用图片、视频等多媒体手段,以及在背景不明、但篇幅又不允许时配发超链接供读者获知相关信息,最终呈现符合大多数目标受众期待的翻译成品,因而成为新闻外译逐渐向受众需求靠拢的幕后推手。

综上所述,互联网环境中的对外新闻翻译应当以中国对外传播的总体要求与目标为纲,遵循对外新闻翻译的普通工作原则,并相应地采取

戏剧主义修辞观之于互联网对外新闻翻译——以"中国上海"门户网站为个案

适行的工作策略,但互联网的传播特性导致网媒新闻外译的工作原则与工作策略都表现出一定的特殊性,从而为传播效果的提升指出了两个较为突出的、亟待应对的努力方向:第一,由于互联网传播中受众的中心地位得到进一步强化,提升译文传播效果则必须将受众研究提升到更重要的位置。第二,受众研究应当逐渐走向精准化;依据不同网络媒体的具体定位划分新闻外译的准确受众范围,方有利于提升受众研究的有效性。这在一定程度上为网媒新闻外译研究的开展提供了新思路,从而可能为网媒新闻外译实践的提升开辟新途径。需要指出的是,尽管本课题的受众研究需要以翻译过程的最终成果——译文为基础展开,基本不存在翻译研究中常见的原文与译文之间的对比,看似与翻译过程研究有所脱节,但综合前文的论述不难发现,受众(即译文读者)在对外新闻翻译中的重要性并不亚于,甚至在一定程度上高于原文作者或读者,因而译文受众研究势在必行。再者,新闻译文作为新闻外译的产物不是独立存在的,它源自原语篇,却服务于终端读者,涉及一个涵盖面巨大的语境。研究受众对于译文及其传播的看法,符合本研究将互联网对外新闻翻译作为整体话语来研究的设定,因为批评话语分析的对象绝不止于语篇,更包括"语篇的来龙去脉"(Blommaert,2005:35),即"制约语篇的社会语境"(同上),这对于具体的对外新闻翻译过程的研究将有重要的参考价值。为此,在进入具体的原文与译文对比之前,有必要首先对受众范围相对明确的译文接受效果做一番讨论,毕竟对外新闻翻译的研究重心不应只是原文与译文的对比,译后的效果是作为应用型翻译的新闻外译无法回避的关键问题。译文受众研究是互联网背景下对外新闻翻译进一步发展的必然要求,也一定程度上指出了对外新闻翻译研究的发展方向。

第五章 互联网对外新闻翻译之戏剧主义初探:"中国上海"门户网站新闻英译宏观效果分析

5.1 个案选取缘由

既然针对受众的细化研究对于网媒新闻外译的传播效果具有重要意义,笔者将依据一定标准选取适当的对外传播媒体为个案,基于研究内容设计与发放问卷,初步展开范围较为明确的目标受众研究。

如前所述,在当前的网站新闻外译研究中,地方政府网站所得到的重视程度远不及中央级网站。依据第六届中国政府网站国际化程度测评结果,尽管各级政府网站外文版整体拥有率稳中有升,各级政府发展水平却很不平衡,县区得分显著偏低(国脉互联政府网站评测研究中心,2012)。这在一定程度上表明,在中国的对外传播格局中,资源分配有自上而下逐渐减少的走向,地方政府英文网站的建设成为易被忽视的一环。诚然,中央级网站往往承担着传递国家大政方针、影响舆论整体走向的重要作用,但在中国的对外传播格局中,地方政府网站的新闻外译同样是重要的组成部分,同样能够发挥不小的功能。从当前中国对外传播的整体效果看来,这样的忽视实属不该。曾有学者指出,虽然中国经

戏剧主义修辞观之于互联网对外新闻翻译——以"中国上海"门户网站为个案

济的迅猛发展和综合国力的提升为从事有效的对外宣传提供了必要的物质资源,国家在对外宣传上也已投入大量人力物力,西方大多数人却很少听到中国独特的声音(刘亚猛,2004)。甚至即便中国努力发出"独特的声音",反响也往往不如预期。在中国国家形象宣传片《人物篇》于2011年1月17 日在纽约时代广场播出后,BBC Global Scan 的调查显示,对中国持好感的美国人增加了7个百分点,而对中国持负面看法的人,则增加了10个百分点(刘立群、张毓强,2011),表明这一苦心经营的大规模对外传播行为并未达到预期效果。究其原因,是受众定位过于宽泛,受众需求难以把握(邹晨雅、刘丹丹,2015)。这在一定程度上提醒我们:当大张旗鼓的、过于显著的政府主导型对外传播活动难以赢得受众青睐时,我们不妨摒弃急功近利的态度,考虑反其道而行,采取自下而上的、更易接近目标受众的方式。地方政府网站的新闻外译恰好可以成为这样一种润物细无声的力量。另外,传统理解上的"内外有别"正逐渐发展为"新内外有别",即:出于在中国投资、学习、工作等方面的需要,身居中国国内某地的外国受众对于信息的需求与他们身处母国的同胞对于中国的信息需求必然是颇不相同的。地方新闻网站常年聚集着大量的本地新闻和资讯,这是其存在于网络世界的重要理由,也是当地网民的关注焦点(徐小刚,2008)。显然,对于已经身处中国的外国受众而言,此时能够更好地满足他们对中国的直接信息需求的不是中央级媒体,而是地方对外传播平台,因此地方对外传播媒体完全应当借助互联网的快捷性与开放性所带来的平等传播契机,从本地外国受众的需求出发,提升新闻外译的传播效果。

另一方面,当前对外传播的总体目标的首要内容是"塑造中国国家形象",城市形象作为国家形象的子系统(何国平,2010),其对外传播与中国国家形象的传播势必难以分割,城市形象的提升将有助于中国在国际上确立更加客观正面的国家形象。与此同时,地方对外传播作为地方

第五章　互联网对外新闻翻译之戏剧主义初探:"中国上海"门户网站新闻英译宏观效果分析

政府推进城市国际化的重要手段,是塑造良好城市形象的有效途径(高雅,2016)。因此综合说来,地方对外传播本身是对外传播系统的重要构成,在客观效果上也起着间接塑造中国国家形象的作用,这进一步明确了地方对外传播媒体的重要性。

在界定地方对外传播媒体的目标受众时,不妨参照前述的"大众传播-意见领袖-一般受众"的两级传播模式。出于提升传播有效性的目的,对外传播的首要目标应当是培育意见领袖,而非面向过于宽泛的"普通国际受众",因为身处国外的受众对中国的了解基本上都要依靠本国的意见领袖(唐润华、文建,2011)。在一项针对广州城市形象的调查中,"在穗或中国其他城市的外国人在中国城市的经历和印象将成为他们母国同胞获知中国城市信息的重要来源和参考,在城市形象对外传播中承担着二级传播的意见领袖角色"(杨凯,2010a)。因此,城市形象的传播效果可以境内国外受众作为直接调查对象,这将有助提高结果的准确性(杨凯,2010b)。无独有偶,有学者提出对外传播的受众有直接受众和间接受众之分,前者直接从我国对外传播各种渠道接收信息,后者则经由直接受众接收我国信息。数量上后者大于前者,而重要性上前者大于后者,因为我国总体信息资源有限,难以直接影响后者,但通过前者影响后者却是有可能的(沈苏儒,2004a:60)。在网络时代,由于互联网覆盖面广、时效性强、传播度高、影响力大,直接受众影响间接受众的可能性更大(刘淑梅、钟水晨:2014)。依据传播学中新闻关联性(proximity)这一概念,人们总是关心同自己有关的事物,越是同切身利害密切相关的事物就越能引起注意,西方新闻学理论更是坚信"新闻的重要性同距离成反比"这一规律(周立方,2005)。由于地方性新闻网站直接面向本地网民需求的特性,客居某地的外国受众自然会成为地方元素浓厚的当地政府网站新闻外译的直接受众。相对于中国对外传播长久以来漫无边际的"外国受众"这一想象受众群体,地方政府网站新闻外译的直接受众更为真实可及,更有利于了解真实的传播效果;而提高直接受众的传播效果有助于间接受众的传播效果提升,最终有助于为中国创造良好的国际舆论环境。

基于以上理由,笔者拟选取地方新闻外译媒体展开相对细化的受众研究,具体的个案为"中国上海"门户网站(下文简称"上海网")的新闻英译。原因有二:首先,以英语为载体的对外新闻传播应是中国国际传播的主要形式,这在3.1.2的"对外新闻翻译之界定"部分已经阐明,此处不再赘述。其二,上海素来是中国国际化程度较高的城市,有学者在分析了后世博时代全球媒体对上海的报道后指出,上海已在全世界范围内被塑造为一座当之无愧的国际大都市,展现出对资本、信息和人才的强大吸附力(吴瑛等,2016)。这无疑表明上海通过各种方式提升其国际传播效果的必要性乃至紧迫性,这些方式中自然应当包括政府门户网站。而客居上海的外国受众国籍构成丰富、文化背景各不相同,一定程度上也有助于丰富调查数据,提高受众调查结果的互证性与客观性。

5.2 个案实证调查操作

在网络媒体的对外传播中,传播效果的好坏完全取决于受众的认可程度,可惜目前我国网络媒体对外传播仍然缺乏对受众充分、细致的研究,网络媒体对目标读者的界定还比较模糊,导致外国读者对我国对外传播内容的接受大打折扣(王东迎,2010:91)。也正因受众定位过于笼统,对外传播网站对于受众调查的积极性大为下降,直接影响了传播效果的提高(同上:92)。学者的这些观点既支持了受众调查对提升传播效果的重要性,也表明开展受众调查就有必要细化受众群体。那么,既然传播效果是传播活动成功与否的关键,本研究的个案受众对象又得到了一定程度的细化,对译文受众直接展开传播效果实证调查应能为网媒新闻外译活动提供一定的借鉴。王帆(2015:23)指出,研究媒介使用与效果的时候,首先应当回答的是关乎媒介使用现状与评价的问题。在本研究中,这主要指向两方面的问题:(1)目标受众是否及如何使用网媒新闻译文?(2)目标受众如何评价网媒新闻外译?围绕这两个基本问题,本部分将对研究个案实证调查的核心内容及主要形式做些说明。

5.2.1 调查核心内容

首先应当明确的是,对"中国上海"门户网站新闻英译的效果研究即是探索目标受众对译文的接受度。这实际上包含两个层次:一是受众对网站这一译文承载平台的接受度,二是受众对网站所承载的译文本身的接受度;两者相互交融,不可分割,本研究实证调查的问题设置据此分为两大部分。第一部分的问题设置以传播学经典的"使用与满足"理论为基础。该理论的提出最早可以回溯到20世纪40年代对受众主动选择的调查,其后于70年代得以确立,标志着媒体研究开始从传播者转向受传者(胡翼青,2003)。有学者指出,"使用与满足"理论在传播理论研究史上之所以引人注目,是因为它不再研究媒介如何应付人们,转而研究人们如何处置媒介,这就把研究视角从传播者身上转移到了受众身上。正是"使用与满足"理论的出现宣告了受众研究领域里的受者本位代替了传者本位(陈燕华,2006)。具体说来,"使用与满足"理论关注受众使用媒介的动机和意愿,将焦点从媒介对受众的影响转移到受众如何使用媒介信息来满足自身的需要上,其效果研究也从"媒介对人们做了什么"转变为"人们用媒介做了什么"。施拉姆(W. Schramm)是这样总结这种研究取向的:很明显,大众媒介的效果部分是由传播对象怎样使用它们来决定的(程曼丽、王维佳,2011:119)。从学者的洞见中,我们似可这样总结"使用-满足"理论的基本观点:(1)受众是传播过程的积极参与者。出

戏剧主义修辞观之于互联网对外新闻翻译——以"中国上海"门户网站为个案

于消遣、获取信息等目的,受众会有目标地、积极地接触媒介,并根据自身需要和目标搜寻、选择信息,在各种不同的传播内容中获取所需内容,得到不同的体验。(2)受众对媒介的使用有赖于社会环境及个人的个性特点、文化水准和性格,而媒介产生效果有赖于一系列社会性和心理性的中介。综合而言,这一理论的关注点就在于受众如何使用与理解媒介(同上)。至今为止,这一理论在媒体的受众研究中仍十分活跃。随着互联网显著的交互特征带来受众地位的进一步提升,该理论近年来也频频见于网络媒体研究中。胡翼青(2003)基于"使用与满足"理论分析受众使用网络的四种目的;赵志立(2003)以网络传播为背景,分析"使用与满足"研究面临的新问题,借以确立网络传播中的新受众观;林雅萍(2009)将"使用与满足"理论用于考察互联网环境中的社会阅读文献接受情况,从读者角度审视当代图书馆的文化价值。这些研究从不同视角显示了"使用与满足"理论在互联网传播研究中的适用性。

综上所述,"使用与满足"理论有助于探究受众使用媒体的动机和需求;当把这些内容与受众所处的社会环境及其个人倾向相联系时,该理论又有助于发现受众如何通过使用媒介满足自身的需求,及媒介是否达成传播效果,这与本研究从修辞学角度所主张的受众视角不谋而合。同时,"使用与满足"理论对互联网传播行为的意义也有先在研究的支撑,这些都为下文采用戏剧主义修辞批评比对网媒新闻外译的动机与实际受众需求奠定了基础,促成本研究初步揭示网媒新闻外译这一传播行为能否达成预期传播效果。因此,本研究实证调查的第一层次将主要基于前文所述的"使用与满足"理论的基本内容,围绕媒介使用现状与评价展开。另外,由于本研究的受访者大体确定为"客居上海的外国受众",受众调查的具体内容参考了王帆(2015:53-56)针对中国对外传播的客居受众进行的效果研究。该研究的题目设计融合了"使用与满足"经典实证研究与中国国情特色,从以下几方面搜集受访者数据,分别是:受访者对客居地的态度、受访者个人背景资料(包括人口统计学资料)、受访者媒介使用情况、受访者媒介使用动机、受访者媒介使用评价、受访者媒介使用潜在需求。受众调查第二层次的问题则询问受众对新闻译文从标题到正文的基本观点,用以初步了解受众对该网站新闻译文质量及议程设置的看法。

5.2.2 调查形式设计

对外传播活动的受众群体往往较为庞大,对受众逐个展开深入研究存在实际困难,正因如此,问卷调查成为对外传播受众实证调查的常见方法。窦卫霖、祝平(2009)采用问卷调查为主、间或辅以访谈的方式,调查了英语读者对官方口号翻译的认可程度;杨凯(2010a)向在穗外国人发放问卷,了解他们对广州的城市印象及媒介使用习惯。有鉴于此,本研究的实证调查也将以问卷调查的形式展开,但所设置的问题以开放式问题为主,辅以少量半封闭式问题,受访者的主观回答将成为主要分析对象。另一方面,2.1.3部分曾经提及,使用或改编现有调查中的问题而形成自己的调查问卷是较为常见的问卷设计路径,但问卷调查法在以具体文本为基础的翻译研究中往往缺乏相互借鉴的基础,且目前仍未有任何网媒新闻外译的整体性或个案型受众实证研究可供参考,因此本研究的实证调查实际上仍处于开疆辟土的阶段,仅能从涉及网媒或涉及译文读者的相关调查研究中得到一定借鉴。目前并无直接适用的问卷可经修改、整合后应用于本研究,所以问卷由笔者依据前述核心内容自行设计。需要特别说明的是,开放式问题占多数的问卷,在学者们眼中并非专业问卷的上选。德尔涅依(Zoltan Dornyei,2003:47)指出问卷调查并不适用于纯质化的探索性研究;而开放式问题不提供回答选项,仅由受访者填空,其回答往往过度开放,因而这类问题使用得较少。但是,就目前国内的研究看来,开放式问题在开启新领域的实证调查研究方面有较为广

戏剧主义修辞观之于互联网对外新闻翻译——以"中国上海"门户网站为个案

泛的应用,不少学者都通过开放式问卷搜集到较为全面具体的信息,了解研究对象的整体情况与特征,作为编制精确量表之前的预备研究(龙立荣等,2002;边玉芳,2003;魏淑华,2008),这符合多数学者对于开放式问题的共识。开放式问题利用开放式的询问模式获取大量信息(Saris & Gallhofer, 2014:101),往往是着手进行某个领域的研究或计划探查某个领域的多个方面时所必不可少的工具(Bradburn et al., 2004:154),笔者也正是基于开放式问题从理论到实践的可行性而在本研究中主要采用这一问卷形式的。笔者以为,本研究的实证调查分析旨在填补网媒新闻外译领域缺乏受众调查研究这一空白,初步了解目标受众在特定网媒的使用、接受及需求等方面所表现出的倾向,以期唤起译者及相关网媒对受众接受度问题的重视,调整相应的策略与措施,从而一定程度上帮助提升传播效果;同时,开放式问题也为进一步的、适宜更大面积推广的专业化问卷编制提供可能框架,助推本领域受众实证研究的深入发展。基于此,本研究的实证探索不宜在初生阶段就以过多的选项扼杀受访者回答的诸多可能性,或对尚不十分明朗的潜在研究内容设置过多限制,这将不利于研究者对研究对象整体情况及局部特征的认识。综上笔者认为,应用开放式问题有助于尽可能多地了解该领域的相关要素,是启动该领域的受众实证调查、以利其进一步发展的适当选择。当然,为了使受访者的回答尽可能不偏离研究所需范畴,部分开放式问题也对受访者予以适当的引导,因为"开放式问题若以并非纯开放的、而是有所指向的方式提出,往往能够取得较好的效果"(Dornyei, 2003:48)。

在具体的问卷展示与调查实施方面,本研究问卷也参照了一定的标准。有学者指出,应用语言学领域的研究通常目标都比较清楚,范围也相对有限,问卷长度尽可能控制在4页以内,每页问题不要超过10项,完成问卷的时间尽可能控制在30分钟左右(杨延宁,2014:138)。本研究问卷共设置24道问题,篇幅上基本达到上述标准;而在完成时间上,依据笔者对3名本校留学生进行的问卷试测结果,完成时间平均在30分钟左右,也大致符合上述要求。笔者因此将预估完成时间设定为30分钟,标注在问卷的开头,希望予调查对象以充分的心理准备。另外,调查对象的选择是实施调查的关键步骤,主要涉及两个问题:选择什么样的人和选择多少人。参与调查的样本群体应该具有代表性,较为准确地反映研究对象的特征(同上:148)。基于前文的分析,本研究受众调查的对象确定为客居上海的、使用英语的外国受众,涵盖多个年龄层及多种职业。又依据问卷调查的样本数量最好大于30的原则(Hatch & Lazaraton,1991),笔者随机选择符合目标受众标准的对象,通过以下三种渠道发放问卷:(1)在"问卷星"平台编辑问卷后,向受访者发送问卷链接;(2)打印纸质版问卷实地发放给受访者;(3)以邮件附件形式直接向受访者发送电子版问卷。最终实际发放33份问卷,收回有效问卷31份。有2份问卷分别由1名日籍留学生与1名韩籍留学生填写,但据两人的具体回答看来,其英语熟练程度不符合"较为熟练"的定位,且问题的回答过于简单,有较强的随意性,故判定为无效问卷。遵照国外填写问卷调查的付费惯例,同时也为了尽可能确保回收问卷的信度,本次调查向30名调查对象支付了一定费用。除3名与研究者关系较为亲近的、符合受试者选取标准的外国友人以外,其余调查对象的来源包括:通过个人社会关系间接接洽的客居受众;通过在线外国人社区 italki、shanghaiexpat 和 smartshanghai 发送求助信息而招募的客居受众;直接前往国际居民社区随机寻找的客居受众。研究者力求通过多样化的对象选取方式覆盖更广泛的研究对象代表,提升问卷的效度。

5.2.3 调查结果呈现

笔者将从三个方面展示回收问卷所体现的结果:(1)受访者基本情况;(2)受访者对上海网新闻英译的使用现状与评价;(3)受访者对上海

网新闻英译的潜在需求。首先,依据问卷1—9题的回答,受访者基本情况如表1至表6所示(注:表格所列数字单位为"人")。

表1 受访者国籍构成情况

以英语为官方语言的国家						其他国家
印 度	澳大利亚	加拿大	美 国	英 国	新加坡	
5	5	4	5	6	1	5

表2 受访者英语熟练程度

本族语	较为熟练	具基本读写能力
20	6	5

表3 受访者城区分布情况

虹口区	长宁区	浦东新区	静安区	闸北区	徐汇区	嘉定区
7	6	6	4	1	5	1

表4 受访者年龄分布情况

20岁以下	20—30岁	30—40岁	40—50岁	50岁以上
2	15	8	4	2

表5 受访者性别分布情况

女 性	男 性
13	18

表6 受访者居留上海的时间

1年以下	1—3年	3—5年	5年以上
12	7	6	6

除此以外,受访者的职业分布较为广泛,包括在校学生、外籍教师、独立出版商和足球教练等。受访者每日平均上网时间超过4小时,有具

第五章 互联网对外新闻翻译之戏剧主义初探:"中国上海"门户网站新闻英译宏观效果分析

体数字表述的最高达到10小时;另有3位受访者表示"一有空就会上"。受访者对上海的评价则以"漂亮""生活便利""非常现代化""科技发展迅速""人们乐于助人"等正面评价为主,有2位受访者表示"印象平平""不好不坏",一位受访者觉得"无趣"。依据受访者的基本情况,我们大致可以判断,在使用与接受上海网新闻英译文方面,本次调查中的受访者在主观意愿和客观条件方面都具有较好的基础。然而,受访者对上海网新闻英译的实际使用情况却远不如预期。问卷10—13题得到的回答显示,无论居留的时间长短,绝大多数受访者在来到上海之后仍保留着过往的网络媒体使用习惯,倾向于谷歌等国际化搜索引擎或其在本国经常浏览的新闻网站。对于上海网英语新闻,仅有4人表示"有所耳闻",均未对其形成阅读习惯。尽管受访者数量有限,无法涵盖本研究中的所有直接受众,但这一压倒性的结果仍在一定程度上表明,外国受众对上海网新闻英译的使用情况并不理想,更不必谈接受了。曾有学者指出,西方受众对政府创办的媒体有一种"天然"的不信任感,而我国英语媒体基本上都是政府所有(郭可,2003:61),这似乎从源头上断绝了西方受众接受上海网新闻的可能。事实上,确有一位受访者对上海网作为新闻提供方的公信力提出了质疑,表示不考虑将其作为消息来源;但与之相对的是,多达26名受访者都表示,尽管并不了解上海网英语新闻或并未形成阅读习惯,他们仍很期待从该网站获取新闻资讯,"希望了解上海正在发生哪些新鲜事"。第15题的回答显示,有25名受访者认为网站刊载的消息可信,甚至有人直接表示相信该网站具有"权威性"(authority)。这表明西方受众对中国媒体的认识在加深,其需求也在随之变化。而在感兴趣的消息题材方面,没有受访者选择"政治"选项,有24名受访者选择了"文化"或"其他"项,具体表述包括"体育""日常生活"等,这初步为上海网对外新闻的议程选择指出了方向。

从问卷16—21题的回答看来,对于上海网的英文页面设置,有5名

戏剧主义修辞观之于互联网对外新闻翻译——以"中国上海"门户网站为个案

受访者选择了"非常好",其中1名特别指出"红色正是中国的代表色",另1名受访者认为"编排合理,信息量大"。有3名受访者认为页面过于杂乱,单页信息过多,应当将主页信息分流一部分到子页面上;大多数受访者则认为总体上可以接受,但仍有改进空间。他们对整个网页的页面设置和"新闻(News)"一栏的样式提出了多种建议,比如:要使新闻栏更易吸引受众关注,仍需做一定调整,如"新闻标题后可伴随日期","新闻栏目应与滚动照片结合","页面上链接繁多,容易模糊焦点"等。在对新闻属性重要性的判断方面,"authenticity"(真实性)和"relevancy to your life or interest"(与自身生活或兴趣的相关度)交替占据第一名和第二名的位置,而"immediacy"(即时性)则排在第3位及第3位之后,这表明相对于时间性强的"硬新闻"报道,软新闻可能更符合目标受众对地方政府网站的信息需求。所谓"软新闻"是与"硬新闻"相对而言的,是指"带娱乐成分的时事新闻,或是以新闻方式广播的娱乐节目,及人情味浓厚、写法轻松活泼的社会生活新闻,主要涉及的是人们生活中普遍关心的事情,强调新闻的故事性、情节性、趣味性和贴近性"(吴自选、许建忠,2011)。不难看出,软新闻较易同时符合"权威性"与"相关度"的需求,应是目标受众更加喜闻乐见的新闻形式。当然,这并不意味着受试者对于新闻的时间性毫无要求。当被问到上海网要如何提升其在国际受众中的影响力时,有一位受访者就以颇为严厉的口吻批评道:"中国有不少政府组织网站似乎都无人维护。但对于网站新闻而言,及时、定期的更新是最为重要的。谁会想看一年前的消息呢?"据此,上海网所登载的面向在沪外国受众的新闻译文可以软新闻为主,辅以一定的关系重大事件的硬新闻,但需切记,软新闻不应过"软",需一定程度地兼顾时效性。还有受访者称自己在填写问卷之前完全不知道上海网的存在,认为其最应当向国外网媒学习的是适当的营销手段,这是提升其影响力的根本途径。这对上海网对外传播的改进也有一定启示。

第五章 互联网对外新闻翻译之戏剧主义初探:"中国上海"门户网站新闻英译宏观效果分析

第二部分第一题要求受访者从 10 个题材不同的新闻标题中选出最感兴趣的 2 个及最不感兴趣的 2 个,并简述理由。从回答来看,受访者对新闻题材的兴趣首先与自己的职业强烈相关:教授跨文化课程的外籍教师对交响乐感兴趣;足球教练关心天气情况;长期在沪的外籍学生对雾霾表示关切,也关注毕业生薪资等问题,这再次印证了上文提及的新闻具备相关度的重要性。尽管看似选择各异,基于受试者提供的具体标题选项及相应解释,我们仍能透过这些表面相异的选项找出目标受众的某些共同特征。第一,笔者刻意在这一题的 10 个新闻标题中设置了 3 个带有显著负面倾向的标题,其中最为骇人的当属"Teacher sentenced after student dies"(学生殒命,教师获刑)。意外的是,仅有 1 名受试者将该标题列入"最感兴趣"项下,理由是"This sounds crazy!"(太难以置信了!)绝大多数受试者对这一标题似乎并不敏感,既非"最感兴趣"也非"最不感兴趣"。另外两个包含负面内容的标题或者同样不获入选,或者进入"最不感兴趣"的行列。受试者作出此类选择,是颇值得玩味的。不少学者都曾指出,资本主义制度下的新闻事业作为企业,需要扩大盈利以保障新闻质量,因而为了吸引更多的受众以增加广告收入、牟取利益,国外新闻企业往往突出有强刺激性乃至煽动性的新闻(张健,2010:183-184);出于明显的商业性质,炒作中国等新兴国家的负面新闻成为不少西方媒体满足读者的猎奇心理、扩大销量的法宝(周峰,2012)。照此看来,在中国的地方政府网站上刊载的负面报道似乎是颇能吸引国外受众的新闻类型,但本研究的受试者却体现出一种与此相反的阅读倾向。我们有理由认为,随着国外受众对中国国情的了解日渐深入,至少在对上海抱持一定好感的受众当中,"负面"似乎并非吸引读者的关键要素,这一点也符合近年来外媒涉华报道的取向,即:不再执著于挖掘"负面新闻",而是更为中立和客观(李建敏,2016)。这一趋势为上海网输出更多有关中国的正面消息、为中国营造良好的国际舆论环境创造了重要条件。第二,传

戏剧主义修辞观之于互联网对外新闻翻译——以"中国上海"门户网站为个案

统新闻学认为,报刊标题的功能在于推销内文(advertising the story)、介绍梗概(summarizing the story)和美化版面(beautifying the newspaper page)(Mott,1958:238)。普遍而言,新闻标题应当起到四种作用:提炼新闻内容,评价新闻事实,吸引读者注意,美化版面形式(张健,2016)。事实上,从受试者的回答看来,他们感兴趣的标题除了与个人背景相关以外,能否提供充分的事实是最重要的因素。在"最不感兴趣"的标题项下,多达18名受试者对他们选择的不同标题不约而同地使用了同一种表达:"seems(too) vague"(过于含糊),还有些受试者认为部分标题"isn't clear"(不够清晰)。这意味着就上海网的英语新闻而言,新闻标题在"提炼新闻内容"和"评价新闻事实"方面的功能已经成为"吸引读者注意"的重要决定因素,无法清晰提示新闻主旨的标题难以引起读者进一步阅读的欲望。这同样符合前文所述的受众对新闻价值重要性的看法,也提示网站和译者应当进一步思考如何在标题的功能、网站的版式要求与吸引受众的需要三者之间达成平衡。

第二部分第二题要求受试者综合考虑题材、写作风格等要素,从A、B、C、D 4篇"软新闻"中选出最感兴趣的2篇并简述理由。这4篇新闻内容涉及国粹京剧、电影艺术、通讯科技及建筑改造,从几个维度较好地体现了处于传统和现代之间的上海。从回答来看,受试者最感兴趣的新闻集中在B和D。值得注意的是,B的内容为微信诈骗案受害者被法院判决由加害公司赔偿,判决结果存在明显争议。由于我国的民主人权、司法体制等问题一直颇受外界关注,其中不乏误解和偏见(蔡名照,2013),从传统传播观念看来,B本身具有足以吸引外国受众的某些负面新闻要素。但从受试者的反应看来,他们选择这一消息的理由却显得颇为正面:或是坦承自己因常常使用微信而被该消息吸引,或是重视这一新闻所反映的新技术安全性的问题,并未有受试者因对新闻中的判决是否公正存有质疑而选择了这一新闻,这在一定程度上表明,西方社会对中国的某些固有偏见正在消减,信任感有所增强。而选择 D 的理由则更为单纯:京剧这样的中国传统文化"迷人而繁复"(intriguing yet intricate),配有照片的新闻"读者更易接受"(reader-friendly)。这一道题的结果再次印证了上海网的正面消息传播具备成熟的条件,也进一步表明图片信息在吸引网站新闻读者方面功不可没。但需要注意的是,率先吸引受众的是形式,真正能留住受众的却是内容。文化要素显著的题材、充满中国风情的配图固然容易招徕读者的目光,但扎实的报道内容才是赢得他们的关键。有受试者指出,A 报道的标题表明上海在国际上的文化影响力逐渐提升,但正文却仅用一些数字侧面体现上海国际电影节在国际报道中的出现频率,对上海的其他国际文化活动仅是顺带一提,且所提供的数据有效性也有待推敲。这样的报道未能传递任何有效信息,"看起来不过是自吹自擂(bragging)"。受试者的观点固然是见仁见智,但也清晰地表明网络媒体的对外新闻应做到形式先行而内容居上。

5.3 问卷调查结果分析

基于前述的实证研究过程与结果,笔者将对中国上海门户网站的新闻英译在宏观层面上展开五位一体分析,初步展示这一修辞批评方法对本研究的意义。需要说明的是,修辞批评的研究对象包括象征行为(acts)与作品(artifacts),但行为的执行通常转瞬即逝,难以分析,因此多数修辞批评者选择行为的作品——即行为所留下的可及证据——作为研究对象。"当某个修辞行为被转录和印刷,发布到网站上,用视频记录下来,或保存在画布上,就会成为修辞作品,其所接触到的受众将远不止目睹该修辞行为的受众"(Foss,2009:6-7)。本研究的研究对象正符合修辞作品的特征,包括本章的主题"上海网新闻英译"。因此,尽管修辞行为与修辞作品都是修辞批评的对象,但依从学界的通行做法,本研究将主要以"作品"指称研究对象;基于修辞行为的言语本原,有时也采用"修辞话语"这一表述指代修辞作品,但内容应包含言语与非言语的修辞行为。

5.3.1 问卷调查结果的五位一体分析:理据

前文可见,伯克对修辞的理解不曾脱离"利用语言这一象征手段说服他人、达成同一"的传统观念,但他同时指出,不仅口头话语与书面话语属于修辞,非语言要素或非象征性条件"本身也具有某种起到说服功能的象征意义"(Burke,1969b:161)。非语言要素本身虽然不是修辞,但修辞会通过其意图(meaning)得以实现,而"非语言条件或事物的说服功能内化于它们对于目标受众所具有的意图"(同上),因此伯克将修辞的范围扩大到这样一种程度:"哪里有劝说,哪里就有修辞;而哪里有意图,哪里就有劝说。"(同上:172)比如,他认为艺术也是"一种交流手段,用来引起某种'反响'"(Foss et al.,1985:161),因而艺术也可以是一种象征性行为;由艺术家来设计其艺术表现所要达成的目标,此时艺术家就成为了修辞者。与此类似,建筑师也可以是修辞者:他们将自己的设计理念即修辞动机融入一座建筑的设计中,使得最终落成的建筑传递其意图,达成其修辞目的。又如,医生办公室里的医疗设备不仅仅具有诊断功能,同时也发挥着医学修辞的作用。无论哪种器械都代表某种意象而对病人发挥着影响:当医生在各种医学镜、仪表和测量仪器的帮助下轻轻敲打,仔细探查,用心倾听病患时,病人较易在这样一种特定场景的行为中获得参与感,即便他尚未得到任何实质性的治疗。假如没有这一场声势浩大的检查,即便医生的确给予他治疗,他也可能觉得遭到了欺骗(Burke,1969b:171)。于是,在修辞扩展到医学领域时,医疗器械本身是

第五章 互联网对外新闻翻译之戏剧主义初探:"中国上海"门户网站新闻英译宏观效果分析

修辞行为者,而医生则是修辞行为实现的推动者,有时甚至是策划者,即医生可能是有意、也可能是无意地通过器械的使用而对病患达到某种修辞效果,但这种修辞效果主要是由器械本身达成的,而医生则是修辞者。再如,教堂的尖塔一直以来代表的是对天堂的向往,试想一下,教士们一边赞颂着超自然的力量,一边又允许在教会地块上建造起比教堂高出许多的商业建筑,那么,无论教士们口中如何表达,这种兼具行为主义与意象内涵的做法实质上传达着他们这样的思想:人站在教堂的尖塔前并不自觉渺小,而在这堆沉甸甸的钢铁与石块面前却仿佛置身深沟之下。然而,若教堂的尖塔代表着神的威严,则教堂必要高于其周围的建筑,如今教士们反其道而行,不能不说充满了深厚的"后基督教"意义,即:宗教可能在现实中遭遇覆灭(同上:186),这表明教会对世俗有一定程度的妥协。此时,教堂与周围建筑之间的并置也是一种修辞,所传达的深意可能与教士们口称恩典的表现完全背道而驰;在这种情况下,教士是修辞行为背后的设计者,是真正的修辞者,不言不语的教堂和世俗建筑作为行为者传递着他们的修辞意图。这些情况都体现了非言语事物可通过其被修辞者所赋予的"意图"而带有言辞的性质,从而使修辞从语言扩展到客观事物上。不过,从伯克的举例中也不难发现,在非言语要素构建的修辞行为中,以客观事物或状态的"意图"为象征手段的修辞者与使用语言的修辞者不同,他们并不以说话人或撰稿人的形式出现,而是这些事物或状态的策划者、设计者、组织者。

基于伯克对修辞概念的极大拓展,五位一体的应用范畴也随之扩大。既然客观事物一旦带有"意图"便具有修辞意义,则在本研究中,互联网对外新闻翻译作为我国对外传播事业的重要一环,必然带有政府对外传播的修辞目的,因而互联网对外新闻翻译可以依据具体的个案对象,视为以个案所在级别政府的对外传播部门为修辞者的修辞活动,作为一种特殊的宏观形式"作品"纳入五位一体的分析框架中。

5.3.2 问卷调查结果的五位一体分析:过程

采用五位一体展开修辞批评时,需要经过三个操作步骤:(1)明确五个术语在特定修辞作品中分别指什么内容,即对术语做出标记;(2)利用这些术语组成的关系对子来确定占主导地位的要素;(3)依据主导要素判定动机。在标记五要素时必须站在修辞者的视角上,依据修辞者对这些要素的判定使这些要素在修辞作品中找到应有的位置。行为指的是修辞者所认为的发生过的或做过的事情;行为者则是负责做出行为的、在修辞作品所描述的情况中居于首要地位的集体或个人;手段指的是修辞者所认定的、行为者做出行为的方式或用于完成行为的工具;场景是修辞者声称的行为所发生的地点或场所,即修辞者在描述情况时所设置的舞台;目的则是修辞者所认为的行为者通过行为希望达成的目标。通过识别这五大要素,可以大致了解修辞者对于修辞作品所涉事件的整体看法(Foss,2009:369)。但是,以政府为修辞者的网媒新闻外译并不像口头或书面的修辞话语那样,能够从修辞者的直接表述中比较轻易地辨认出五大要素。依照中国现有的新闻制度,主导媒体行为的政府有关部门是以组织者的身份充当网媒新闻外译的修辞者,两者事实上是相对疏离的状态,正如艺术家未必会对其所创作的艺术作品进行过多的解释。有鉴于此,研究者有必要就事论事,依据网媒新闻外译目前的实际操作方式,合理地确定五位一体的各个要素。不过,正如著名修辞学者索妮娅·福斯(Sonja K. Foss,2009:372)所提醒的那样,利用五位一体展开修辞批评时需要注意,修辞者可能在同一篇章或演讲的不同部分采用不同的五位一体结构,即五要素在不同的段落里或叙事主题下可能有不同的表现,因此五要素虽是以修辞者本人的话语为根据的,穷尽同一文本中的所有五位一体结构也并非易事,多数修辞批评家往往会选取自己最感兴趣的、或是修辞者着力构建的五位一体结构;但是,若能针对同一研究对象的数个五位一体结构展开分析,可能发现它们彼此之间的关联或矛盾,这是单独的五位一体结构所无法呈现的。据此,为提升论证的全面性和客观性,笔者将分别从"翻译"与"传播"两个角度,基于前述调查所涉及的网媒新闻外译的各方面要素及其运作方式,寻找网媒新闻外译的修辞五要素以展开五位一体分析,并对两个角度的分析结果进行比较、综合,进而得出最终结论。

在确定了五位一体的各要素之后,下一步需要找出五位一体中占主导地位的要素,或者说是修辞者重点体现的首要要素。五位一体的核心要素是事件发生的轴心,发现这一要素有助于了解修辞者最重视的事件层面,从而确定修辞话语的构筑动机。如前所述,发现五位一体的主导要素需要各要素两两组成关系对子,这样的配对可用于发现每组的两个要素之间是否构成因果关系,即前一个要素是否影响后一个要素,或决定了该要素的表现形式。这一分析过程的操作方式是:在这些要素所能组成的共20个关系对子后面,各标上"是""否"或"不明",用来表示前一个要素是否决定了后一个要素的性质,或是对该要素的实现形成强烈影响,得到"是"这一答案最多的关系对子中的前一个要素就是主导要素(Foss,2009:373-376)。比如,在分析各个关系对子后,可能得到如表7所示结果。

表7 五位一体关系对子分析例表

场景-行为:否	场景-行为者:否	场景-手段:否	场景-目的:是
行为-场景:否	行为-行为者:否	行为-手段:否	行为-目的:否
行为者-场景:是	行为者-行为:是	行为者-手段:是	行为者-目的:否
手段-场景:否	手段-行为:不明	手段-行为者:否	手段-目的:不明
目的-场景:是	目的-行为:否	目的-行为者:否	目的-手段:否

依据这一配对结果可见,"行为者"是主导要素,因其对所在对子中

戏剧主义修辞观之于互联网对外新闻翻译——以"中国上海"门户网站为个案

后一个要素产生影响的频率要比其他任何一个要素都更高,于是"行为者"就成为判断修辞作品动机的核心词汇。需要说明的是,通常利用关系配比确定主导要素的过程不会以书面形式完整体现在五位一体分析文章中,这属于撰写论文的事前准备工作。论文中通常仅指出五要素及主导要素,并简要提供主导要素成立的理据,即 20 个关系对子分别构成何种关系(Foss,2009:376)。邓志勇(2012)在利用戏剧主义修辞批评法分析外媒关于拉萨暴力事件的报道时,就遵循这一基本写作模式。不过,鉴于戏剧主义是本研究的核心分析方法,为使其作用机理更为清晰,笔者将在宏观层面应用此方法时对每组关系对子成立或不成立的原因作出简要说明,以使其微观层面的主导要素发现过程在不作具体说明的情况下,不致令人费解或显得合理性不足。

在主导要素确定后,下一步便是以此为基础指明修辞者的动机。比如,在"行为者"为主导要素的情况下,修辞动机的总结应当基于行为者本身的地位、属性、能力等要素对事件发展走向的影响,如前文肯尼迪讲话中的"麻省民众"这一要素;假如"场景"成为主导要素,则分析应当着眼于修辞者所刻意凸显的环境或条件,其后从该场景的性质中浓缩出对修辞作品动机的描述(Foss,2009:376),如前文肯尼迪讲话中车祸发生的客观环境描述。需要再次强调的是,尽管伯克倾向于用"更加宏观、更为抽象"(同上)的表述来描绘动机,甚至提出了在表述动机时,应当提及各要素所对应的哲学体系,即:突出行为是现实主义,突出场景是唯物主义,突出行为者是唯心主义,突出手段是实用主义,突出目的是神秘主义。然而,如此一概而论实在失之片面,且刻意地将特定情境下的修辞"目的"抽象为"动机"将极易脱离现实的修辞话语,反而可能使动机表述显得不伦不类,甚至令人摸不着头脑。这既与他本人"动机即为目的"的实际主张存在矛盾,同时也很可能因缺乏合理性而并不为修辞批评家们所接受。前文中两位修辞学者对肯尼迪讲话与西藏骚乱报道的批评分

第五章 互联网对外新闻翻译之戏剧主义初探:"中国上海"门户网站新闻英译宏观效果分析

析都表明了这一事实。因此,基于"五位一体"实际操作中所表现出的"动机"与"目的"的高度重合,笔者以为应当首先明确一点:本研究中的五位一体分析所得出的修辞动机实为特定修辞情境中的修辞目的。

"互联网对外新闻翻译"虽冠以"翻译"之名,实则涵盖翻译与传播两个层面,综合研究这两个层面的五位一体结构有助于对"互联网对外新闻翻译"这一宏观修辞作品获得更全面的认识。依据本研究 3.2.1.3 对五要素的详细解析,综合 4.2 部分所体现的对外新闻翻译工作现状与 4.3 部分的互联网传播特点,本研究个案在上述两个层面的五要素内容如表 8 所示。

表 8 上海网新闻英译的戏剧主义五要素内容

要素 \ 层面	翻译	传播
行为者	译者、编辑	英文版上海网
行为	新闻英译	新闻英译文传播
场景	上海网、原文与译文	上海网网站、目标受众
手段	编译	翻译、互联网技术
目的	使译文为目标读者所理解与接受	使译文达到预期的传播效果

表中的内容有三点需要解释。第一,在戏剧主义修辞观视角下,此处的"场景"即指两个层面的修辞行为所发生的修辞情境,但为便于分析,笔者依据"从分裂走向凝聚"的总括性情境观与受众、缺失、修辞局限这三个情境要素,综合确定了"场景"的具体内容。第二,将网站纳入翻译的"场景"中,将翻译作为传播"手段"的一种,是因为"翻译"与"传播"的分野只是相对的,两者在"互联网对外新闻翻译"中实为你中有我、我中有你的关系,因为在该情境下,上海网是目标读者获取"翻译"产品的渠道,同时,上海网也限定了译文目标读者的范围;而"传播"也需要翻译作为手段方合其"对外"之实。第三,依据戏剧主义修辞观,"认同"既是修辞的必然归宿,也是一种策略手段,在形式和内容上都有所体现。但

戏剧主义修辞观之于互联网对外新闻翻译——以"中国上海"门户网站为个案

要具体情况具体分析,就不必按照 3.2.3 部分罗列出所有认同形式。为此,笔者主要依据 3.2.1.3 的定义来确定表中的"手段"内容,即:用来从事某个象征行为的手段或用于达成某种目的的工具。事实上,无论"编译"还是"翻译、互联网技术",都属于"规约形式"认同,即在相关情境中进行的翻译与传播必然会采取上述手段,这是可以预期的;同时,这些手段在不同的主客观条件下会有不同的表现,但内核始终一致,这又属于认同的"重复形式"。可见表中的"手段"界定与"认同"策略并不矛盾,只是随特定修辞作品的分析需求而具体化了。

从第四章分析可见,我国对外传播使命集中表达了我国政府在对外传播工作目标上的主张。网媒新闻外译是中国对外传播的组成部分,作为修辞者的各级政府也会通过"互联网对外新闻翻译"达成其修辞目的,即:助力对外传播使命的实现。由于近年来"互联网+"行动计划的快速推进,媒体"智能化"、媒体融合不断提速,新媒体在中国对外传播与国家形象塑造中表现出越来越显著的重要性(孙海悦,2017),政府通过网媒新闻外译实现对外传播使命的趋向也越来越显著,因而在"互联网对外新闻翻译"这一修辞作品中,修辞者与上述修辞目的之间的内在联结也逐渐显现,修辞者要达成其修辞目的——或者说,在修辞行为中体现其修辞动机——则对上述五要素必然要有所侧重。而"塑造中国国家形象,提高国际话语权,增强国家文化软实力;增信释疑,凝心聚力,为全面建成小康社会、实现中华民族伟大复兴中国梦营造良好的国际舆论环境"这些使命的达成,都毫无疑问需要以对外传播受众的接受为基础,这与上表中两个层面的"目的"要素都是吻合的,因此"目的"至少应成为政府在这一修辞作品中最凸显的内容之一,成为五位一体的一个主导要素。对受众的重视在各级政府的发声中都不难见到,习近平就曾多次强调对外传播的重点在于"用海外读者乐于接受的方式、易于理解的语言","讲述好中国故事,传播好中国声音"(熊建,2016)。甘肃省政府就充分肯定了新兴媒体在传播效果方面具有强大力量,指出充分发挥这一力量就要提高外宣的受众面、阅读率和感知度(曹复兴,2015)。这些意见都表明无论哪种形式的对外传播,应主要以效果为导向。此外,由于网媒新闻外译情境中的政府是修辞行为的组织者,负责把握整体思路与意识形态方向,难以过多地介入具体操作过程,相较于表中的其他要素,"目的"直接与效果相关,往往是政府方面最易把控与评估的内容,这是"目的"要素足以成为主导要素的另一层原因。

5.3.3 问卷调查结果的五位一体分析:发现

由上文可见,就网媒新闻外译这一修辞形式而言,作为修辞者的各级政府要植入其修辞动机、达成修辞目的,则该修辞作品的五位一体结构中主导要素应为"目的"。五位一体的分析过程显示,一个要素对其他要素产生决定性影响的次数最多才可确立其主导地位,这意味着"目的"要素对其他要素的影响在20个关系对子中必须最为显著,或至少是最为显著的要素之一。从现有的五位一体修辞批评研究看来,20组关系对子中仅有1组因果关系成立的情况尚未出现,因此本个案中"目的"与其他要素形成因果关系的次数应至少为2次,其优势地位才相对明确。然而,受众调查结果所反映的网媒新闻外译的现实情况表明,上海对外传播有关部门并未在政府网站新闻英译这一修辞行为中体现应有的动机,难以顺利达成其修辞目的。

在翻译层面上,笔者首先对比了目前已梳理完成的网站新闻英译文与中文原文,发现这些译文并未以传统的翻译方式对原文亦步亦趋,而是采用提取中心内容、译写并举的方法,表现出较为清晰的英语思维,目的是使其更好地为英文读者所接受,这表明编译乃至译写已成为该网站新闻英译的惯常做法,"目的-手段"对子的因果关系基本成立。

至于"目的-场景"对子,如3.2.1.3所言,场景中的"原文与译文"涵盖

戏剧主义修辞观之于互联网对外新闻翻译——以"中国上海"门户网站为个案

面较广,应包括原文与译文的目标读者及各自所处的语言文化背景。因此,若该因果关系成立,则表明为了创作符合目标英文读者需求的译文,必须关注原语和译语在语言文化上的差异,在把握原文主旨的基础上,主动迎合目标读者的需要,同时网站设置也应以此需要为基础。事实上,英文版上海网主页的右下角的确设置了一项在线调查,主要用于了解访问者最感兴趣的信息类型,但从本研究的问卷调查情况看来,多数受众甚至全然不知还存在这样一个信息渠道。上海网这项在线调查究竟有多少目标读者参与,其效度如何,颇值得质疑。另外,前述问卷16—21题的回答表明,承载译文的网页设置与目标读者的预期之间仍存在不小的差距;同时,作为上海市对外传播的重要网络平台,该网站页面不时出现的低级错误,令人无法不怀疑其对目标读者的传播效果。图6便是这样一个例子。

图6 英文版上海网新闻图片栏目:内容错误示例

英文版上海网新闻图片栏目设置在首页的 News 版块左侧,占据了该页面最中心、最醒目的位置。从问卷调查结果可见,图片可以成为吸引读者关注的重要手段,但这并不意味着倚仗图片的优势,其所对应的标题或说明便可以天马行空、自由发挥。图6所示图片对应的本是一则关于医务人员以表演形式指导群众养生的新闻,趣味盎然,却极可能因为图中不知所云的单词与数学符号的组合而令读者兴趣全失。上海市的重要对外窗口赫然出现这样一片"污渍",不能不说是媒体没有真正考虑目标读者需求的表现。故此,"目的-场景"对子的因果关系难以成立。

"目的-行为"对子是否形成因果关系,需要考虑新闻英译的实际操作是否以目标英文读者的接受为导向。事实上,"场景"部分所提及的网页中的译文错误也属于新闻英译实际操作的一部分,但从问卷调查的结果看来,问题并不止于此。一直以来,"英语新闻标题应简短凝练"几乎成了英语新闻撰稿人员的金科玉律,这一特点也被不少学者直接代入网络英语新闻标题研究中,认为在版式更为局限的网络页面上,简化标题的做法更加便于接受。事实上,笔者(2017)曾利用自建语料库对 *China Daily*(中国日报)与美国三大网络媒体关于香港"占中"事件的英文报道标题做过比较,发现前者的报道标题长度显著短于后者;但通过具体的标题分析可以发现,*China Daily* 的不少新闻标题存在歧义、关系不清、逻辑混乱等情况,易导致受众先入为主地对正文内容产生误解。不难想象,作为我国最重要的对外传播网络媒体,*China Daily* 的报道习惯势必会成为地方媒体学习的对象,笔者于是随机选取了2个星期的上海网新闻译文标题,发现绝大多数标题的长度在55个字符以内,与 *China Daily* 的做法基本一致。但是,法国语言学家马尔丁内曾从动态的角度指出,语言运转的基本原理是语言经济原则。在信息传播过程中,语言经济原则即意味着用最少的语言符号传达最丰富的信息量(王瑞昀,2005:103),这说明英语新闻标题的简短绝不能理解为绝对意义上的简短,而是以清楚传播信息为前提的尽量简短。从问卷调查第二部分第一题的回答不难看出,对于目标受众而言,标题的长短远不如能否足够清晰地表达主要内容来得重要,而受试者对于不同新闻标题都存在不解其意的现象,表明新闻英译并未很好地完成使"目标读者理解与接受"的任务,因此"目的-行为"对子的因果关系尚不成立。

戏剧主义修辞观之于互联网对外新闻翻译——以"中国上海"门户网站为个案

最后,"目的-行为者"对子考察的是译者与译文编辑是否顺应"目的"的要求,针对目标读者的需求更合理而全面地参与到翻译过程中。译者与译文编辑是行为的执行者,也部分地参与到场景中,对于前述的译文错误与译不得法本已难辞其咎,但更重要的是,如本研究 4.2.2 部分所述,新闻外译的译者并非只能被动接受翻译任务,而是可以参与到编选稿件的过程中;同样地,编辑有责任依据实际需要继续完善译文,决定译文的最终呈现样貌,因而实际上也承担了译者的部分工作。然而,前文所描述的那一类低级错误表明,编辑并未充分做好译文呈现的把关,或是无法参与到这个环节中,使得文本与互联网平台之间脱节。此外,既然上海网的在线调查极有可能无法获得较为充分的反馈,对目标读者的需求也就缺乏相对全面的了解,译者也就难以在翻译操作中就稿件的取舍提出有针对性的建议。由此可见,"目的-行为者"对子同样未表现出因果关系。

利用五位一体确定主导要素的方法首先针对"目的"要素展开分析,可以发现"目的"仅对五要素中的"手段"产生影响,与其他三个要素则不构成显著的因果关系,这表明,在翻译层面上"目的"无法成为该修辞作品的主导要素,即"使译文为目标读者所理解与接受"并非上海网新闻英译在翻译层面的修辞动机。那么,真实的修辞动机究竟为何?这需要结合其他四个要素所构成的关系对子来判断。

如前所述,国内新闻英译通常是以编辑把关与译者操作相结合的方式完成的,因而具体的新闻英译行为必然是由译者与编辑共同决定的,"行为者-行为"的因果关系较为明确;译者与编辑是翻译行为的主体,其行为必然会在原文与译文中留下痕迹;但上海网是由网站本身所决定的客观存在,不是译者与编辑的直接行为对象,不会受行为者的影响而变化,因而"行为者-场景"因果关系不成立;至于编译手段,这一方面受到译者与编辑合作的基本模式影响,另一方面具体的编译手法会带上浓重

第五章 互联网对外新闻翻译之戏剧主义初探:"中国上海"门户网站新闻英译宏观效果分析

的个人风格痕迹,当然也包括前述的编辑把关失误、标题长度的译后处理问题等,因此"行为者-手段"的因果关系明确;最后,译文能否为目标读者所理解与接受,译者与编辑作为译文的直接责任者理所当然起着决定性的作用,"行为者"对"目的"的影响显著,因此"行为者-目的"对子的因果关系成立。

译者与编辑在新闻英译中起着决定性作用,反过来,新闻英译由于具体需要的变化(如不同的报道题材)要求译者与编辑及时充实知识储备或采取适当的翻译、编辑手法,表明行为对行为者也存在较大影响,因而"行为-行为者"因果关系成立。理想的新闻英译有可能增强网站的影响力,但难以改变作为客观翻译场景的原文与译文之间的差异,因此"行为-场景"因果关系不成立。从前文还可见,对外新闻翻译采取编译乃至译写的方式是较为普遍的做法,这很大程度上是由于中西方新闻惯习的差异。采用编译与汉语新闻的特殊性有显著关联,因而"行为-手段"因果关系成立。新闻英译是输入原文、输出译文的具体过程,其产出的质量直接决定读者对译文的理解与接受程度,表明"行为"对"目的"的达成也是至关重要的,"行为-目的"对子因果关系成立。

从问卷调查结果不难看出,作为"场景"的上海网及原文与译文本应共同成为译者与编辑的重要工作依据,在很大程度上决定新闻英译过程中行为主体的各项决策、编译手法的具体实施及最终译文所呈现的内容与方式,但有效调查的缺失、网站知晓度低下都使得译文读者并未被真正纳入完整的翻译行为中,"场景"在实际翻译行为中很可能并未发挥其应有的影响,或者更客观地说,这种影响的程度难以明确,因而"场景-行为者""场景-行为""场景-手段"三个对子的因果关系至少应为"不明"。网站是承载译文的媒介,目标读者则是译文的主要接收者,两者的表现形式或性质势必会对目标读者的理解与接受存在影响,因而"场景-目的"因果关系成立。

"编译"这一表述较为宽泛,指的是一种翻译方法,在本研究中是由

戏剧主义修辞观之于互联网对外新闻翻译——以"中国上海"门户网站为个案

译者与编辑的共同作用所决定的,不指向具体的翻译过程,对于行为主体的表现或性质没有实质影响,因而"手段-行为者"因果关系不成立。不过,由于采用了编译手段,新闻英译的过程与产出都会表现出不同于其他体裁翻译的特点,前文张慈赟所提及的"译写"便是英译过程的一种表现,因此"手段-行为"存在因果关系。至于"手段-场景"对子,尽管译文要为目标读者所接受势必离不开场景,编译又是形成译文的手段,但仅作为一种手段的"编译"是否会对网站产生直接影响尚无从考证,其对原文与译文的关系变化影响亦属未知之数,因此该对子的因果关系不明。最后,编译手段的使用正是为了提升目标读者的理解与接受程度,表明手段有助于达成目的,"手段-目的"对子的因果关系成立。

综合以上分析,上海网新闻英译翻译层面的 20 个关系对子的具体情况如表 9 所示。

表 9　上海网新闻英译五位一体关系对子分析:翻译层面

目的-手段:是	目的-场景:否	目的-行为:否	目的-行为者:否
行为者-行为:是	行为者-场景:否	行为者-手段:是	行为者-目的:是
行为-行为者:是	行为-场景:否	行为-手段:是	行为-目的:是
场景-行为者:不明	场景-行为:不明	场景-手段:不明	场景-目的:是
手段-行为者:否	手段-行为:是	手段-场景:不明	手段-目的:是

依据这一结果,"行为者"与"行为"均为主导要素,即该修辞作品的动机所在。这表明政府对外传播部门在组织上海网新闻英译时,重视的是具体的语言转换行为及其行为者的作用,其动机是强调从原文转化为译文的这部分翻译行为的重要性;但同时,"目的"要素未能居于主导要素之列意味着结果与过程的内在联结遭到瓦解,大大弱化了读者是译文的最终归属、译文需要得到读者反馈的这一"隐形"却必要的翻译行为成分。

"传播"层面的情况与"翻译"层面有不少相似之处。首先,"使译文

第五章 互联网对外新闻翻译之戏剧主义初探："中国上海"门户网站新闻英译宏观效果分析

达到预期的传播效果"这一目的表明所传播的是新闻译文,则"翻译"这一手段是必不可少的;而互联网情境下的传播效果预期必然要考虑互联网传播的种种特殊优势,因而"互联网技术"此时也成为手段的一部分,"目的-手段"对子的因果关系成立。

传播层面的"目的-场景"关系对子与翻译层面的情况相同,由于对目标受众缺乏调查研究,承载译文的网站页面布局仍有不小的改进空间,译文中本不应出现的一些低级错误也表明目标受众的需求没有得到充分的考虑,表明此时的场景并未以预期传播效果的实现为导向,因而"目的-场景"不构成因果关系。

"目的-行为"因果关系的成立则要看新闻英译文传播的具体做法是否有助译文达到预期传播效果。与翻译层面的情况类似,新闻英译文传播的具体做法实质上也包含译文在网站上的展示,与"场景"有一定关联,表明新闻英译文传播方式存在不足。另外,问卷调查的结果显示新闻配图是吸引受众的重要手段,不少读者认为新闻配图能够帮助他们更好地理解新闻,尤其是就中国文化要素显著的题材而言。但从上海网新闻英译文的现状看来,图片的使用仍过于保守,仅首页寥寥数张滚动照片是来自配图新闻,大多数新闻均只有标题和正文,颇显单调。除此以外,问卷调查也表明受众尽管对不同的新闻题材持有不同的偏好,但对于软新闻的需求显然要大于硬新闻。然而,在首页最显眼的图片框位置出现的新闻仍以硬新闻为主,尤其是短期内的重要会议、政府作为、高层互访等事件报道,如图7。

诚然,要向目标受众全面介绍上海,对重大事件的报道不容忽视,但调查中没有受访者青睐政治题材这一事实也表明,对于各类题材的新闻英译文应以怎样的比例出现、这些译文在网站展示中的重要性如何排序等问题,上海网还需更多地以"目的"为导向,从受众角度加以权衡。综合以上情况,"目的-行为"对子的因果关系也不成立。

戏剧主义修辞观之于互联网对外新闻翻译——以"中国上海"门户网站为个案

图7 英文版上海网新闻图片栏目:硬新闻题材示例

最后,与翻译层面相同,"场景"与"行为"部分的分析均一定程度说明,作为"行为者"的上海网并未遵从"目的"的指引,导致网站对新闻译文的具体传播手法存在偏差。但除此以外,上海网最大的传播"罪责"还在于对自身传播力度的不足。决定受众是否接受信息的最关键一步,是受众能否获取这些信息。31名受访者中仅有4人对上海网英语新闻略有耳闻,无人形成浏览该网站的习惯,但受访者对于从该网站获取信息有着殷切的期待:这些事实充分表明,英文版上海网在目标受众当中的接受度乃至知晓度堪忧,从根本上阻碍着"预期传播效果"的达成。作为具有天然权威的上海对外传播媒体,英文版上海网迫切需要在维持政府形象与威信的前提下,依从受众喜好与需求,采取适当的自我营销手段,努力打造最值得信赖的上海对外传播媒体形象,从而使客居上海的外国受众能够逐渐了解、继而主动选择上海网英语新闻作为了解上海的最重要途径。综合两方面的情况看来,"目的-行为者"对子在这一层面上也不构成因果关系。因此在传播层面上,上海网新闻英译的"目的"同样未能起到主导作用,发现真正的修辞动机有赖于进一步的关系对子分析。

媒体是传播的主体,在本研究中上海网是新闻英译文的传播主体,这使得"行为者-行为"的因果关系顺理成章。上海网的网络媒体属性是

第五章 互联网对外新闻翻译之戏剧主义初探:"中国上海"门户网站新闻英译宏观效果分析

通过其网站来呈现的,而上海网的地方属性也决定了目标受众的范围,因此"行为者-场景"的因果关系同样成立。网络媒体的传播需要依赖互联网技术,同时国内新闻的对外传播主要采取内稿外译的方式,因而翻译手段也是必要的,"行为者-手段"因果关系成立。最后,英文版上海网采取怎样的传播策略,会直接影响译文的传播效果,显然"行为者-目的"的因果关系成立。

英文版上海网决定新闻英译文传播的主要形式,而另一方面,新闻英译文传播因其各方面的实际需求,也会影响行为者的具体决策,所以"行为-行为者"因果关系成立。新闻英译文传播的成功有助于目标受众群体的扩大和网站知晓度的提升,"行为-场景"因此也构成因果关系。此外,既然传播的内容是新闻英译文,翻译是必要的手段之一,而实际的传播需求也会影响到互联网技术的具体应用方式,"行为-手段"的因果关系就应成立。最后,新闻英译文传播的力度、方式与内容都会对译文的传播效果产生影响,表明"行为-目的"的因果关系也是存在的。

与翻译层面的情况相似,本研究问卷调查结果表明上海网网站的接受现状与目标受众的实际需求尚未真正成为行为者决策的依据、确定新闻英译文传播方式的基础及使用翻译与互联网技术手段的参照,其现实影响存在较大的不确定性,导致"场景-行为者""场景-行为"和"场景-手段"的因果关系均属"不明"。另一方面,此时译文的传播是通过网站实现的,面向的是与网站定位相符的目标受众,因此译文是否达到预期的传播效果受到网站与受众两方面的制约,"场景-目的"因果关系成立。

作为手段的翻译和互联网技术主要针对文本的语言转换过程与网站本身,对作为行为主体的英文版上海网并无实质影响,但由于互联网技术的采用,新闻英译文传播势必会表现出不同于其他媒体传播方式的优越性,因此"手段-行为者"因果关系不成立,但"手段-行为"存在因果关系。在"手段-场景"对子中,翻译与互联网技术是通过互联网开展对外传播的必要方法,互联网对外传播则需要网站平台、面向目标受众,但仅仅作为手段的翻译与互联网技术对网站与目标受众的影响并不明确,该对子因果关系应属"不明"。最后,翻译是译文生成的必由之路,互联网技术会显著提高传播的效率,两种手段的叠加对于"使译文达到预期的传播效果"有显著的正向作用,因此"手段-目的"对子的因果关系成立。

综合上述分析,上海网新闻英译在传播层面的五要素关系如表10所示。

表10 上海网新闻英译五位一体关系对子分析:传播层面

目的-手段:是	目的-场景:否	目的-行为:否	目的-行为者:否
行为者-行为:是	行为者-场景:是	行为者-手段:是	行为者-目的:是
行为-行为者:是	行为-场景:是	行为-手段:是	行为-目的:是
场景-行为者:不明	场景-行为:不明	场景-手段:不明	场景-目的:是
手段-行为者:否	手段-行为:是	手段-场景:不明	手段-目的:是

可见,传播层面的主导要素即修辞动机仍是"行为者"与"行为",而"场景""目的""手段"等受众与环境要素都处于弱势,尤其是直接反映传播效果的"目的"要素。这说明相关政府部门在组织上海网新闻英译这一修辞作品时,强调传播主体在新闻英译文传播中的决定作用而忽视其行为应有的结果,实际上是倡导以单向输出式的主动传播为主,未能凸显基于受众反馈的、受多种客观因素制约的双向交互式传播的重要性。

通过对上海网新闻英译在翻译层面和传播层面分别展开五位一体分析,可以发现上海网新闻英译以"行为者"和"行为"为修辞动机,但并未同时以"目的"为修辞动机,表明在这一修辞作品中,翻译主体与传播主体及其行为的重要性最为显著,相关部门意在凸显网站的对外传播团队与行为的重要作用,因而主动传播占据优势地位;但相对地,译文读者即目标受众的需求并未得到充分重视,传播环境的重要作用也未能体

第五章 互联网对外新闻翻译之戏剧主义初探:"中国上海"门户网站新闻英译宏观效果分析

现,使得能够有效提升传播效果的互动式对外传播丧失了用武之地。然而,修辞者与修辞受众之间要达成认同,其前提是双方动机相同,即受众认可修辞者的行为动机(鞠玉梅,2005:139)。有学者认为,基于伯克的主要修辞概念,一个完整的传播过程应如图8所示。

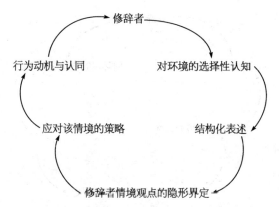

图8 基于伯克修辞理论的传播过程图(Hauser,2002:140)

用该环状图观照上海网新闻英译便可发现,作为修辞者的对外传播部门依据其对对外传播需求的认知来组织上海网新闻英译,即是基于选择性认知进行结构化表述的过程。在这一过程中,政府对于互联网对外传播情境形成了自己的界定,并采取了一系列"能够观察与解码的策略"(鞠玉梅,2005:140),这些策略大都体现在上文的问卷调查结果中。而策略包含行为动机,动机是促成受众与修辞者之间产生认同的基础,达成认同就意味着受众与修辞者在交流情境的认知及应对情境的方法上都取得了共识(同上:141)。认同的达成会促动修辞者进一步的修辞行为:或者转向另一修辞情境寻求认同,或者调整策略获得更高程度的认同。然而,就上海网新闻英译而言,从"行为动机与认同"到"修辞者"这一步显然出现了断链:政府方面执着于传播主体的重要性,对受众研究不足;而作为传播客体的受众则希望获取符合他们要求的信息,两方面

155

的需求显然无法对接。于是,修辞策略所反映的行为动机无法成为受众认同修辞者的基础,没有认同则受众与修辞者脱节,无法启动新的认同寻求过程,这标志着传播过程的失败。基于"认同"在现实传播中的重要性,应对图8略作调整,以展现实际的传播过程。

图9 基于伯克修辞理论的新传播过程图

图9凸显了受众在从"行为动机"走向"修辞者"这一过程中的重要性:只有该传播行为的动机与受众需求相符,信息才可能为受众所顺利接受,受众对修辞者的认同才得以达成,传播过程才得以圆满,传播任务才终于完成。在上海网新闻英译的五位一体结构中,"目的"作为修辞行为动机最契合受众参与传播过程的动机,因而是实现上述传播过程的必要因素,应成为政府组织这一修辞行为时所遵循的导向性原则之一。

5.4 本章小结

基于问卷调查所反映的现实情况及上海网新闻英译的实际运作,本部分在五位一体框架下从翻译和传播两个层面分别解析了"目的"与其

第五章 互联网对外新闻翻译之戏剧主义初探:"中国上海"门户网站新闻英译宏观效果分析

他要素之间的因果关系,均表明"目的"并未成为上海网新闻英译的主导要素,"行为者"和"行为"才是修辞动机所在。这意味着现实的情况是:作为修辞者的上海市政府仍倾向于传统的主动输出式传播,尚未真正以"创作目标英文读者乐于接受的译文"、"使译文达到预期的传播效果"为修辞动机来组织上海网新闻英译这一修辞作品,其修辞目的难以达成,也就难以借助这一修辞形式对我国整体的对外传播效果形成助力。需要注意的是,仅以"行为者"与"行为"为修辞动机、弱化"目的"的重要性,并不意味着作为修辞者的相关政府部门强调行为者在翻译活动中的主体作用,而实际上是在抹杀了"目的"指引的情况下,脱离"场景"、不顾及具体"手段",断绝了译者依据特定情境选择必要方法的可能性,要求"行为者"完成其所被指派的"行为";此时的网媒新闻外译不以最终修辞目的为导向,而主要由修辞者需求决定。正因如此,4.2所总结的对外新闻翻译工作原则与策略才显得尤为必要。对于译者而言,这是对其在新闻外译中关键作用的强调,要求译者站在对外传播全局的高度上正视自己所肩负的任务与职责。对于相关政府部门而言,这些原则与策略更是一种提醒:对外宣传部门应该更准确地把握特定媒体目标受众的需求,为新闻外译的具体操作提供便利,同时赋予新闻外译的译者更大的自由度,以配合对外传播的总体需要,提升网媒新闻外译的接受效果。总之,对问卷调查结果的五位一体分析从宏观角度指出了上海网新闻英译传播效果不佳的机构根源,从而提醒各级政府传播部门,应适时修正自身在网络对外传播这一修辞作品中的修辞动机,为新闻外译及其传播创造更好的客观环境,真正使修辞作品的行为者、行为、场景和手段围绕修辞目的形成紧密的联结与平衡的关系,以使网络对外传播在第四媒体急速发展的今天,真正成为中国大外宣格局的一支中坚力量。

假如将"上海网新闻英译"泛化,依据本研究基于"戏剧主义修辞观"的写作形式,我们还可以从普遍的五要素构成来认识互联网对外新闻翻

戏剧主义修辞观之于互联网对外新闻翻译——以"中国上海"门户网站为个案

译,借以对上述个案形成参照。依据 3.2 的"戏剧主义修辞观"释义,本研究中以上海网新闻英译为代表的、作为修辞作品的互联网对外新闻翻译应具备如下"戏剧主义五要素":

表 11　互联网对外新闻翻译的戏剧主义五要素内容

行为者	互联网媒体
行　为	对外新闻翻译
场　景	缺失:通过新闻译文传播争取目标受众
	受众:互联网媒体所在地的客居受众
	修辞局限:互联网媒体的各种主客观条件
手　段	"认同"策略
目　的	使译文为目标受众所接受,达成预期传播效果

这五要素中,作为行为的对外新闻翻译的"对外"二字包括对外传播行为这一内涵。场景中的缺失为上文提及的该修辞情境中的"关键缺失",受众范围依据 4.4 互联网对外传播的现实要求确定,修辞局限中的各种主客观条件则包括参与这一修辞行为的译者、编辑和网站运营者在翻译与传播行为中的主观行为条件及有关部门对互联网媒体的要求所形成的客观条件。不难看出,5.3.2 的表 8 中翻译层面和传播层面的场景均未脱离这三个要素。手段则是 3.2.3 谈及的多种"认同"策略,既包括上海网新闻英译分析中的"编译"等形式认同,也包括可在具体文本中具体探讨的内容认同;而归根结底,这一行为的目的是在目标受众当中达成预期的传播效果。在理想的网媒新闻外译中,"目的"应是修辞动机的最重要构成,是最应当获得修辞者重视与强调的内容。正因如此,本部分才以"目的"为起点和重点探讨修辞动机。从表 11 还可发现,受众的重要性在场景、手段和目的中都有显著体现,但遗憾的是,本研究个案所展现的实际情况差强人意,过分强调主动传播既是对受众地位认识不清的结果,又极易使受众在对外传播中的身份愈加模糊,形成主动传播越强、

第五章 互联网对外新闻翻译之戏剧主义初探:"中国上海"门户网站新闻英译宏观效果分析

互动传播越弱的恶性循环。

综合以上内容,本章的分析结果可用图10简要表示:

```
         一般／预期                 具体／实际
     互联网对外新闻翻译       上海网新闻英译   （翻译层面  传播层面）
         行为者a ⎫                  行为者      b         c
         行为a   ⎪                  行为        b         c
         场景a   ⎬ 动机a ≠ 动机b、c  场景        b         c
         手段a   ⎪ （目的a）（行为者、手段      b         c
         目的a   ⎭          行为bc） 目的        b         c
```

图10 互联网对外新闻翻译个案"五位一体"分析结果简图

要而言之,借助戏剧主义五位一体分析可以发现,现实的互联网对外新闻翻译单方面输出的趋势过盛,对传播效果的关注较为不足,究其原因,是作为修辞者的有关政府部门未能以对外传播使命的实现为原则,脱离修辞目的片面要求译者完成译文、媒体传播译文;同时修辞者对受众的需求把握不当,甚至是消极应对,缺乏主动了解受众需求的意识与行为,未能为翻译与传播提供良好的场景条件,使得翻译方法与传播手段都未必与修辞目的的要求相符,从而极易导致传播效果不佳。不过,尽管这一部分的宏观分析确能大致反映现有传播效果、指出普遍问题所在,但由于问卷调查偏重译文在受众当中的传播,对翻译过程和具体译文都缺乏相对深入的分析,因而难以就本研究课题形成全面、客观的结论。有鉴于此,下面两章将分别从中观与微观层面入手,利用戏剧主义修辞观剖析更为具体的翻译过程。

第六章　戏剧主义修辞观与互联网对外新闻翻译：中观概览

6.1　基于戏剧主义的语篇理论与互联网对外新闻翻译的契合点

前文可见，以戏剧主义修辞观为基础研究某一修辞行为，无论是否挖掘其背后的动机，都应综合考察行为者、行为、场景、手段与目的五个要素，以保证对修辞作品获得相对全面的认识。在伯克的语篇理论中，无论哪种语篇——文学语篇、科学语篇或说明性语篇——都有五个主要方面，这就是语篇中的五位一体。要理解篇章，既需要单独考察这五个方面，也要理解这五个方面的内在联系。篇章本身是一种行为（act），这凸显了其动态的、实用的性质；同时，伯克关注篇章的作者（即行为者agent）如何影响篇章的性质，这包括有关作者的所有已知内容：他的思想、其他作品和生平，等等。伯克也认为方式（agency）就是用于生成篇章的手段，比如就文学而言，这指的是语言、意象和其他各种修辞手法，但是，即便最缺乏想象力的乏味篇章也以某些手段使用语言而达到这一目的。此外，伯克也虑及场景（scene），这是行为发生的最重要环境。场景在文学条件下更为显著，因为它涉及社会环境、阶段、文化、文学传统等内容，这些都是作品创作的环境。但是，每个篇章都是在特定语境中写成的，了解这一语境显然有助于增进对篇章的理解。对语境缺乏理解则往往使人们难以、甚至无法阐释某个篇章，而在翻译中，无法阐释就意味着无法翻译。最后，还要考虑篇章的书写目的（purpose）——是作者要表达自己？用某种方式打动受众？传递信息？还是劝服或引发行动？（Neild，1986）

既然翻译中的原语篇章和译语篇章都是语篇，从理论视角上都可以置于上述五要素的语境中来考察，这对于翻译过程有着实际影响。首先，译者在开始翻译任务前，可以使用五位一体来分析原文本，在篇章的各个主要构成上较好地理解文本。通过考察文本与行为者之间的关系，译者将更好地理解行为者的主客观条件对文本生产的影响。在新闻文本中，参与文稿撰写过程的记者与编辑是直接行为者，但囿于中国的新闻制度，这些行为者的篇章行为不仅受到其本人主观因素的影响，也需要遵循规定的传播口径。政府作为传播口径的制定者，实质上是新闻篇章的间接行为者，因而译者有必要思考，此种双重行为者的存在对于原文本的生产方式将有怎样的影响。通过考察行为产生的方式或手段，译者将暂时超越文本意义，仔细考察信息是如何被传递的。国内新闻文本需要遵循规定的传播口径，相应地也要依从一定的写作规范与形式，同时记者本人的文笔风格也会一定程度地体现在篇章当中，包括修辞手法和写作逻辑的运用，这些都是作为修辞行为的新闻语篇可能借重的手段，以达到顺利传递信息的目的。研究这些手段在新闻信息呈现中所发挥的影响，有助于译者思考如何以适应译文的手段实现信息的对等迁移。至于原文本生产的场景，译者有必要探究包括原语文化等客观因素在内的语境因素，这些内容决定着修辞行为的许多方面，包括行为者的主客观条件及行为手段。就新闻外译的原文而言，新闻语篇的生产当然是以汉语言文化为大背景的，其中中国特色的新闻传播制度等社会环境因素的影响尤为突出。对场景进行相对全面的分析，有助于译者对英汉

戏剧主义修辞观之于互联网对外新闻翻译——以"中国上海"门户网站为个案

语新闻语篇的行为场景做出区分,考虑怎样创作出更适于译入语场景的译文。最后,通过考察行为的目的,译者能够了解某个行为究竟为何展开,并理解这一目的对整个行为表现的影响。中文新闻语篇旨在满足国内读者的新闻需求,完成国内新闻传播的任务,译者需充分了解这一点,并将其与篇章行为的行为者、场景、手段等要素综合加以考量,在翻译过程中保持充分的受众差别意识,尽力确保译文满足国外目标读者的需求。

另一方面,译者可以在切实开展翻译工作之前分析未成文的翻译(potential translation),这一事前准备可助其从思想上澄清翻译行为的五要素,从而影响其在着手翻译时的各种选择。翻译是译者采取目的语中可用的方式、在某一特定场景下、为了某一目的所开展的行为,译文篇章的生产这一行为将很大程度上受到译者自身能力与先在知识水平的制约。就新闻外译而言,译者在综合分析原文的五要素后,在确定译文的过程中需首先明确新闻外译的目的在于争取国际受众、提升传播效果,这对于翻译的性质是至关重要的决定因素;其后译者应当考虑如何在译入语文化背景和翻译行为的特定环境(如互联网)中采用目的语所适用的写作手法等手段,使新闻译文能够最终达成其目的。

此外,在戏剧主义视角下,由于译者将原文本视为一种行为,则必然将其作为一个完整的语篇而非词语和句子的组合来看待,即译者会将新闻原文视为一个整体性的存在、一个有目的等各要素相互依存、互为支撑的行为,从而促使其在翻译中更多地关注最终译文对原文的信息复制程度,以及信息的完整性与可接受性,而未必过度追求译文表现形式与原文一致。伯克的动态语篇模式的价值——文本的动态性与整体性——对于新闻外译的重要性正在于此。依据4.2.2所归纳的对外新闻翻译工作策略,新闻外译本质上跳出了传统的"直译"或"意译"的讨论,更多地是在语篇层面而非较小的语法单位层面上展开翻译活动,不对字词乃至句子、段落从原文到译文的具体转换锱铢必较,而是关注中心信息是否以适当的语篇形式从原文转移到了译文中。

由此可见,伯克基于戏剧主义的语篇理论与国内新闻外译的现实做法有着明显的契合。如图11所示,篇章是凭借五要素的相互关联而成立的整体,翻译的过程所实现的是对这个整体所包含的关键信息的阐释,而译文是阐释过程所形成的另一个整体,两个整体重合的部分在于内容而非形式,这是原文作者与译者作为行为者所共有的主要行为对象,也符合新闻外译中大量采用编译乃至译写手段的现状。

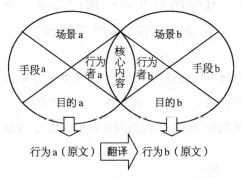

图11 基于戏剧主义的新闻外译过程简图

不难发现,以戏剧主义五要素为基础进行新闻文本分析,意味着新闻外译过程中的原文与译文都是记者或译者基于一定的背景和语境、出于一定的目的、采用一定的方式所进行的修辞行为,对这两种修辞作品分别展开五要素分析并进行对比,可从修辞角度对新闻译者提出新的要求,带来新的启示。同时,五要素中最突出者对语篇生产的影响必然最为显著,因而对完整的翻译话语也起着关键作用,对这一突出要素展开分析将有助于强化翻译、修辞与批评话语分析三大研究领域的联结,进一步拓展翻译研究的跨学科视野。故此,笔者将先从整体上展示网媒新闻外译中原文与译文的五要素构成,发现译者在其中的地位与作用,并尝试依据其中展现的话语线索构建某种翻译研究的话语分析模式;其后针对不同类型的具体新闻文本的翻译,笔者也将展开五要素分析,挖掘译者的具体"认同"手段,并试验与调整新的研究模式,力求在戏剧主义修辞观的辅助下,针对互联网对外新闻翻译的现有问题提出适用的对策,构思互联网对外新闻翻译的可行策略,同时初步建立一种新的翻译研究分析模式,以期进一步助推翻译研究的跨学科发展。

6.2 互联网对外新闻翻译之戏剧主义五要素透视:从原文到译文

网媒新闻外译的中观层面分析不涉及具体的文本,而是将原文与译文视作相互对应的两个整体,分析其各自的五要素构成,借助戏剧主义修辞观重新定义新闻译者在网媒新闻外译中的作用,观察影响译者行为的最根本要素。

6.2.1 新闻原文与译文戏剧主义五要素解析

原文与译文是翻译过程中的直接相对物,译者则是联结这两者的必要纽带。对新闻原文与译文在整体上分别展开五要素分析,有助译者对一般的新闻外译情境获得相对明确的认知,为其在翻译操作中的具体决策提供参考。

6.2.1.1 新闻原文戏剧主义五要素解析

网媒新闻外译中的新闻原文作为一种修辞行为,主要以记者和编辑为行为者。记者负责依据统一宣传口径和所在媒体工作思路采写新闻,呈现稿件主体;编辑则遵循其工作原则,对记者撰写的稿件加以整理和润色。这些指导记者与编辑工作的思想、方针、原则都属于场景的一部分。据3.2.2可见,场景即修辞情境,包含缺失、受众和修辞局限三个方

第六章 戏剧主义修辞观与互联网对外新闻翻译:中观概览

面。首先,"缺失"是修辞情境的根基。我国新闻媒体向来是党和政府的喉舌,为国家运作和社会调控提供重要支持,因此新闻媒体的作用主要体现在其舆论工具的性质上,即以党性原则为指导,以意识形态为主导,传达党和政府的声音,宣传党和政府的方针和政策,引导、鼓舞及组织人民群众实现党和政府的工作目标,因而宣传成为国内新闻语篇的基本职能(姚里军,2002:21)。由于中国共产党代表最广大人民的根本利益,党和政府的宣传活动本质上与人民群众的需求并不矛盾,我国的新闻选择与受众利益在根本上是一致的(张健,2010:185)。国内的新闻宣传并非西方国家所指摘的蛊惑人心的洗脑式"宣传",而是反映着党和人民的利益与需要。但同时应该看到,实际的宣传活动不可能总是整齐划一、步调一致,尤其自改革开放以来,物质生活水平的提高带来了人民群众精神生活方面的多元化需求,中国的大众媒体逐渐向资讯产业化发展,这成为大众媒体市场化的主导趋势(姚里军,2002:21)。各家媒体为了在市场化浪潮中站稳脚跟,确保自身的可持续发展,也需要从受众的阅读兴趣出发,在符合政府宣传口径的前提下促进新闻报道的多样化。因此在实践中,行为者应当自觉抵制将人民当作宣传与说教对象的倾向,凸显人民作为传播服务对象的地位(同上:26-28)。依据上述对内宣传的现状,不难发现国内新闻语篇修辞情境的主要缺失,即:既要确保宣传职能的实现,又同时满足广大人民群众的多样化信息需求。从中也可以判断,该修辞情境中的受众为广大人民群众,即国内普通受众,而修辞局限则是影响新闻产出的各种主客观因素,首当其冲的自然是党和政府基于对内宣传需要而确定的新闻报道口径,以及随之形成的报道传统,同时也包括目标受众的实际信息需求、记者与编辑本人的行文风格或编辑手法;具体到互联网对外新闻翻译,则还需要考虑互联网媒体的传播能力与自身发展需要。总之,在新闻语篇的修辞情境中,新闻记者与编辑应在主客观修辞局限的范围内,满足国内普通受众的信息需求,进而填补

戏剧主义修辞观之于互联网对外新闻翻译——以"中国上海"门户网站为个案

缺失。为此,行为者必然要采取一定的手段,即"认同"策略。而认同策略在形式和内容两方面各有其表现,本节内容因尚未涉及具体的新闻文本,将主要从新闻语篇的形式认同入手。出于中国新闻媒介的特有宣传职能,中国记者在新闻思维上侧重抽象思维,抽象概括在我国新闻写作中具有主导作用,传播者力图综合新闻事实向接受对象提供较全面的本质判断,但事实上这容易导致主观随意性,成为新闻概念化和新闻失实的思想源头(同上:176-177)。于是国内新闻思维往往呈现主导性,在题材表达上往往带上浓厚的主观认知色彩,突出表现为占有相当比重的工作性会议报道(同上:84);在表达方法上则偏重于平实的、赞歌式的陈述,缺乏让人们获得生动感受的场面与情节描写(同上:112-113);在新闻结构安排上偏向朴直,喜好按照事件发生、发展的前因后果来写;在文体上则表现为体裁形式的层层分化,种中有类,类中有别,从题材的详略、结构的安排、文字表达方式到写作方法都设置了具体的写作要求,这些错综复杂的形式在实践中渐渐固化,不利于新闻内容的表达,反而在形式上制约了新闻思维的发展(同上:194)。归根结底,是统一思想的需要形成了当前国内新闻报道的这些"规约形式",即已经为大多数受众所熟悉与接受的、约定俗成的新闻表现形式;同时,这些规约形式又会在不同题材、不同类型的新闻文本中从不同角度反复出现,使同类表现形式的新闻在受众当中的认可度得到进一步强化,这又属于认同策略中的"重复形式"。借助这些"认同"手段,记者与编辑因应修辞情境创作新闻语篇,目的正在于填补"缺失":满足国内读者的信息需求,服务于中国特色的社会主义建设。当然,具体新闻语篇的"认同"手段在形式与内容上都会有更具体的表现,修辞情境的关键缺失与修辞局限也会涉及具体的信息内容,语篇的修辞目的也将更为明确。不过,仅从上述五要素的相互关系仍可以发现,就国内新闻传播这一修辞行为而言,虽然行为者把握着修辞行为的主动权,但具体采取怎样的手段、服务于何种目的、如何开展修辞行为,最主要的决定因素是场景,即修辞情境。

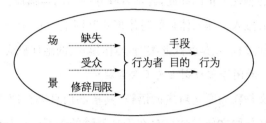

图 12　新闻原文戏剧主义五要素关系简图

图 12 意在表示,受众作为场景的重要组成部分,在国内新闻语篇这一修辞行为中应是重要的决定因素之一,但这一点却与我国当前传者主导的新闻价值取向略有分歧。我国新闻媒体在国家运转和社会稳定中扮演关键角色,意识形态起主导作用,这一性质决定了它的传者本位特点。近年来中国传媒的市场化发展使得新闻报道越来越贴近群众的生活,但这一转变是在基本体制没有改变的情况下发生的,新闻传媒的党性本质并没有变化,与受众的需要不一定时时统一、完全统一,受众意识仍是新闻写作中需要着力倡导的观念。就当前的实际情况而言,国内新闻语篇并未完全填补修辞情境的缺失。修辞局限本应限定能够填补缺失的决策和行为,但目前国内新闻语篇的行为者过分依从某些方面的客观修辞局限,使其他修辞局限,包括行为者自身主观修辞局限的作用遭到压制,前述的"规约形式"的局限性正体现了这一点;而行为者所运用手段的缺陷直接导致行为无法顺利达成修辞目的。在成功的修辞行为中,行为者不仅要重视修辞情境对行为的决定作用,更要充分认清修辞局限、受众、缺失三者之间的紧密关联,并使其体现在手段的运用中,顾此失彼会导致修辞行为在特定情景下难以成立。从整体上说,戏剧主义修辞观视角下国内新闻语篇的行为者实际上还未完全融入场景中,一定程度上游离于修辞情境之外,导致其行为与修辞目的有所脱节。这样的

戏剧主义修辞观之于互联网对外新闻翻译——以"中国上海"门户网站为个案

倾向符合目前国内新闻传播的基本态势,但却显然不是充分有效的修辞行为所应有的表现。正因如此,有学者呼吁中国的传播应当"走出本土,把握一种能够融入全球一体化的写作模式"(同上:2)。而国内新闻语篇转化为英文的过程,正是实践此类"新写作模式"的绝佳机会。

6.2.1.2 新闻译文戏剧主义五要素解析

新闻译文是新闻原文对应的语篇,其核心信息来自原文,因而这一修辞行为势必与原文修辞情境存在千丝万缕的关系。经历了翻译过程的新闻译文虽然以译者为行为者,但译者从事这一行为的场景却远远超出了译文本身,这同样体现在缺失、受众和修辞局限三个修辞情境要素中。首先,"缺失"既然是亟待修辞话语解决的问题,理应作为特定修辞行为的直接目的。新闻译文的信息来自原文,但新闻原文之所以要翻译成外文,是为了满足外文读者的需要,因此译文的目标传播对象与传播导向完全不同于原文,新闻译文不能以对内宣传的达成为目标,而是旨在影响目标国际受众,提升对外传播效果,这正是新闻译文修辞情境的最关键缺失。随着修辞情境的转移,译文修辞行为的受众对象已经从原文的国内广大人民群众转变为外国受众,但修辞局限却无法脱离原文的影响,变得较为复杂。在新闻译文修辞情境的最关键缺失之下,有两个层面的差距是不容忽视的:一是译文受众与原文受众对中国的认知程度之间的差距;二是对外传播受众的信息需求与基于国内宣传需求的新闻原文信息之间的差距。国内对外传播专家都曾不约而同地强调不应高估外国读者对中国的了解程度,"设想读者对中国一无所知绝对没有错[……]我们对外新闻的读者定位,应当与西方主流文字媒体一样,主要是有相当阅读能力但不是专业人士的一般群众"(黎信,2009:22)。显然,相较于长期浸淫在国内宣传氛围中的、包括译者本人在内的中国读者,对外传播的目标受众对于中国,包括中国新闻报道形式的认知是极为不足的。他们可能对中国各方面的信息都心存好奇,却也难免对于

第六章 戏剧主义修辞观与互联网对外新闻翻译：中观概览

中国特色的报道内容与方式"水土不服"，进而影响传播效果。然而，如前所述，内稿外译是我国对外新闻传播的最常见形式。对内编播哪些稿件有统一的规范可循，而选择哪些内宣稿件用于对外新闻翻译，同样有传播部门与编辑负责把关，于是我国国内开展的对外传播难免受到国内宣传思维的影响；再加上缺乏对目标受众的信息需求研究，在对外新闻翻译中出现不适于对外传播、不符合受众信息需求的新闻原文也就不足为奇了。因此，译者在对外新闻翻译中需基于译文受众对中国的认知程度与信息需求，着力采用受众能够接受的报道手段，在宣传报道的口径要求与对外传播的效果需求之间达成平衡，方可填补该修辞情境的最关键缺失。

综上可见，新闻译文修辞情境中的修辞局限既包括受众的信息需求、目的语新闻写作范式、译者与编辑的能力与风格、译文发布媒体（如互联网媒体）的需求与特点等显著的译入语要素，也有国内传播部门的报道口径规定和新闻原文内容与形式等译出语要素存在其间。与新闻原文的行为者一样，译者也需要依从这些修辞局限，采取一定的手段达成与受众的认同。显然，新闻译者面临着比原文作者更大的挑战。新闻外译的首要承担者是国内译者，外籍专家、编辑等人主要起到润色译稿、使其更符合受众阅读习惯的作用。对于早已习惯于国内新闻报道形式的译者而言，在新闻翻译中必须摆脱这些形式的影响，用符合受众阅读习惯的西式新闻报道方式表述出新闻原文的关键信息，即需要将原文的内容从形式中脱出，再放入受众所能接受的另一种外壳中；此外，译者作为对外新闻传播的最直接中介，还需要确保在去掉受众所认可的外部包装后，译文内容还能够符合受众的兴趣与审美，因而在缺乏受众需求研究的情况下，译者还需协助传播媒体谨慎甄别哪些对内宣传的新闻内容适用于对外传播，在条件允许时提出改进意见。总之，译者要与受众达成认同，既要在新闻内容上注意"同情""对立""无意识"等多种认同策

戏剧主义修辞观之于互联网对外新闻翻译——以"中国上海"门户网站为个案

略,对原文内容进行合理的重新编排,也要在形式上符合西式新闻报道传统。与中方新闻思维中常见的抽象思维相反,西式新闻以形象思维为主。思维无论多么具有概括性,其来源仍是人们对客观事物的感性认识,具体形象以鲜明、生动的直观性促进思维活动的顺利展开,使得思维内容更加活跃,因而西方新闻写作的思维方法更具多元性(姚里军,2002:177)。与此相适应,西方新闻写作在表达选定题材时通常秉持客观视角,力图直接呈现事实的状貌(同上:76)。表达方法上是"表现型"的,即尽可能采取形象化的写作方法,通过再现实际情景给人以客观真实的印象,因为感性的表达方式更易使受众的接受心理处于活跃状态,以积极参与到新闻传播的过程中来(同上:109-121)。为使新闻事实更具生动性,结构安排上偏于曲折,即讲究记叙层次的变化无定,形成起伏跌宕的结构格局(同上:150)。在新闻文体上,多元性思维和表现型写作都决定了西方新闻写作的文体不似中方那样类目分明,而是相对自由和宽泛,仅大体上分为消息和专稿(特稿)两大类,即以新闻内容作为划分文体的基准,而这种内容型的分类在新闻实践中能够打破形式的藩篱,达到新闻内容所需要的各方面要求(同上:196)。作为西方新闻写作中的"规约形式",这些手段也会以"重复形式"在西方新闻报道中反复出现,为西方受众所广泛接受。译者在翻译时必须冲破思想中先已存在的中式新闻"规约形式"的藩篱,尽其所能采取西方新闻写作手段表达新闻原文的核心内容,同时为译文传播内容的适当调整提供帮助,最终达到以新闻译文填补修辞情境"缺失"的目的。不难发现,新闻译文五要素之间的关系与新闻原文类似,仍以场景为主导,不同之处在于修辞情境中最重要的决定因素已经从意识形态要求转变为受众需求。发生在中国的事情是否值得对外报道,主要取决于事件能否引起外国读者的兴趣,读者兴趣决定着新闻报道的成败(黎信,2009:147)。而新闻报道越是贴近读者,对读者的吸引力就越大,因此对外报道可依据"地理贴近性"和"利益贴近性"来选择内容(同上：160)。当然,问卷调查也是直接了解受众信息需求的可行途径。简而言之,新闻外译在内容上虽不可避免会受到对内宣传思想的影响,国外受众的实际需要仍应是决定传播内容的关键,这直接关系到最终的传播效果。不过,对外报道对于受众需要的研究不足,从第五章的问卷调查结果已可见一斑,因而目前对外报道的内容选择,包括翻译过程中对具体新闻篇章的内容取舍,仍以对外传播专家的经验性总结为主要指导。依据笔者本人为相关机构从事政府网站新闻翻译的经验,传统上仅负责语言转换工作的译者几乎难以介入对外报道的内容选取工作,更多地还是被动接收政府部门委托给机构分派的翻译任务,表明译者的受众意识尚未在新闻外译中得到充分践行。可见,修辞局限在译文中的影响与在原文中有所不同：并不是某些修辞局限的过分突出压制了其他修辞局限对行为者的作用,而是行为者限于条件,可能无法充分发挥修辞局限的作用。于是,即便具备了"能够融入全球一体化的写作模式",译者在新闻译文这一修辞行为中仍难以达成某些修辞局限的要求,同样在一定程度上偏离了修辞情境,妨碍了修辞目的的达成。

6.2.1.3 小结

对比新闻原文与译文的戏剧主义五要素分析可以发现,场景在这两种修辞行为中有着举足轻重的作用,是决定修辞行为根本方向的最重要因素。在新闻原文方面,统一报道口径因其在国内宣传中的绝对优势地位而成为修辞情境中的主导性修辞局限,弱化了包括受众在内的其他客观修辞局限,导致原文行为者所使用的手段本身缺乏对受众的理解与重视,发挥行为者主观修辞局限的空间较小,因而不易充分达成修辞目的。至于新闻译文,其修辞情境中受众的实际需要成为更显著的客观修辞局限,"统一思想"的作用已不再占据上风,但却因其对原文题材选择的影响而对译文的内容选择形成了一定的制约。有能力承担新闻翻译的译文行为者经过一定的训练,可能已具备较强的受众意识,并能够较大程度地发挥主观修辞局限的作用,突破原文形式的束缚,采用基本能够符合受众阅读习惯的修辞手段,以受众喜闻乐见的方式传递新闻原文信息,但由于缺乏深入了解受众需求的条件,或即便了解受众需求却可能无法介入报道内容的选择,译文传播的内容仍未必为受众所喜,因而也可能无法填补修辞情境的缺失。总体看来,新闻原文与译文的修辞情境限定了修辞行为发生的主客观条件与修辞目的,是修辞行为成功与否的决定因素。但就当前实际情况看来,原文行为者受到"宣传口径需要"这一修辞局限的过度支配,并一定程度上影响了译文行为者,使其无法充分应"受众"修辞局限之势而为,两种修辞行为都可能偏离其原有的修辞目的,最终使得用于传播过程的译文难以取得应有的效果。这一分析结果强化了第五章所展现的宏观传播效果不佳的情况,同时也在文本层面上初步指明了原因所在。

6.2.2 戏剧主义修辞观视角下的新闻译者

基于新闻原文与译文的五要素分析,结合 3.2.3 的内容便可发现,两种修辞行为均未能理想地达成修辞目的;在戏剧主义修辞观中,即是无法很好地达到"认同",包括新闻原文与国内受众的认同、新闻译文与国外受众的认同。有学者这样界定认同分析的过程:第一步,找出发话者(addresser)与受话者(addressee)在特定情境中的分歧(division);第二步,认清用于达成认同的修辞策略;第三步,探讨修辞策略如何跨越分歧、诱发受众合作,具体流程如图 13 所示。

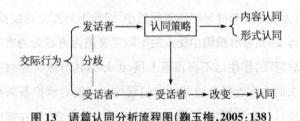

图 13　语篇认同分析流程图(鞠玉梅,2005:138)

第六章 戏剧主义修辞观与互联网对外新闻翻译:中观概览

如前所述,正因人与人之间的关系本质上是相互疏离的,交流才成为必要,它使人们能够跨越分歧而达成认同,因而分歧是促使人们采用象征手段走向认同的根本原因。由于修辞情境的要义就在于"从分裂走向凝聚",分歧实质上是具体修辞情境中"分裂"的具体表现,修辞情境据此成为修辞行为(即交际行为)的决定因素,这进一步肯定了上一部分的分析结果。同时,借助认同分析过程观察新闻外译过程,译者在翻译中的地位与作用将更加明晰,对新闻外译工作也将有新的启示。因此,笔者尝试以图 13 为基础,进一步展示本研究对象的"认同"过程。

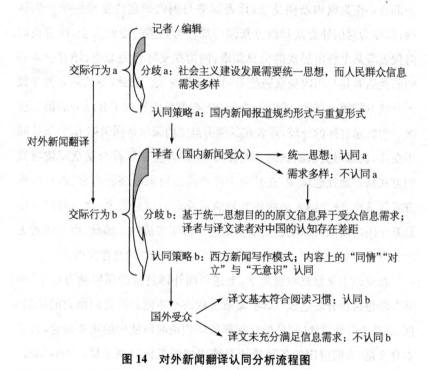

图 14 对外新闻翻译认同分析流程图

由图 14 可见,完整的新闻外译过程涉及两重交际行为:交际行为 a 代表原文生产过程,交际行为 b 是译文生产过程。翻译是交际行为 a 过

戏剧主义修辞观之于互联网对外新闻翻译——以"中国上海"门户网站为个案

渡到交际行为 b 的必由之路,译者是两种行为之间必不可少的中介,居于中心地位;行为的最终目的是达成"认同"。但事实上,这两重交际行为的终点都存在"不认同"的可能,即并未成功达到修辞目的。在交际行为 a 中,发话者试图采用符合报道口径的,即符合广大人民群众阅读习惯与先在认知的认同策略 a 跨越分歧 a,从而与国内新闻受众达成认同,满足统一思想的需要;但这些过于集中、统一的策略因无法凸显各异其趣的受众需求而导致了"不认同 a"。

另一方面,译者既是交际行为 b 的发话者,也是交际行为 a 受话者的一部分。作为国内新闻受众,译者能够与国内的宣传报道传统产生认同;但作为对国外受众和西方新闻传统较为熟悉的专业人士,译者也同时代表着某个特定层次的信息需求,因为在交际行为 b 中,译者所要影响的受话者是与国内受众迥然不同的国际友人。如此,不认同 a 就导致了分歧 b 的第一层次;国内外受众的固有差异则导致了分歧 b 的第二层次。为跨越这样的分歧,译者在其能力范围内采取认同策略 b,力求认同于受众,也赢得受众的认同。然而,即便译者能够以符合受众阅读习惯的方式精妙地处理译文,在其职责许可范围内采取调整内容、修正写作方式等策略,译文仍未必能较好地满足受众的信息需求,这一判断主要是基于国内新闻外译缺乏受众基础这一事实形成的。因此,由于译者无法充分践行受众意识,认同 b 与不认同 b 的可能性均是存在的。

在戏剧主义修辞观视角下,上述新闻外译过程的深层动力在于"辞屏",能否跨越分歧达成"认同"实质上取决于不同辞屏之间角力的结果。据 3.2.1.2 可见,"辞屏"是伯克阐释象征理论时所使用的重要概念,其基本含义是"人们应用的各种象征系统或词语汇集"(刘亚猛,2008:339)。之所以称为"辞屏",是因为词语在人们与现实之间形成了一道透明的屏障,使人们无法直接触及现实,只能看到通过屏障所呈现的世界。辞屏之所以发挥作用,是由于词语对现实进行选择性和凸显性概念分类(鞠玉梅,2017:44)。一方面,辞屏的作用首先来自词语运用的"选择性"功能,人们要达成修辞行为的目的,就会刻意使用某些词语将受话者的注意力导向某个方面,利用辞屏凸显他们希望受话者接收并接受的那些信息。另一方面,人们需要透过辞屏来理解客观事物,每个人都会因为自己特有的背景而拥有一套自己的辞屏,这决定着他们观察与理解世界的程度。当有关客观事物的语言表达在人的辞屏所涵盖的范围内时,人就会充分了解语言表达中所植入的、意在引导其注意力的表达者辞屏,在清楚理解语言表达内容的前提下得出是否接受这套说辞的判断。由此及彼,既然个人所应用的一套词语系统便是个人的辞屏,则共用同一套话语体系的某个群体也会有其自身的"辞屏"。就本研究而言,国内新闻记者、新闻译者与新闻读者三者的辞屏之间关系可用一个"W"形来表示。

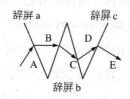

图 15 对外新闻翻译"辞屏"关系图

客观世界每天都发生着不计其数的事件(图中 A 所示内容),新闻记者会基于报道口径需要、所在媒体要求、自身写作风格和相关编辑指南等"辞屏 a"从中选择事件撰写相关报道(图中 B 所示内容),并在报道中使用该辞屏引起读者对事件某个方面的特别关注。译者则会首先依据自己的"辞屏 b"——主要包括百科知识、对国内新闻报道和国际传播需求的认识,及其作为译者所接受的专业训练等——尝试理解与分析记者通过其辞屏展现在新闻原文中的客观事件,并形成自己对于新闻中哪些内容适宜用于对外传播的判断,即形成图中 C 所示内容;随后再以该辞屏输出其认为受众能够理解并接受的、传播效果显著的新闻译文,即图

戏剧主义修辞观之于互联网对外新闻翻译——以"中国上海"门户网站为个案

中的 D。最终,受众也会透过自己的辞屏对新闻译文做出解读,形成 E。只有与受众辞屏相符,并成功地运用辞屏使受众关注译者力图传达的信息的译文,才有被受众接受的可能。受众的解读 E 与译者所要传递的信息 D 相吻合,则表明译者的辞屏占据了优势,取得了认同;不吻合则表明译者辞屏的"劝勉"功能并未在受众身上发生作用。总之,辞屏能够规定人们认识的方式、限定思维的方向;在具体的篇章翻译中,会表现为译者通过刻意选择某些词语来限定受众所获得的知识,或将其注意力引向某个角度,最终达到认同的目的。故此,译者的辞屏所发挥的作用,直接关系到认同实现的程度。

依据伯克的认同观,认同程度越高,则交际行为越是成功(鞠玉梅,2005:139)。鉴于我国的新闻报道体制与传统,"不认同 a"在短期内难以消除,但由于国内受众与国内新闻行为者处于同一意识形态体系中,受众需求也更易把握,"不认同 a"较易得到控制。然而,面对思维方式、行为习惯都与国人大相径庭的国外受众,"不认同 b"则可能在每一次新闻外译中发生,累积起来便是日趋不尽如人意的传播效果,对我国对外传播事业将构成极大威胁。由于译者在融合交际行为 a 和交际行为 b 的完整新闻翻译过程中居于中心地位,他们在其他类型的翻译活动中常见的"原文搬运工"身份在这一过程中应有所改变,以利用其主体性尽可能增加"认同 b",减少"不认同 b",提高交际行为的成功几率。因此,有必要适时提升译者的辞屏,同时充分发挥译者现有辞屏的作用。提升译者的辞屏关键在于强化背景,比如提供条件协助译者调查或了解目标受众需求,使译者对受众的辞屏有更好的预判,填补译者辞屏的不足,进而提升译者确定译文主体内容的水平,提高输出译文的质量。不过事实上,译者的现有辞屏还大有可为,核心思想在于协助译者破除"明知可为而难为之"的尴尬。举例说来,可以在展开适当监督的前提下,赋予译者更大的译文创作自由度。除了鼓励译者在不扭曲原文核心信息的前提下,适应受众阅读习惯,大胆调整原文内容与结构以外,还应允许译者参与原文选稿过程,或在翻译工作中对部分极可能不符合对外传播要求的稿件提出反对意见,同时开辟快速畅通的渠道听取译者的建议,使译者在可能进入翻译过程的新闻原文的取舍中握有更多话语权。

总而言之,依据对外新闻翻译的认同分析过程可见,"不认同"的可能性始终存在,而克服的关键在于翻译过程各行为者的"辞屏"。当"辞屏"由于主客观原因无法充分发挥作用时,不认同便会占据上风,导致修辞目的难以达成、传播效果不尽如人意。同时,由于译者在翻译过程中起着承前启后的核心作用,"辞屏"对于"认同"的重要性理当使新闻外译译者承担不同于普通译者的使命,这也进一步印证了本研究 4.2.2 基于专家意见所提出的新闻外译工作策略。

此外,前述的两重交际行为中,发话者均是依据跨越分歧的需要对受话者采取一定的认同策略,表明"分歧",即修辞情境的分裂本质是决定交际行为表现的关键。据 6.1 可见,译者在翻译具体篇章之前对原文展开五要素分析,有助于译者更透彻地理解原文,为语言转换过程做好准备。结合本部分内容可以进一步发现,译者应尤其重视对修辞情境的具体分析,从"缺失"与"受众"中找出"分歧"所在,发现篇章修辞目的,据"修辞局限"确定作为认同策略的修辞手段;而其中"分歧"更是译者行为的主要驱动力。首先,译者有责任认清"分歧 a"可能对"分歧 b"产生的影响,终结"不认同 a"。随着译者职责范围的扩大,当译者察觉原文存在不合理之处,或内容极可能不符合国外受众需求,从而无法满足自己的信息输出需要时,译者或者对原文信息加以调整,或者建议相关部门弃之不用,尽全力阻止造成"不认同 a"的篇章进入"交际过程 b"中。当然,此时"认同 a"的"统一思想"是仅就译者而言的,即原文篇章与译者实现了思想统一。其次,译者应厘清"交际行为 a"对"分歧 b"的形成有着怎样的影响,明确"分歧 b"的可能表现,切实了解受众需求,并据此采取所有可行的认同策略跨越"分歧b",使"认同b"经由一次次的新闻外译实践逐渐占据优势地位,进而促进对外传播效果的提升。概而言之,译者与受众达成"认同"的关键在于"分歧",译者需认清分歧,善用分歧,最终跨越分歧而实现认同。

6.3 基于修辞情境的"二元再情景化"模式初探

纵观当代的修辞研究总体态势,研究语境中的话语一直是修辞学者最重要的一种学科实践,而批评话语分析也在修辞研究的多个方面发挥着功用,包括科学技术修辞、日常辩论、媒体话语等,不一而足(Johnstone & Eisenhart, 2008),为基于修辞视角建立批评话语分析模式创造了可能。另一方面,从话语作为社会实践的角度为互联网新闻外译构建批评话语分析模型,能够以译文效果为关键指征,将翻译置于更大的社会环境中考察,这或许能够为对外新闻翻译研究指出新的方向。从这个意义上说,批评话语分析能够成为从修辞角度研究翻译的有力辅助。

前两小节的分析表明,无论新闻原文还是译文,其行为者都需要把握缺失、定位受众、依从修辞局限方可采取适当的手段达成行为目的,这证实了场景(即修辞情境)是决定行为者各项决策的最重要因素。其后的认同分析过程则进一步彰显了修辞情境对修辞行为的决定作用,并使新闻译者在翻译中的行为方式更加明晰:作为读者的译者首先需要通过其辞屏了解原文作者是在何种分歧的驱动下采取了哪些认同策略,力图达成怎样的目的;其后译者需要站在译文传播者的立场上,采用辞屏来过滤原文,思考译文需要面对的受众与可能面临的场景,得出适于输出的信息;最后译者再次借助辞屏,认清最终确定场景的分歧,采取适切的认同策略以目的语输出其所确定的原文信息,力求与最终受众达成认同。可见,新闻外译过程实质上是译者将译文信息从原文场景转移到了译文场景中,这与话语分析中的"再情景化"高度契合,且采用批评话语分析的方法研究网媒新闻外译,其结果也能够与戏剧主义修辞观指导下的研究结果形成互证。不过,笔者以为互联网对外新闻翻译的情况并非单纯的"再情景化"可以概括,"二元再情景化"模式可能是更符合其现状的研究框架。

6.3.1 "再情景化"发端

"再情景化"(recontextualization)这一概念最早是由伯恩斯坦(Bernstein,1981)针对教育话语(pedagogic discourse)提出的,他认为教育话语是"嵌入话语、并使两种话语相互关联的规则集合"(Bernstein, 1981:158)。具体说来,是把能力(各种技能)话语嵌入社会秩序话语中的规则,使得后者支配前者。构成教育话语的这两种话语分别称为教学性话语(instructional discourse)和规定性话语(regulative discourse),前者用于教授专门技能及其相互关系,后者则用于确立专门的秩序、关系与身份。作为规则的教育话语因此成为一种"没有具体话语的话语"(同上:159),即当中没有它自身的话语存在。教育话语"仅作为一种挪用多个话语并在它们之间确立某种特殊联系的方法原则,其目的是使这些话语得到有选择的传播与习得[……]这一方法原则将话语从其所依托的实践与情景中移走,再依据其自身的重新排序与聚焦原则重新安置该话语。在这个对原始话语进行移位与重新定位的过程中,包含权力关系在内的实践社会基础都被移动了,原始话语在这一过程中经历的变化在于:从真实的实践转变为虚拟的或想象的实践"(同上)。显然,原始话语在经过移位与重新定位之后发生了变化,产生了新的话语,正是这样的"再情景化"规则在有选择地挪用、重新定位、重新聚焦多个话语并在它们之间建立联系,以形成新的一套秩序。综上可见,在伯恩斯坦的理念中,教育话语是"再情景化"的关键推手。由于规定性话语控制着教学性话语,"再情景化"不仅使话语本身发生移位与重新定位,也同时移动了话语的生产场景及附着其上的权力关系与意识形态等非话语要素,使得新产生的话语与原来的话语存在本质区别。这些区别既表现为新话语具有新意义,也体现为新话语包含意义以外的其他因素(田海龙,2017b)。

6.2 "再情景化"、话语及翻译

批评话语分析视话语为社会实践,其关注的对象包括人们在社会生活中对语言的实际使用,及制约人们运用语言的各种因素。这本质上是将话语置于社会的大情景中,于是"再情景化"便顺理成章走入批评话语分析的视野。最早将这一概念引入话语分析研究的是范·鲁文(Theo Van Leeuwen, 1993),他重新阐释了"场域结构",认为这是"社会实践的再情景化与话语的实现过程,即特定情景下有关社会实践的知识建构",表明他认为话语就是"社会实践的再情景化"(Van Leeuwen, 2008:4)。举例说来,他指出语言学的路径似乎通常是由系统(如语法、范式等)生成过程(如语段),而非经由过程(实践)生成系统(如体系和具体化的知识形态),但语言学家一旦进入文本研究便会发现,不借助经验,即所谓的"对世界的认识"(Schank & Abelson, 1977),或曰"背景知识"(Levinson, 1983),就难以对文本的生产与解读形成概念。他主张所有文本都是对世界及其中所发生事件的表现,应当作为对社会实践的反映来解读,因而在分析文本时,应当关注的是文本如何依赖社会实践产生,又如何改变社会实践(Van Leeuwen, 2008:4)。范·鲁文的观点表明,文本是从社会实践中产生的,来自一定的情景,又在新的情景中展现社会实践,因而人们需要借助相关的社会实践经验予以解读;而新的情景势必会有所变化,使其中的文本相较于原话语有所改变,这些改变又会带来社会实践的变化。在这样一个动态的"再情景化"过程中,新情景与原情景的关系、新情景下的话语与原话语之间的关系,以及新情景使新话语较原话语获得了哪些新意义,都成为值得进一步探究的内容。不难看出,翻译中的原文与译文、原文读者与译文读者、原文所处的语言文化背景与译文所处的语言文化背景,恰好都是"再情景化"能够轻松触及的内容。费尔克拉夫(Norman Fairclough,1995)也将"再情景化"运用到媒体话语分析中,借由实例分析力证"再情景化"应用在话语与文本分析领域大有可为(2003)。露丝·沃达克(Ruth Wodak)和费尔克拉夫(2010)在一项有关欧盟高等教育政策具体实施的研究中指出,再情景化突出体现在文本的互文性(intertextuality)和互语性(interdiscursivity)中,考察再情景化过程关键在于研究文本的这两个维度。文本的互文性关涉其他文本的各个要素(词、短语或更大的单位)如何在该文本中体现;文本的互语性则是指该文本如何体现不同话语、不同体裁或不同风格的融合,以及如何利用这些话语、体裁或风格将该文本与其他互文文本联系起来。据此,再情景化通常是在文本中实现了新的再情景化要素与旧要素之间的融合,可涵盖特定词汇、表达、观点、主题、修辞手段等等。事实上,这些观点同样在很大程度上反映着翻译中原语文本与译语文本的关系:在互文性方面,一种语言中的语法要素将以另一种语言在译文中显现,当中会涉及哪些再情景化步骤?在互语性方面,原文文本的产生可能受到某些权力关系、社会因素或行业标准的影响,比如国内新闻通常有统一的宣传口径和撰稿规范,但同时又会反映记者和编辑的个人风格,而这些内容又会如何体现到译文这一互文文本中?再情景化应如何实施?这些问题都成为翻译研究引入"再情景化"的理由。

国内学者在"再情景化"的理论探讨和实际应用方面也取得了一定的成绩。田海龙(2015)基于话语的社会实践本质指出,话语体系包括"使用的语言"和使用语言所要遵守的"社会规约"两个层面,正是话语体系构成了不同社会领域的文化。既然文化可以理解为人类的社会活动及其意义的语言表述,那么文化研究的核心就应是探索人类的交际行为。再者,不同文化间的交际实为处于不同文化中的人们将自己文化中的社会活动与另一种文化中的人交流,并理解另一种文化中的社会活动,此时语言作为不同文化间交往的工具,也是需要理解的内容,因而与其他社会活动一样成为某种文化所独有的事物。因此,跨文化交际在某种意义上是"话语体系"之间的对话,为从话语角度提出跨文化交际的分析框架创造了可能。另一方面,元话语的再情景化分析表明,元话语涉及一个"话语-去情景化-再情景化-文本"的社会实践过程,这一过程能够较为清晰地表明影响文本生产的情景以及文本产生后带来的影响,体现元话语与其他诸多话语之间的联系,及元话语在新的情景中产生了怎样的新话语等等(赵芃、田海龙,2013),这些都成为"再情景化模式"提出的重要基础。田海龙(2015)曾利用该模式分析纽约街头播放的中国宣传片,通过跨文化交际实际案例展现了再情景化模式的可操作性,同时也依据分析中所体现的变化指出了进一步丰富这一模式的可能性。翻译作为跨语言、跨文化的交际活动,代表的是使用不同语言的话语体系之间的对话;两种不同的语言又代表着两种话语体系中不同的社会实践,从而使得翻译活动成为文化内涵尤其丰富的、沟通不同话语体系之间的话语,将其纳入再情景化视野中势必有助于进一步提升翻译研究的跨学科性。但翻译作为话语的特殊性也会使翻译的再情景化过程体现出独特的性质。

6.3.3 翻译研究的"再情景化模式"

借由批评话语分析学者的努力,与话语、文本密不可分的翻译研究也引入了"再情景化"的概念。鉴于再情景化对翻译具有显著的适用性,豪斯(House, 2006)较为完整地分析了翻译的再情景化过程。他从哲学、心理学、语用学、社会语言学、人类学、功能语用学、系统功能语言学等角度较为全面地展示了不同学科领域对"情景"(context)的界定,指出情景包罗万象,可指各类外在因素(包括环境因素和文化因素)及内在的认知因素,而这些因素在实际的听说过程中又会相互作用。因此在多数情况下,情景以及情景和语言的关系应是动态而非静态的。情景不仅仅是一组会影响语言的预设的、离散的变量,情景和语言之间更是有着相互成全的关系:语言塑造情景,情景也塑造语言。但是,这种动态的情景对于翻译研究却并不适用。翻译研究是使用语言的行为,足以构成再情景化:在翻译过程中,一段段语言不仅在新的语言中获得新的形态,更是从其原有的情景中脱离而置于一个新的情景中,交际传统、体裁、读者期待标准等都会发生变化。不过,翻译与其他语言交流方式的最主要区别在于,译者从翻译活动之初所面临的便是完整的语篇成品,因而实际上是静态的,此时译者在再情景化中的任务便是从现有文本中创作出一个鲜活的却并非动态的整体,当中又充满了各种情景关系。另一方面,文本与译者间的联结所决定的权力关系也使得目的语中的新情景并非动态,译者只能选择向这一情景妥协,而无法改变情景,这与实际会话中情景会依据往来对答而变化发展的情况极为不同。书面语言在一定意义上是固定的;在译者从书面文本生产话语的过程中,原作者与读者之间的对话只能是想象的、隐形的,因为他们天然地被时空分隔开来。译者要跨越文本由于语言要素的不变模式而形成的既定性,以克服这样的距离而创造一个新的整体,就必须激活文本的所有情景关联,使其与新旧情景联结在一起,而这一过程只能在译者的头脑中完成。豪斯的观点指出了翻译再情景化中"静态情景"这一特殊性,但他更重要的贡献在于凸显了这样一个事实:译者本人对文本情景的认知在翻译再情景化中起着关键作用。这实际上强化了译者在再情景化过程中的核心地位。康(Kang, 2007)则通过新闻翻译实例研究了新闻话语的再情景化,指出跨越语言、文化与体制的话语再情景化会导致信息的改变与转移。在比较美国原

戏剧主义修辞观之于互联网对外新闻翻译——以"中国上海"门户网站为个案

版《新闻周刊》与朝鲜版《新闻周刊》后,他指出朝鲜方面依据新的情景需求对原新闻进行了重构,重点关注翻译的情景与新闻译文创作者(producers of translated news stories)如何在体制要求下,将面向原版《新闻周刊》读者的、有关朝鲜的新闻报道,依据新的使用情景,重新植入面向朝鲜版读者的翻译场景中。随着新闻译文创作者将两种情景联系在一起,原文本的各种话语要素就从原情景中脱离出来,以各种方式进入并适应新的情景。作者据此指出,实际的新闻翻译实践并不如理想中的那样,能够完整、准确地再现原文作者的意图,而是一种关乎体制目标与流程、展现意识形态差异的再情景化过程。可以想见,本文作者有意不使用"译者"而采用"新闻译文创作者"这一表述,一是为了体现其研究中的新闻翻译与惯常所理解的翻译活动有较大差异,二则能够强调译者在新闻翻译过程中"写"大于"译"的特点,再次表明译者是新闻翻译活动的决定性要素。

综上可见,在再情景化的视角下,译者与原文情景——而非单纯的"原文"——之间的关系被推到了台前,这一方面是对译者主体作用的强化,另一方面也为翻译过程研究提供了新的视角,探讨译者如何依据新的情景需要,或依据哪些新的情景需要而再现基于原情景的原文内容,从而使新情景中的新话语具有哪些新的意义,这些意义又会与原文构成怎样的关系,等等问题。针对这些问题,陈勇(2017)借用田海龙(2016)的"再情景化模式"分析框架,展开了政府工作报告的英译研究。最初的"再情景化模式"包含以下分析步骤:(1)确定被移动的元话语:包括确定被移动的文本,思考随文本被移动的意义等;(2)确定原始情景,包括元话语所处的原始时间与空间,并思考元话语的制造者及其与接受者的关系等;(3)确定再情景化的始作俑者,即是谁造成了再情景化过程的发生;(4)确定新的情景,包括确定元话语所处的新时空,思考再情景化的始作俑者与新话语的接受者有何关系等;(5)确定新话语在新情景中的新意义,包括再情景化的始作俑者目的为何,目的是否实现;元话语与新场景的其他构成成分之间有何种新关系产生,新关系又生成了哪些新话语;新话语的接受者对再情景化有何反映,认定了哪些新意义,对这些新意义是接受还是拒绝等。陈勇(2017)将这一模式应用到翻译领域,认为原文是元话语,制造者是作者,而新话语的始作俑者则是译者。通常原作者在写作中较少考虑文化差异巨大的外语读者,而译者则需要在忠于源语文本和作者的同时考虑目的语读者的认知环境,这理当成为翻译过程新情景的一部分,因为正是不同的认知环境带来了译文读者异于原文读者的理解,导致了新意义的产生。那么,译者究竟应当尽力追求还是极力避免新意义的产生呢?作者从中西翻译理论对翻译的共识出发,基于中央文献翻译高度的政治性与严肃性,提出译者须尽力避免译文在目的语读者中产生偏离原文和作者意图的新意义。然而从现实的情况看来,新意义的产生又难以避免,因而作者首先将分析步骤中的第五步调整为:确定元话语在新情景中可能出现的新意义与译者的主体性,即元话语在新情景(主要是读者的认知环境)中可能产生哪些新意义,而再情景化的始作俑者又为避免产生新的意义采取了何种行动。其后,作者利用调整后的新模式对政府工作报告英译进行了分析,指出译者为了将原文语境移植到新的语境中,一定程度上发挥了主体性,对原文进行了适度改写,以追求语境上的等效。的确,政府工作报告作为中央文献的一种重要形式,准确、忠实一直是其翻译的最高标准,因为不仅有原文作者本人的权威性关涉其中,它更是与国家这一翻译赞助人有着直接紧密的关联,其译文是外界解读中国国家政策与发展态势的重要依据,因此译者在翻译过程中几乎没有实施"创造性叛逆"的可能,其发挥主体性的空间虽确实存在,但也颇为有限。因此,当再情景化模式用于研究其他类型的翻译活动时,对其内容与形式仍需做出符合此类翻译活动特点的改变。

6.3.4 互联网对外新闻翻译的"二元再情景化模式"

基于对现有的翻译研究再情景化模式的分析,结合互联网对外新闻翻译的实际操作方式与特点,笔者认为"二元再情景化模式"是更适于该领域研究的再情景化路径。在讨论这一模式的具体内容之前,笔者首先要对原初的再情景化模式中两个具体措辞做些调整,以避免误解。在谈及实施再情景化的主体时,田海龙(2016)采用了"始作俑者"这一提法,陈勇(2017)在其论述中沿用了这样的表述。"始作俑者"典出《孟子·梁惠王上》,原文是"始作俑者,其无后乎",表达的是孔子因反对用俑殉葬,便说"第一个用俑殉葬的人,大概断子绝孙了吧",因而"始作俑者"主要用于表示第一个做某件坏事、或开启了某种恶劣风气的人,用于表达贬义色彩(《成语大词典》编委会,2012:980)。诚然,语言是随着社会与历史的进程而不断变化发展的,如今这一成语在实际使用中不乏褒贬混用的现象,但笔者以为,"始作俑者"有可能使读者对"再情景化"的性质和作用产生疑问:难道这一过程的发生竟对于社会实践有着负面意义吗?另外,依据"确定始作俑者即确定是谁造成了再情景化过程的发生"这一解释,"始作俑者"似乎意指"第一个开启了再情景化进程的主体",那么,使中国宣传片得以在纽约街头播放的直接主体虽然必定会是某个"具有一定财力的"(田海龙,2015)中方机构,但若认真论起孰为"始作俑者","国家"这一主体似乎应排在执行机构之前,毕竟没有官方的首肯,所有正式的对外传播活动都将是空谈;或者至少,国家政府与执行机构应同为"始作俑者"。事实上,笔者并无意对再情景化的"始作俑者"究竟是否为"第一个"刨根究底,只是认为在相对严肃的科研表达中,避免采用带有情感倾向的措辞充当重要术语,或许更有利于学界对新知识的理解与接受。因此,此处不妨采取更为中性的提法来代替"始作俑者",以期在避免误解的同时使研究的表述尽可能客观。综合以上原因,笔者拟借用上文对戏剧主义框架中 agent 一词的译文,将促成再情景化的主体称为"再情景化的行为者",用于表示促动了再情景化这一行为的一个或多个主体。

另一个需要调整的表达是"接受者"。据《现代汉语大词典》的解释,"接受"意为"对事物容纳而不拒绝"(《现代汉语大词典》编委会,2000:877),即有主动接纳事物的意味。但依据学者对"再情景化"模式的应用看来,"接受者"并不一定是主动接纳了元话语或新话语的人们,而主要是因处于元话语或新话语所在情景而直接接触到这些话语的人们。如田海龙(2016)谈到宣传片于纽约街头播放时,元话语便植入新情景而形成了新话语,但"接受者不再是中国庆祝日里欢庆胜利的中国人,也不再是中国爱国主义教育场所的青少年,而大部分是纽约街头的游客或行人[……]换言之,机构还是在'宣介',但接受者也不再是扮演'接受'的角色了[……]"显然,作者要表达的是元话语在转换情景后,便不似其在原情景中那样,能够被欣然接纳。陈勇(2017)则谈及作为元话语的政府工作报告以人大代表和政协委员,以及通过电视和其他媒体收看直播的全国人民为接受者,事后人大代表们"可以提意见和建议"。既然可能存在"意见与建议",则表示读者或观众对报告中的部分内容有不接受,或者说不完全接受的可能,因而也就无法称其为"接受者"。既然所谓"接受者"并未真正地"接受",或无从考证其究竟是否"接受",采取这一术语便容易产生混淆。事实上,现代汉语中与"接受"颇为相似的"接收"一词适用范围更广,既可表示"收进",也可表示"容纳、吸收"(贺国伟等,2005:208)。从词义的涵盖范围看,"接收"可以表示"收受;收取","政府部门依照法令把机构、财产等拿过来",以及"接纳";而"接受"则仅表示"对进来的人或事物不拒绝"(单耀海,2003:375)。"接收"侧重表示收过来,往往要通过一定的手续、程序或装置,而"接受"侧重指主观上对对象的态度,表示愿意收受或承认(顾士熙,2002:445)。由此可见,在确定传

戏剧主义修辞观之于互联网对外新闻翻译——以"中国上海"门户网站为个案

播对象通过某些途径获取了信息却不确定其对信息是否持有主动接纳的态度时,传播对象作为"接收者"要比作为"接受者"更合理。综上笔者以为,依据接触话语的人们因处于情景中而无法避开话语、不得不听到或看到却未必主动接纳这一特点,此处选用"接收者"代替"接受者"更符合话语传播对象的实际内涵。

如前所述,再情景化模式确有助于拓展翻译研究的视野,但不同类型的翻译可能以不同体裁和题材的原文为基础,以不同表现形式的译文为终点,面向不同的终端读者;其对于"忠实"和"叛逆"的倾向不一,译者在不同类型的翻译活动中所具有的主体性发挥空间也不尽相同。因此,仅仅以政府工作报告英译为例,并不足以支撑起一个整齐划一、普遍适用的"翻译再情景化的分析模式"(陈勇,2017)。因为政府工作报告英译仅是汉译外,即广义的外宣翻译中一个较低层级的类别,更不必说"翻译"在本质上必须触及方向性的问题。由此可见,在应用再情景化模式时,更恰当的做法是依据较为具体、细化的翻译类型的实际操作方式与特点来确定再情景化模式的具体表现。另一方面,批评话语分析领域的研究本身存有一些缺陷,如绝大多数的批评话语分析所关注的仅是可见的和现存的文本,分析过程中过分依赖已生成的文本,而忽略了分析看不见的话语,如在语言使用者生产这些可见文本之前社会就作用于他们的那些规约,以及生产这些可见文本之后这些规约给他们造成的后果(赵芃、田海龙,2008)。据6.2.1的分析可见,译者作为生产译文的语言使用者,在产出译文的过程中必然受到原文语篇及其相关社会规约的影响,而这些规约在译文完成并面向读者之后,仍会对译文的接受程度产生效应。由于新闻外译中译者行为的根本目的在于与目标读者达成认同,进而使读者认同新闻发布者,译者对新闻原文往往会做出一定的改动,也会在译文中尽可能采取向目标读者靠拢的写作手段,这些都与传统意义上的翻译活动有所不同,但也确确实实发生在新闻外译活动中。

既然译者是翻译再情景化的直接行为者,决定着再情景化的实际表现,而网媒新闻外译的译者相较于普通译者又有较大的发挥主体性的空间,则合理的再情景化模式不仅要探讨译者生产可见语篇的过程,译者在翻译构思过程中所制造的不可见"语篇"也应该纳入考察内容中。译者对原文语篇的解读、消化、过滤、重塑的过程正是看不见的话语,是互联网新闻外译中无法避开的一环。正是基于这样的思考,笔者认为"二元再情景化模式"是更符合网媒新闻外译实际情况的分析方法。图16通过拆解分析步骤,简要展示了陈勇(2017)所主张的翻译再情景化模式。

图16 翻译再情景化分析模式(陈勇,2017)

图中的五个步骤表示"翻译再情景化模式"的五个阶段中分析者分别需要确定的内容,其中行为者是元话语与原始情景过渡到新情景、新话语和新意义的推动者。作者在该模式的具体运用中的确分析了许多看不见的话语,比如被移动的元话语不仅是文本意义本身,还包括报告中所涉及的诸多理念、制度和价值观等内容;原始情景中文本与其读者之间的关系,到新情景中就发生了变化,且新情景中的读者认知环境也与元话语接收者不同,于是元话语不可避免地在新情景中获得了新意义,而译者则发挥主体性,尽力避免新意义产生。总的说来,作者对于文本以外的要素对文本的影响有较为全面的认识,但本质上仍将主要关注点放在"原文-译文"的显性翻译过程上,忽略了该个案再情景化过程中的隐性驱动力量。可能正是因为没有摆脱这样的思想窠臼,作者在分析过程中出现了一处逻辑显著不通的错误。作者认为政府工作报告的再情景化应包括生产译文和发布译文两个阶段,因而始作俑者应当是译者

戏剧主义修辞观之于互联网对外新闻翻译——以"中国上海"门户网站为个案

和发布者这两个主体;又因为译者与发布者的机构属性,实质上最根本的推动者是中国共产党和中国政府;然而,在经过作者调整的关键的最后一步,分析"再情景化始作俑者为避免产生新的意义采取了什么行动"时,作者却又称"译者为避免产生新意义采取了什么行动"(陈勇,2017)。且不论"译者"与"中国共产党和中国政府"之间的差异,此时"发布者"的作用在作者眼中似乎可以忽略不计。既然如此,提出"发布者"为"始作俑者"岂非作茧自缚、弄巧成拙?若非如此,"发布者"同为始作俑者,究竟在新意义的产生或避免中又扮演了怎样的角色?基于这样的思考,结合6.2.2的"辞屏"分析,笔者以为对于涉及两种不同语言的再情景化过程,分析中不宜操之过急,将其与直观的图片和视频(田海龙,2016),或元话语在同种语言的不同情景中的移动等同视之。此外,译者在互联网对外新闻翻译中的语篇重构不仅体现在最终的文本中,也发生在译前处理及译后发布等环节,故而笔者尝试提出适于此类型翻译的"二元再情景化模式",见图17。

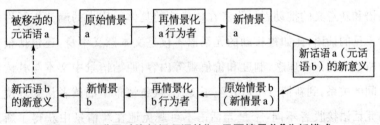

图 17 互联网对外新闻翻译的"二元再情景化"分析模式

在互联网对外新闻翻译的完整过程中,译者一直是重要的再情景化行为者,但这一环境中的再情景化并非是一个从原文到译文直接发生的过程,中间经过了译者的深思熟虑,其在非可见语篇的基础上创作出最终的译文,并与其他行为者一起构筑了新话语b。利用这一模式分析网媒新闻外译,首先需要确定被移动的新闻文本及其上所附着的意义,即

第六章　戏剧主义修辞观与互联网对外新闻翻译：中观概览

需要考虑新闻文本所表达的具体内容背后的社会语境因素，这可能包括我国的国家政体、经济形态、历史渊源、文化积淀等，视具体新闻题材而定。它们隐藏在元话语文本的字里行间，和新闻文本的字面意义共同构成被移动的元话语 a。其后，在确定元话语 a 的原始情景 a 时，对于原初模式所规定的"元话语所处的原始时间和空间"应有更全景化的解读。诚如前文所言，翻译再情景化过程的特殊性突出体现在"静态情景"上，用于外译的新闻原文文本与即时发布并获得现场反应的宣传片或政府工作报告相比，具有更显著的不流动性，这意味着元话语所处现实时空的静态性尤为显著。若果真对新闻原文成文于何时、刊载于哪份报刊追根究底，则不免有机械套用原初模式之嫌，对于研究翻译的再情景化这一动态过程并无实质帮助。笔者以为，从时间上确定元话语的原始情景，不妨将关注点放在元话语承载的新闻事件所发生的特定阶段，即处于怎样的历史时间中；在空间上则可以探究原文是在怎样的新闻体制、规定口径或报道传统下写就的，即位于怎样的文化空间里。要而言之，就是要分析具体新闻文本创作所依托的相对宏观的时空背景，包括其中所牵涉的各种社会语境要素。此外，新闻话语的制造者相对固定，具体说来是记者与编辑，大范围而言则是新闻媒体；但同样地，追究新闻文本具体出自哪位记者或哪家媒体之手对情景分析并无实际意义，重点在于这一类元话语的制造者通常都遵循国内新闻报道的一定之规，服务于最广大人民的根本利益，因而与元话语接收者之间可以构成"传播-理解"的关系。在明确了元话语和原始情景后，第三步就需要确定再情景化 a 的行为者。笔者将此时的行为者定位为"译者/读者"，斜线用于表示前者的角色包含在后者当中。这是因为译者在真正输出译文之前，首先是元话语的接收者，需要调用自己的读者身份，利用"辞屏"对新闻原文加以解读和消化。在此过程中，译者/读者既要基于其较为熟悉的国内新闻报道传统理解原文，同时需要考虑自己的译者身份及可能面对的受众,从而事先思考与确定适宜进入译文的内容。这样一来,新情景 a 的界定就变得较为复杂,因为此时被移动的元话语 a 并未进入任何具体的时空,而是从实实在在的文本中转移到了译者的思维活动中。由于译者首先需要站在读者的角度理解原文,考虑原文的创作意图与背景,原始情景 a 对元话语 a 的影响势必存在于新情景 a 中;同时译者也要初步考量译文目标读者的需求与接受,考虑原文中有哪些内容因不适于传达给目标读者,或用另一种语言表达时可能不利于翻译目标的实现而需要剔除。因此,不宜简单地采用确定原始情景 a 的方法来确定新情景 a。就互联网对外新闻翻译而言,译者思考所及的情景都会进入新情景 a,包括原始情景 a 及部分新情景 b。更特殊的是,新情景 a 中再情景化的行为者与新话语接收者是同一关系,即均为译者本人,只不过此时的再情景化行为者是译者/读者,而新话语接收者应为读者/译者,因为所产生的新话语 a(即元话语 b)是在为译者下一阶段的译文输出做准备。总体而言,再情景化 a 实际上是一个译者自洽的过程,但就新闻外译原文与译文的显著差异性及新闻外译的实际操作方式看来,这一过程又是必然存在、不可或缺的。最后,经过再情景化 a,新话语 a(也即要进入第二重再情景化的元话语)产生了,随之而来的是其在新情景 a 中形成的这样一些新意义:对于译者/读者而言,他基于自己的翻译需要较为全面地理解与整理了原文,达成了其再情景化的目的;元话语 a 则借助译者的思维过程与新情景 b 有了一定的关联,从而使得元话语 b 朝着更易为新话语 b 读者所接受的方向变化;最后,既然再情景化 a 是译者的自洽,新话语的接收者读者/译者自然对再情景化欣然接受,也认同新话语相较于元话语的不同意义。因此在确定新话语 a 的新意义时,文本意义上的变化应是最主要的分析对象,因为身兼译者与读者的行为者在再情景化 a 中已经实现了自洽,其他新意义并无显著的研究价值。至此,互联网对外新闻翻译的第一重再情景化分析便完成了;但新意义的确定并非终点,而是

第六章 戏剧主义修辞观与互联网对外新闻翻译：中观概览

标志着第二重再情景化的开启。

作为再情景化 a 的产物，新话语 a 随着行为者启动再情景化 b 而转化为元话语 b，此时被移动的文本是经过译者思维处理的不可见待译文本，其意义中有部分与元话语 a 相同，这主要指的是新闻原文所反映的核心事实；但其中还有一部分是译者的思考赋予该文本的新意义，因此新情景 b，尤其是新情景 b 中的接收者认知语境也一定程度上塑造着新话语 a。此时，新话语 a 成为元话语 b，因而由译者思维构筑的、促成新话语 a 的新情景 a 自然成为元话语 b 所处的原始情景 b。在这一重再情景化过程中，译者正式回归其实际身份，将其隐藏在思考过程中的文本用另一种语言、以可见的方式表达出来；此外，不仅译者需要将思考付诸文字，文字还需要获得与接收者直接联结的渠道，因此在新闻译出后，译文还需要通过互联网媒体的编辑或技术人员发布在互联网站上，才可能使接收者顺利接触到新话语 b。因此，再情景化 b 的行为者既包括译者，也包括负责发布译文的特定网媒。如此一来，新情景 b 中既有译者在生产译文时所遵循的接收者认知语境的要求，也有译文发布在互联网站时必须服从的技术规范；最重要的是，有对外新闻传播工作的基本原则与策略及对外传播事业需要达成的总体目标在内。这些情景要素在不同程度上制约着行为者的具体策略，其目的是使行为者与新话语接收者之间形成"传播-接受"的关系；而究竟是否实现，则要经过具体文本的分析才能回答。最后，确定新话语 b 的新意义，也需要在原初模式的基础上做些调整。如前所述，现有的翻译再情景化模式研究新情景中元话语可能产生什么新意义、译者为避免产生新意义采取了什么行动；然而在网媒新闻外译中，用另一种语言表达的、以互联网为载体的新话语 b 在新情景 b 中必然会发展出新的意义，这里的"新意义"首先出自语言上的差异：对于熟悉外文而不了解中文的新话语接收者而言，实际上新闻译文所传达的内容都是"新"意义。但除此以外，即便译文与原文达到完全对

193

等,新闻译文的文本意义与元话语 b 仍存在显著区别,因为原始情景 b 尚未触及互联网站的相关情景,也并未将所有翻译工作原则纳入其中,但这些正是元话语 b 在再情景化 b 中发展出新话语 b 的重要驱动力。至于再情景化行为者与新话语接收者,在网媒新闻外译中,前者的目的是否实现主要取决于接收者对再情景化的反应,即接收者认定新话语 b 具有哪些"新"意义,又能否"接受"这些新意义,从而对行为者目标的实现起到助推抑或阻碍的作用。因此,就网媒新闻外译而言,二元再情景化分析模式的最后一步关键在于:明确新话语 b 的接收者能否接受其新意义,以帮助实现行为者的最终目标。不过,获得单一的分析结果并非二元再情景化模式的终点。笔者构建这一模式的目的,除了通过分析结果更直观地了解二元再情景化的实际效果,也在于通过对多个单独的新闻外译行为展开分析,使这些分析结果之间形成相互参照,从而既推动二元再情景化模式的改进,也促使新话语 b 的接受程度,亦即新闻外译的传播效果对元话语 a 的创作产生潜移默化的影响,使国内的新闻报道常规逐渐采取国际化话语导向,从源头上树立为对外传播目标受众服务的观念,助力中国的对外传播大局,这正是"新话语 b 的新意义"以虚线箭头指向"被移动的元话语 a"的用意所在。

6.4 本章小结

伯克将戏剧主义引入语篇分析中,指出篇章五要素的基本内涵及其相互关系,为翻译过程中原语语篇与译语语篇的分析提供了重要的参考。借助戏剧主义修辞观对新闻外译中的原文与译文分别展开中观层面的分析,可以发现修辞情境是修辞行为基本走向的最重要决定因素,但原文行为者的主观修辞局限受到修辞情境中过于强势的"统一报道口径"这一客观修辞局限的制约,导致修辞行为的最终结果极易偏离修辞情境所决定的修辞目的;译文行为者则可能由于"了解受众需求"的相关客观修辞局限过于弱势而无法充分发挥其主观修辞局限的作用,从而也无法达成该修辞情境下既定的修辞目的。结合"认同"视角下交际行为的过程与译者在新闻外译中的作用,本研究进一步探究了这一情况,指出原文与译文无法顺利达成修辞目的的直接原因在于:发话者无法成功跨越修辞情境的本质"分歧"而达成认同。正是"分歧"驱动了交际行为的发生,当认同大于分歧时,交际行为就能获得成功;而达成"认同"的根本手段是"辞屏":当发话者通过其"辞屏"所输出的信息与其经过受话者的"辞屏"所得到的理解相符时,认同才可达成。然而,就新闻外译的整体现状而言,发话者与受话者的"辞屏"都受到多重牵制,其作用难以完全施展,因而直接阻碍了"认同"的达成,这正是中观层面的分析所揭示的网媒新闻外译效果不佳的原因。有鉴于此,要使新闻外译对受众产生预期的影响、提高对外传播效果,关键是在明确修辞情境"分歧"的前提下,使修辞情境的主客观修辞局限相互协调,以充分发挥译者现有"辞屏"的作用,促进译者"辞屏"的持续提升,从而支撑译者在具体新闻翻译实践中跨越一个个具体的"分歧"走向认同。

  基于修辞情境对译者策略的决定性影响与译者在网媒新闻外译中相对突出的主体作用,笔者随后引入批评话语分析中一个与此高度契合的概念——"再情景化",初步构建了互联网对外新闻翻译的二元再情景化模式,这一方面是为了借用相关学科视角更深入地观察网媒新闻外译过程,促进译者的实践,提升对外传播质量;另一方面,这一模式与基于戏剧主义修辞观的理论论证在本研究中的互证性也为拓展翻译研究的版图、挖掘新的研究可能性创造了机遇。

第七章　戏剧主义修辞观与互联网对外新闻翻译:微观细探

　　利用戏剧主义修辞观的核心方法"戏剧主义五位一体"研究新闻原文与译文,修辞情境与作为修辞行为者的新闻译者在互联网新闻外译中的作用得以凸显,据此确立的"二元再情景化"模式使新闻译者与修辞情境的关联更为明晰,对新闻译者在特定修辞情境下的行为决策将有一定的参考意义;另一方面,戏剧主义修辞观的其他核心概念有助于深入挖掘新闻译者在特定修辞情境中的行为驱动因素(分歧)、行为基础(辞屏)、行为手段(认同)及行为目的(认同),而这些正是新闻外译行为五要素的核心组成部分,可与"二元再情景化"模式分析共同构成互联网对外新闻翻译相对完整的微观图景。因此,依据第六章对新闻原文转化为译文过程的中观层面分析,笔者大致确定了针对具体文本的细化分析步骤。第一步,对具体原文与译文展开五要素分析,必要时考察原文与译文的修辞动机,借以观察原文作者与译者的不同修辞目的;第二步,拆解修辞情境,找出翻译情境中的"分歧",指出译者在"分歧"面前如何充分利用其"辞屏",采取适当的认同手段,以弥合分歧,与目标译文读者达成"认同";第三步,对具体翻译过程进行"二元再情景化"分析,明确译者为使接收者接受新话语做出了哪些努力,是否成功。这既与前两步的分析形成互证,也有助于"二元再情景化"模式的修正与改进。至于所分析文本的分类,笔者将对标题与正文分别加以探讨。新闻标题本就是新闻正文的先导,在互联网媒介中,其重要性尤显突出,对新闻标题英译的单独研究是探索新闻译文奥妙的必要开端与良好铺垫。而在正文部分,由于新闻外译显著的改写特点决定了导语与正文更可能融为一体进行整体编排,将导语与其他部分绝对分割开来恐不易体现新闻外译操作的整体性;同时译文与原文的导语也未必平行,削弱导语分析的可靠性,故此笔者不拟将导语与正文其他部分分开讨论。正文将主要分为硬新闻和软新闻两个大类。由于具备直观性、趣味性、丰富性等优势的图片新闻传播效果不可小觑,且据5.3.3可见,图片新闻英译目前在上海网尚未获得足够重视,笔者也将专辟一节予以讨论,将其与标题、正文并列,具体内容软、硬新闻并举。不过,因此类新闻中图片与文本相辅相成的特殊性,具体分析方法与步骤将与纯文本分析略有区别。

7.1 新闻标题英译:"意""趣"为上,须论"长短"

传统新闻学界就新闻标题的作用与意义已达成了一定共识。彭朝丞(1996)认为新闻标题用精炼的词语,对新闻内容和中心思想予以富有特色的浓缩和概括,是新闻报道的延续和最后完成。这意味着新闻标题首先必须是新闻事实的浓缩,其次要帮助读者迅速把握新闻的要义,其三应当文字简短,富有个性特色。刘其中(2009a:206)同样认为标题的作用不可小觑,一个优秀的标题能够迅速抓住读者的眼球,激发阅读兴趣;能够概括新闻内容,使人立即获知事件梗概;能够帮助读者判断新闻价值;还能够美化版面,吸引读者关注。总的说来,推销内文、介绍梗概、美化版面已成为媒体界对新闻标题功能的普遍认知。许多读者阅读新闻的习惯都是先看标题,再决定是否阅读正文,他们被新闻界称为"标题读

戏剧主义修辞观之于互联网对外新闻翻译——以"中国上海"门户网站为个案

者"。有学者统计,标题读者约占报纸读者总数的95%以上,因而标题制作的好坏直接影响着一篇新闻的传播效果(刘其中,2004:27)。不难想象,在标题与正文处于同一版面的传统纸媒中读者尚且以"题"取"文",在标题与正文往往分立两处的网络新闻传播中,标题的重要性则更不待言。读者需要从主页列出的新闻标题中点击标题链接方可阅读正文,且网络新闻标题受版页限制,多为单行,基本不存在传统纸媒中的正题、引题、副题等形式(饶梦华,2006:36-38),于是单个新闻标题的信息量与吸睛度便在很大程度上决定着一篇网络新闻的成败。这就意味着在报刊标题的三大功能中,推销内文成为网络新闻传播最应重视的方面;当然,根据新闻的基本原则,这样的推销首先必须以客观事实为依据。有一个吸引眼球又实事求是的标题,一篇网络新闻就成功了一半。此外,中英文新闻标题在功能与写作方式上确有共同之处,如介绍梗概、吸引读者、暗示态度、用语简洁等(刘其中,2009a:207-209),但由于语言文字与文化传统(主要是媒体报道传统)方面的差异,新闻标题由中文转变为英文时往往会出现意想不到的变化,而变化后所产生的新意义如何被读者解读,是被接受还是拒绝,直接决定着读者愿不愿意点击正文链接,使传播活动继续进行。因此,单独探讨互联网媒介上的新闻标题翻译绝非多此一举,而是对网媒新闻外译展开全面探讨的一个必要步骤。

基于以上思考,笔者从2016年12月1日至2017年12月1日之间"中国上海"门户网站刊载的新闻中选取了25组中英文新闻标题作为本节讨论的文本分析对象。选取该时间段的原因是笔者大约在2016年11月左右逐步锁定主要研究内容,但旋即发现在该网站可直接搜索获取的新闻中,仅有最近一个月内的新闻译文得以保存。于是自次月起笔者便开始有意识地搜集完整译文,直至次年12月1日。为使分析更具说服力,笔者尽可能确保所选样本分布在一年中的多个不同时间段,有13组标题来自2016年12月1日至2017年6月30日之间的新闻,其余12组来自2017年7月1日至2017年12月1日之间。在题材方面,所选样本涉及政治、经济、文教、医学、交通乃至宗教等多个社会领域,尽可能做到"软硬"兼顾。这些都是为了使所选标题更易体现该网站翻译策略在不同题材、不同时间内的连贯性与普遍性。由于上述选材时间跨度相对合理,题材内容较为多样,部分标题所对应的新闻也将用于正文与图片新闻的分析中。具体内容详见表12。

表12 上海网新闻英译标题举例

序号	中文标题	英文标题	时间
1	光影上海	Illuminating art at the Hall of Moon	2016.12
2	沪上首个绿色低碳公交场于高科西路停车场站建成投运	Pudong's smart bus station opens	2016.12
3	上海北郊未来产业园16日上午正式启动建设	Construction under way for northern suburb industrial park	2016.12
4	人民广场站17日起封站改造 工期缩短3天	3 Metro stations to be closed for renovations	2017.1
5	上海提前一年实现PM2.5降20% 2016年诸多环保指标出现改善	Shanghai achieved PM2.5 target a year ahead of schedule	2017.1
6	17号线新型列车搭载多项先进技术 上海地铁今年首列新车抵沪	Line 17 receives 1st metro carriage of 2017	2017.1
7	重大文化活动影响力评估报告发布 上海国际影视节成亚洲一流	Shanghai makes a cultural impression abroad	2017.2
8	上海歌剧院首次全球招聘人才	Opera House seeks foreign musical talent	2017.2
9	儿童博物馆开启新旅程	Children's museum puts travel at the forefront	2017.2
10	一天客流1155.9万人次 上海地铁全网客流再创新高	Record number on Metro	2017.3

续表

序号	中文标题	英文标题	时间
11	服务创全 提升景观——沪闵路绿化景观改造工程即将启动	Minhang greenbelt renovation	2017.3
12	学雷锋日:上海各区开展多场"学雷锋"活动	Lei Feng's spirit displayed	2017.3
13	400岁高龄牡丹奉贤盛开 为上海目前所存最古老的牡丹	Shanghai's oldest peony plant comes into bloom	2017.4
14	"英雄"背后的英雄——记上海英雄金笔厂有限公司笔尖车间金笔尖小组组长刘根敏	Dedicated craftsman honors brand of Hero pens	2017.6
15	"东方美谷"亿康基因致力精准医疗——精准检测助孕健康宝宝	Local firm thrives on embryo screening business	2017.7
16	长宁公布外环林带生态绿道的9座贯通桥方案	Changning beautifying greenway	2017.7
17	奉贤与临港、中车签订合作框架协议	New joint venture to build green, smart transport in Fengxian	2017.8
18	上海市质监局抽检80批次蚕丝被21批次不合格	Quilts not up to scratch	2017.8
19	进一步加大对外资研发中心支持力度 应勇调研在沪外资研发中心并主持召开座谈会	Mayor pledges stronger support to foreign R&Ds	2017.9
20	浦东企业"走出去"获知识产权保护	Intellectual property progress	2017.9
21	双节零售餐饮销售两位数增长 同比增10.7%长宁浦东增速20%以上	Shanghai's holiday retail sales rise	2017.10
22	韩正主持上海市代表团全团会议认真讨论习近平同志所作的报告	Shanghai delegates inspired and motivated by Xi's report	2017.10
23	国内首个"旗鱼弹射中心"落户市工业综合开发区	Fengxian launches China's first "catapult center"	2017.11
24	上海玉佛禅寺观音殿上梁典礼隆重举行	Jade Buddha Temple beaming with pride	2017.11
25	沪第一妇婴保健院携手浦东静安 首建区域妇产科医联体	Hospitals set up Shanghai's first gynecology and obstetrics network	2017.12

第七章 戏剧主义修辞观与互联网对外新闻翻译:微观细探

中英新闻标题的首要共性在于:它们都是对新闻内容的概括或浓缩,用以帮助读者选择新闻、阅读新闻和理解新闻。但由于英文字长,占空间大,用字必须节省;而汉字占空间小,字词含义丰富,同样的空间里能够容纳更多内容,因此标题可写得较长,信息量也更丰富(刘其中,2009a:207-209)。政府的英文版门户网站固然是重要的对外新闻传播媒介,但为使网络资源利用率最大化,通常这些网站还兼有其他信息服务职能,并与新闻标题所在栏目同样位于网站首页,导致网站新闻标题的可用空间相较于传统媒体被进一步压缩,图18较为直观地体现了英文版上海网新闻图片栏与标题栏之间的差异。

图18 英文版上海网新闻图片栏与标题栏

显而易见,标题空间的压缩意味着对字数的要求更为严格。从所选样本看来,绝大多数中文标题的字数确比对应的英译文来得多,表明中英文标题在"概括或浓缩"的尺度上仍有一定差异。而具体的差异究竟何在,似可通过"五要素分析"窥见端倪。如3.2.1.3所述,要判定修辞者出于怎样的动机表述客观事件,则应当探查事件的五要素(即行为者、行为、场景、手段、目的)之间的内部联系,其中的最关键要素便是修辞者的

戏剧主义修辞观之于互联网对外新闻翻译——以"中国上海"门户网站为个案

动机所在,即修辞者最希望受众注意与了解的、用于达成说服目的的内容。不过,新闻标题寥寥数语,极为精简,往往难以如正文一般"五脏俱全",要进行完整的五要素分析既属不易,也未见得必要。尽管如此,通过单独分析标题中所体现的五要素成分,我们仍能从这些标题中发现中文新闻标题写作的普遍特色与英译策略的异曲同工之处。一般而言,中国人倾向整体性思维,认为整体包含部分,各部分之间关系密切,因而要了解各部分则必须了解整体;整体性思维又导致了直觉思维,即通过知觉从总体上模糊而直接地把握认识对象,这就容易导致对客观对象较为笼统的整体性表述。而西方思维是侧重"主客二分"的分析性思维,在表达上更注重逻辑,善于分析、推理事实(连淑能,2010:296-315)。新闻标题虽无法表达完整的新闻内容,但作为新闻内容的缩影,仍能在很大程度上体现中西方不同思维方式所引起的不同的报道写作风格。样本中的绝大多数中文标题都至少体现了行为者与行为两个要素,其中大多数对于场景的铺陈更是不吝笔墨。这些场景可能是某个地点,如标题 2 的"于高科西路停车场站"、标题 23 的"市工业综合开发区";也可能是某个时间,如标题 3 的"16 日上午"、标题 4 的"17 日起";但更多的还是对事件相关背景信息的简要介绍,如标题 5 的"2016 年诸多环保指标出现改善"、标题 6 的"上海地铁今年首列新车抵沪"、标题 7 的"重大文化活动影响力评估报告发布"、标题 10 的"一天客流 1155.9 万人次",等等,这些都是侧重于展现事件全貌的整体性思维的表现。而从对应的译文看来,除了标题 13 的"oldest"和标题 23 的"first"等行为者背景信息由于新闻意义突出而体现在了译文中,其他译文或者只包含行为者与行为两个要素(如 2 和 5),即仅仅表达"who says/does what";或者仅有行为一个要素(如 1 和 3),即表达"what happened"的最基本新闻事实,而鲜有铺陈场景的表述。甚至当原标题如 15 那样五要素俱全时,译文也仅用最原始的主谓结构保留了表达最核心事实的两个要素。这样的翻译方式是译者通读原文全文、获得新闻核心事实后的结果,恰恰体现了将事实本质与表面现象剥离的分析性思维。综上可见,在标题翻译中不一味跟随原文铺陈场景,而只专注于基本新闻事实的展示,是该网站标题英译的突出特点,也是译者努力摆脱原文创作所属场景、向译文读者认知语境靠拢的表现。需要指出的是,标题 1 在表中显得颇有些另类,看起来中文标题十分精简,反倒是对应的英译相对冗长。事实上,这条配图新闻的标题"光影上海"指的是沪上逢年末举办的灯光艺术节,具有一定的本土影响力。对于原文的目标读者而言,这一标题辅以灯光炫目的配图,其含义并不难把握,简短的四字组合也颇吸引眼球,令人不禁神往。而对于未必熟悉这一背景信息的译文受众,译者并未直接译出艺术节名称,而是选择了表述艺术节的核心行为"illuminating art",添加地点则使标题免于单薄,也为读者中的潜在参观者提供了便利。同样值得一提的是,由于前述的整体性思维的影响,也因为长期以来统一意识形态的需要,国内记者撰写的某些标题可能出现场景与行为相较于译文读者的需求发生错位的情形,如标题 19 和 22 中,领导人主持重要会议这样的信息就被视为理所当然需要出现在标题中的内容。依据长期以来形成的国内新闻报道传统,表面上看市长、市委书记及其行为是基本新闻事实,而"加大对外资研发中心支持力度"和"代表们学习报告"则成为背景信息。此时译者需要做的,是拨开原标题释放的"迷雾",到新闻原文中去寻找真正的核心信息,将其体现在对应的英文标题中。这两个标题的译者都较为恰切地做到了这一点,他们没有字当句对地译出原标题,所删减的内容如"调研""召开座谈会""主持会议"等均是不便于读者在简短的标题中理解的非核心内容,该做法适度而克制,并未矫枉过正,使译文不仅准确地将基本新闻事实从事件场景中分离出来,践行了该网站一以贯之的标题翻译策略,同时译者也较为成功地在国内新闻惯用报道方式与译文读者的需要之间赢得了主体性空间,为涉及不同意识形态与政治体制的新闻

戏剧主义修辞观之于互联网对外新闻翻译——以"中国上海"门户网站为个案

外译提供了良好的参照。当然,表中部分标题英译也存在值得商榷之处,存在对于行为者与行为这两个要素表达不清的情况。美联社资深记者瑞纳·卡彭(Rene J.Cappon)在《美联社新闻写作指南》(*The Associated Press Guide to News Writing*)一书中提出的"Use no more words than necessary to make your meaning clear"一直被奉为新闻写作与标题制作的圭臬(刘其中,2009b:174),其中表达的新闻标题的基本要求并不难以意会:简洁为上须以表意为本。然而就标题9而言,简则简矣,意似不达。这条新闻标题中的"旅程"似表意浅显,实则一语双关,因该新闻的主要内容是"常设展区以'旅行'为主题展开一系列活动",显然原文的"旅程"若以加引号等方式予以强调,则双关意味将更加显著。与此相应,对应译文中的"travel"同样没有采取任何足以引起读者特别注意的附加手段,过于平铺直叙的表达反易令读者不明就里:何为"使旅行居于前沿"?显然博物馆的功能绝不包括旅游服务这一项。相反,若译者稍加思索,不盲从原文,采用"travel"加引号或首字母大写等方式,则其作为展区主题的内涵将更易为"标题读者"们迅速领会。这提醒译者,愈是简短的标题,单位字符所承载的信息量愈大,任何有助于读者理解标题、同时不过多占用空间的手段都不应忽视。另外,标题20的英译文相对于原标题而言,也显得过于"意味深长"了些,"言传"而难以"意会"。从中文标题中的"走出去"不难看出,所谓"intellectual property progress"应是指浦东企业的商标与产品在出口过程中得到了更好的知识产权保护,从完整的新闻原文看来也的确如此;但是,没有任何背景信息支持的"intellectual property progress"仅是一种笼统的行为表述,只有搭配"export-oriented enterprises"这一行为者,读者才能构筑起一幅相对完整的新闻图景。这再次表明,英语新闻标题虽应惜字如金,但前提必是表意完整、内容清晰。

依据以上讨论,不难发现新闻标题翻译这一修辞情境的分歧所在。

第七章 戏剧主义修辞观与互联网对外新闻翻译：微观细探

修辞情境中的受众是目标译文读者；修辞局限既包括新闻原标题所属的报道撰写传统、新闻具体内容涉及的文化内涵，也涉及英文报道标题规约、目标读者的文化背景及对中国的先在认知，更有译者本人的语言能力、把握受众需求的能力及现有的知识结构；而这一修辞情境的缺失就在于译者如何在多种修辞局限的作用下使标题译文能够为受众所理解与接受。要填补缺失，达成"认同"，译者就需要跨越分歧。此处的直接分歧是中文标题笼统的、概括的新闻事实表达与在有限的篇幅内向译文读者传递核心事实这一需要之间存在差距；站在译者视角上，则是译者作为读者所接收到的完整原文信息与其作为译者判断的应当传递给译文读者的信息之间存在差异，因而导致分歧的产生；究其根本，则在于中西思维方式的固有反差。为跨越分歧，与受众达成认同，译者首先须通读全文，作为提升其"辞屏"的重要手段；同时借助对国内新闻规约的了解等"辞屏"过滤原文标题中的场景内容，确定适于转换为另一种语言后传递给译文目标读者的中文内容；其后译者须主要调动其辞屏中有关西式新闻撰写体例的内容，以适当的方式输出标题译文，尽可能与受众达成认同。通常而言，英文记者与编辑总是想方设法把标题写得尽量简练与醒目，力求在最小的时间最小的空间内传递尽可能多的信息，因而英语新闻标题除了尽可能使用简短与通俗的词汇以外，也会采用多种省略方式，如 to be 结构、冠词、连接词等等，或用现在式表述过去的动作、用 to do 表达将来的事件，等等（刘其中，2009a：172-175）。当然，这些形式上的认同手段在与具体的文本分析结合时将更为明确，同时也能凸显具体的辞屏运用方式与内容认同手段。标题 14 的中文原文是一种典型的整体性表述。作为一篇人物特写，新闻副标题具体描述了新闻人物的职业背景，主标题则以一句简短的褒奖确定了人物的重要属性，这两者共同暗示了本文的报道基调。译者在翻译该标题时面临的最主要分歧在于，译者能够通过现有辞屏或提升后的辞屏理解标题中前后出现两个

戏剧主义修辞观之于互联网对外新闻翻译——以"中国上海"门户网站为个案

"英雄"的深意,却难以在简短的译文标题中以目标受众能够迅速而顺利接受的方式予以表达。基于对国内新闻撰写习惯的认知,同时考虑到目标读者可能难以理解"英雄"的文化内涵,译者便首先过滤了原文中对刘根敏背景的大量介绍而保留适于进入译文的内容,因为忠实译出后将使不仅使标题过于冗长,目标读者也难以充分理解这一职位的意义,这是译者辞屏的第一重作用;其后译者又遵循英语新闻标题的常见形式,就选定的原文内容使用标题常用的现在式与适当的措词拟定标题,这是译者辞屏的第二重作用;而译者的认同手段就包含在辞屏的作用中。如6.2.1.2所述,对外新闻译者在形式认同方面主要采用规约形式和重复形式,这主要指的是在各类新闻外译中都普遍采用西式新闻写作标准;而就内容认同而言,标题14属于"基于同情的认同"。据3.2.3可见,同情认同是通过强化与受众之间的共鸣而确立和谐的关系。既然西方受众未必了解英雄牌钢笔对于国人的意义,译者便无意在标题中过多渲染;又因为受众并不了解"英雄"品牌的意义所在,标题若直译为"The Hero behind the 'Hero'",看似寓意深厚,却会令受众不明所以。在明确原文是在歌颂一位平凡岗位上兢兢业业的工人之后,译者摒弃了"hero"这样略显浮夸的形容,转而采用"dedicated craftsman honors[...]"这样的表达,充分体现了一名敬业的技术工人对于一个品牌的重要性,表达了对工匠精神的尊崇,与西方尊重个体价值与贡献的观念是完全一致的。译者正是通过在基本价值观上与目标读者达成"共情"而争取其认同。这样的改译虽略显大刀阔斧,却也是切中肯綮,将原文所表达的实际内涵浓缩与移植到了译文标题中,避免译文标题出现令目标受众费解的内容而阻碍认同的达成。

以6.3.4的二元再情景化模式分析上例标题翻译,将使译者的思考与表达过程所涉及的要素更加清晰。首先,被移动的元话语 a 表面上是新闻标题,但其上附着的是整篇新闻所表达的事实与思想内涵。原文开宗明义称英雄品牌是中国民族工业的骄傲,而"民族品牌的成功并非一蹴而就",而是"汇聚了工匠们的汗水和智慧"(姚佳琳,2017),表明元话语的真实意图在于聚焦为民族品牌的成功作出贡献的"小人物"们,颂扬他们的默默付出。笔者还从原文的原始出处普陀区网站上发现,该文所属栏目为"中国梦 申城美",据此可以判断原文是由普陀区供稿的反映沪上普通民众"中国梦"的一篇新闻。因此,此处被移动的元话语 a 既是一篇歌颂普通人新闻的标题,还包括新闻中所体现的精神与事迹,更重要的是"中国梦"的某种缩影。至于原始情景 a,标题所代表的元话语首先在物理空间上属于新闻整体的一部分;在更广泛的文化空间上,这一报道的标题采用国内较为常见的专稿标题写法。与此类似的还有诸如"《侗族大歌》:一个民间故事的'变形记'"(胡谱忠,2017)、"九旬宗璞,为青春的庄严与绚丽立传——评宗璞新作《北归记》"(马兵,2017)等,长期浸淫在国内宣传报道惯习中的国内受众能够较顺利地接受此类标题,使得元话语制造者与接收者得以建立"传播-接受"的关系。从时间上笔者并未发现在该新闻报道时间附近有与新闻题材相关的事件发生,但据新闻所属栏目可以大致判断,这是一篇配合国内"中国梦"宣传教育工作的新闻稿,面向国内广大人民群众。元话语的直接制造者是媒体与记者,间接制造者则是支持媒体的政府机构,他们与接收者之间首先构成"传播-理解"的关系,又因为十八大以来"中国梦"被广泛讨论,早已深入人心,元话语所传递的中国梦线索便极易为接收者所理解,"传播-接受"的关系也极易达成。综合以上两个方面,在原始情景 a 中,元话语制造者的地位显著高于接受者。由于再情景化 a 实为译者自洽的过程,因而行为者为译者本人。新情景 a 中除了前述的原始情景 a 以外,译者在此阶段还需要考虑原标题中富于文化内涵的表达(如"英雄"的叠加使用)对于译文读者的效果是否能够与原文读者一致;如若不然,译者就需要结合新闻原文的完整内容,依据新情景的需要对元话语做出调整,从而生成

戏剧主义修辞观之于互联网对外新闻翻译——以"中国上海"门户网站为个案

具有新意义的新话语 a。经过再情景化 a 的过程后,译者由普通读者转变为"译者/读者",依据终端读者的需要大致形成了这样的新话语 a:中国梦是每个中国人的梦,体现在每个普通中国人自我价值的实现中。随后新话语 a 转变为元话语 b,此时原始情景 b 中虽仍存有原始情景 a 存在,但由于元话语 b 和新行为者的进入,译文读者与原文读者的固有认知差异重要性上升,使得该情景中元话语 b 的制造者从译者/读者又转变为读者/译者,表面上这仍是译者自洽的过程,实际上是译者为展开再情景化 b 提前调整身份,做好准备。此后,译者依据英文报道写作规范对于标题的要求,同时考虑新闻登载媒体对于标题字数的限制,译出现有标题;而媒体相关技术人员与编辑负责将标题放入相应的网络空间,在必要时继续调整标题用词与长度,使新闻标题以现有面貌得以传播。因此,再情景化 b 的行为者既包括提供译文的译者,也指负责调整与展示新闻标题译文的编辑和技术人员;新情景 b 中不仅有目标受众的接受心理与先在认知这样的文化空间情景,网络平台中新闻栏目的空间限制、新闻标题与正文各居不同页面的情况都是影响读者接受译文的物理空间情景,此时行为者与接收者之间的关系已转变为"适应-接收",即在接收者并无明确的主动接受的态度、而传播者又希望与接收者达成认同的情况下,行为者应采取主动适应、但不盲目服从接收者需求的方法,以有助于接收者"接受"的方式输出元话语所希望传递的、也易于为接收者接受的那部分意义。通过最终的标题译文不难发现,"Dedicated craftsman honors brand of Hero pens"7 个单词均通俗易懂,表义明确,长度也较易满足网络空间的要求,其内容更是体现着近年来"突出民生,淡化成就;突出人,淡化物"(黎海波,2008)的对外传播新主张,通过以人为主的报道方式体现着"人权"这一普世价值观。因此,译文所传递的信息是对"中国梦"的强烈呼应,符合全人类的共同价值,这使新话语 b 易于为接收者所接受,使受众能够从类似的"平凡人有不平凡贡献"的报道中逐渐建立起对"中国梦"的整体认知,并进而认同"中国梦",这就实现了行为者希望传达的意义。不过,从图 18 的新闻标题版面看来,上述标题译文虽已十分简短,在标题栏目中仍会分成 2 行,违背了英语新闻标题常以单行体现的习惯,不利于读者快速把握新闻核心内容,因而可能在一定程度上影响传播效果。

通过对标题 14 的英译进行二元再情景化分析,原文读者与译文读者对于如何理解"'英雄'背后的英雄"所存在的固有文化分歧更为明晰,也正是这一分歧的存在使得译者需要经过两次"再情景化"过程以输出新话语 b。在这两次"再情景化"过程中,译者"辞屏"的作用方式与"认同"策略是随情景的二度变化,包括行为者与接收者关系的变化而调整的。译者先是摒弃了以"英雄"形容新闻人物的做法,继而从终端读者的角度确定了用于内容认同的具体信息,同时也与自己作为译者的身份达成了认同;其后译者又遵循英语新闻写作传统及上海网媒体传播的现有条件,与编辑和技术人员共同采用规约形式,力图与终端读者达成形式认同。正因如此,译者在新旧情景的转换之间赢得了主体性空间,确保了元话语 a 的关键信息通过适宜的"辞屏"所确定的"认同"策略顺利转移到新话语 b 中;但要实现新话语 b 的新意义,则需要再情景化 b 行为者的共同努力。

以戏剧主义修辞观探究网媒新闻外译标题部分的译者角色可以发现,译者在新闻标题英译中面临的主要分歧在于原语新闻传统与文化背景赋予原文标题的丰富场景信息、文化信息与译语新闻传播规约及有限的传播空间之间的矛盾。译者需要紧紧把握这一分歧,依从具体修辞情境中的多种修辞局限,着眼于受众需求,充分利用与提升自身的"辞屏",以适当的认同手段过滤、转换原文信息,最终达到填补"使受众产生认同"这一关键缺失的目的。利用二元再情景化模式分析新闻标题从原文生产到译文面世的全过程又可进一步发现,译者虽是网媒新闻外译最重要的行为者,却不是唯一的行为者;译者在第一重再情景化中经过滤后保留的元话语 b 能否顺利转化为能够达成其目标新意义的新话语 b,还有赖第二重再情景化中其他行为者的支持。就英文版上海网现有的新闻标题栏目(见图 18)而言,放置新闻标题的空间过于局限,每行仅能容纳 6—7 个单词;从图中也不难发现,多数标题都不得不分成 2 行乃至 3 至 4 行。这既不利于受众迅速把握新闻主旨,又极易削弱受众的阅读兴趣。在标题与正文分列两处的互联网媒介中,这一问题不可谓不重大。译者在翻译工作中也会因标题版面的过分局限遭到一定的掣肘,令长度适中的易读标题与信息充分的有效标题难以两全。因此,网站技术人员与相关编辑有必要对网站版式进行更深入的研究,基于受众调查、同类网站比较、译者咨询等等手段,使英文版上海网以提升其传播效果为导向,以"读者友好"为着眼点,设置"标题友好"的新闻栏目。

7.2 新闻正文英译:"软""硬"相异,"认同"有别

依据美国新闻学教科书的分类,新闻有两种形式:硬新闻和软新闻。硬新闻通常指严肃的、事件性的、有时间性的题材重大的新闻故事,也称现场新闻或直接新闻;而软新闻通常指特写或符合人类共同兴趣的新闻报道,其主题可能不应时或不重大,但必定有趣。软新闻主要为愉悦,而非通告消息,因而倾向从感情上而非理智上吸引受众(Buchholz, 1993:114)。或如本研究 4.3 所言,硬新闻是指时间性极强的纯消息报道,不容逾期;软新闻则是形象化再现新闻事件的报道,讲求纪实性与娱乐性,其时效性要求相对于硬新闻大大降低。这两者都是对外新闻传播的必要组成部分,前者的目的在于表明政府在重大事务上的立场,后者则更能推动文化软实力的构建。分析"中国上海"门户网站中硬新

闻与软新闻在英译策略上的异同,既是对该媒体自身对外传播策略的反思,也能为其他网络媒体的对外传播提供参考,更是为了从整体上促进对外新闻传播的发展。

7.2.1 硬新闻英译:调整修辞动机,传递认同信息,切忌场景扭曲

硬新闻通常题材相对严肃,多为近期发生的大事要事,主要涉及政治经济报道,强调真实性与时效性,语言要求尽量客观(王欢、王国凤,2012)。我国媒体作为党和政府的喉舌,发挥着意识形态先导的作用,在统一思想方面扮演重要角色,于是一定时期内召开的各类涉及重要政策的工作会议便往往成为国内硬新闻的必选题材。然而,我国对外报道的元老周立方先生早就曾警告:对外报道新闻稿件最忌写成文件报告,形如"某某机构某时某地召开某某会议,主要议题是……。会议要求各区、各部门……,团结一致,群策群力,奋勇前进……"这样的报道方式在对外传播中是必须杜绝的(周立方,2005:25—27)。遗憾的是,目前这样的政治类硬新闻在国内各大主要媒体上仍不鲜见,如例1:

进一步加大对外资研发中心支持力度
应勇调研在沪外资研发中心并主持召开座谈会

市委副书记、市长应勇9月6日上午调研在沪外资研发中心并主持召开座谈会,听取对上海进一步优化营商环境、支持外资研发中心参与上海科创中心建设的需求和建议。应勇说,上海正按照习近平总书记的指示要求,加快向具有全球影响力的科技创新中心进军。外资研发中心是深入参与上海科创中心建设的重要力量,我们将进一步加大对外资研发中心支持力度,努力在促进创新要素跨境流动和全球配置、知识产权保护和落地、服务外资研发活动等方面取得新突破,推动外资研发中心在上海科创中心建设中发挥更大作用。

戏剧主义修辞观之于互联网对外新闻翻译——以"中国上海"门户网站为个案

截至今年8月,落户上海的外资研发中心累计达416家,全国最多。外资研发中心为上海集聚了大量的创新资本、创新人才,外商投资企业研发经费约占全市的一半,全市投资1000万美元以上的外资研发中心有120家,外资研发中心的研发人员超过4万人。同时,外资研发中心能级正不断提升,已有40家成为全球研发中心。

昨天上午,应勇与市委常委、常务副市长周波一行首先来到陶氏化学上海研发中心,该中心是陶氏全球最大的一体化研究中心,目前拥有700位研发人员、80多个世界先进水平实验室。市领导察看高通量配方、聚氨酯工业应用和个人护理产品等实验室,了解创新成果应用情况。陶氏化学亚太区总裁麦健铭告诉市领导,上海研发中心取得了超出预期的成果,未来将会承接更多的全球业务,不断做大做强。

作为全球最大的业务软件公司,SAP于2003年在浦东成立了中国研究院,目前已成为其在全球的第三大研究院。市领导听取SAP及中国研究院发展情况介绍,并察看运用大数据、人工智能、物联网等技术打造的智能制造、智慧交通、互联运输安全等创新案例。SAP全球研发网络总裁柯曼表示,中国研究院取得了大批专利成果,并与全球创新网络建立了广泛联系,未来将进一步扩大规模,助力上海科创中心建设。

在随后召开的座谈会上,SAP中国研究院、陶氏化学上海研发中心、飞利浦照明研发中心、诺华(中国)医学研究中心、联合利华全球研发(上海)中心、美敦力中国研发中心、强生中国研发中心与亚太创新中心、普华永道上海创新中心负责人先后发言,围绕政府开放科研项目合作、营造创新环境、完善人才政策等方面提出意见和建议。应勇认真聆听,并不时提问,与大家讨论交流。

应勇感谢在沪外资企业和外资研发中心为上海经济社会发展

作出的重要贡献,他说,上海作为中国最大的经济中心城市和改革开放的前沿,正按照中央要求,努力当好全国改革开放排头兵、创新发展先行者,为推动国家新一轮改革开放、加快构建开放型经济新体制发挥应有作用。欢迎更多的外资企业和外资研发中心落户上海,在参与上海建设发展中实现自身更大发展。

应勇说,当前,上海正加快建设具有全球影响力的科技创新中心,这既是一项国家战略,也是上海着力打造的核心功能。建设科创中心,主体是企业,核心是人才,在沪外资企业和外资研发中心是重要力量。我们将进一步营造有利于企业创新发展的环境,让外资企业更好地发挥创新主体作用,让外资研发中心更多地集聚创新人才。我们将通过深入调研,抓紧制定支持外资研发中心在沪更好发展的若干意见,推动外资研发中心更加深入、更加广泛地参与上海科创中心建设。

应勇说,建设具有全球影响力的科创中心,就要坚持全球视野、国际标准,能吸引更多的外资企业、外资研发中心落户,同时能配置更多的全球创新资源,就是全球影响力的重要体现。我们要努力在促进创新要素跨境流动和全球配置上取得新突破,帮助在沪外资研发中心增强全球资源的配置能力,进一步提升竞争力;要在知识产权保护和落地上取得新突破,既要进一步完善司法保护发挥主导作用的知识产权保护体制机制,也要积极支持外资研发中心在沪形成更多创新成果并落地应用。既要重视基础研究、加大科技投入,鼓励形成更多发明专利和科研成果,增强"钱"变"纸"的能力,同时,更要提高"纸"变"钱"的能力,推动更多创新成果转化为现实生产力和产品;要在服务外资研发活动上取得新突破,努力为外资研发中心发展创造更好的环境,特别是要继续优化人才政策,在促进人才流动等方面采取更多便利性举措。上海要择天下英才而用之,让更多外籍人才来得了、待得住、用得好、流得动,更好地为企业发展、为上海科创中心建设贡献力量。

例1的标题便初步暗示了其记载领导人工作情况的功能,通篇看来,这也确是一篇形式上与文件报告较为类似的领导人调研活动报道,描述了在上海响应习近平总书记的指示、加快向具有全球影响力的科技创新中心进军的背景下,市长应勇走访多家外资研发中心并主持座谈会,听取相关意见,以更好地为外资研发中心提供支持,促进海外人才的吸纳,最终推动上海科创中心的建设。据此,例1原文的戏剧主义五要素如表13所示。

表13 例1原文戏剧主义五要素内容

行为者	市长应勇
行　为	听取与发表意见
场　景	加快向具有全球影响力的科技创新中心进军
手　段	调研与座谈
目　的	进一步加大对外资研发中心支持力度

依据新闻内容判断五要素之间的关系配比,各对子间的关系如表14所示。

表14 例1原文五位一体关系对子分析

场景-行为:否	场景-行为者:否	场景-手段:否	场景-目的:是
行为-场景:否	行为-行为者:否	行为-手段:是	行为-目的:否
行为者-场景:否	行为者-行为:是	行为者-手段:是	行为者-目的:否
手段-场景:否	手段-行为:否	手段-行为者:否	手段-目的:否
目的-场景:不明	目的-行为:是	目的-行为者:不明	目的-手段:否

依据这一关系配比结果,行为者是当仁不让的关键性要素,代表了原文写作者的修辞动机所在,表明记者撰写本文的意图是凸显应勇市长

在一系列走访活动中的重要作用。然而,这样的写作方式显然难以符合目标读者的期望。且不论客居上海的受众对于在地领导人的熟悉度如何,对于有明确客观目标的座谈会而言,领导人绝不应成为对外新闻报道描画的重点。"加大对外资研发中心支持力度"这样的行为目的,显然远比描绘一名市长的工作场景更为契合对外报道的目标受众需求。因此,就本篇新闻翻译的修辞情境而言,受众是客居上海的、使用英语的外国读者;修辞局限则包括原文凸显行为者的报道撰写方式及其所代表的国内宣传口径、译文读者对国内宣传口径的不解及其对"加大对外资研发中心支持力度"具体信息的需求、常见的西式新闻报道手法,以及译者的语言能力、对中西新闻报道方式的熟悉程度与对受众需求的把握;缺失则是译者如何在修辞局限的作用下既准确传递新闻内容,又满足受众的信息与阅读需求,与受众达成认同。为达成填补缺失的目的,译者需要跨越的分歧从根本上说是中西报道方式与文化背景的差异,具体到本文则是突显行为者的原报道与要求注入有效客观信息的译文之间的分歧。为此,译者须利用其辞屏首先过滤不必要信息,再以恰当方式表述有效信息,以确保在形式与内容上都能与目标受众达成认同。例1对应的译文如下:

Mayor pledges stronger support to foreign R&Ds

Shanghai Mayor Ying Yong visited foreign research and development centers in the city on Wednesday, pledging stronger support and better service to the R&D centers.

Ying listened to suggestions from foreign research institutes on how to improve the business environment and facilitate the construction of the Shanghai technology and innovation center.

He thanked the foreign R&Ds for their contribution to Shanghai's economy. He said Shanghai is building a technology and innovation center to attract more foreign enterprises, R&D centers and talents. More efforts will be put into intellectual property protection to encourage innovation and more support will be given to fundamental research. Shanghai will create a better environment for foreign enterprises, and preferential policies for foreign talents.

Prior to the seminar, Ying and Shanghai Executive Vice Mayor Zhou Bo visited Dow Chemicals Shanghai research center, the companys largest global R&D center, and SAP China Research Institute.

As of August 2017, 416 foreign R&D centers have been registered in Shanghai with over 40,000 researchers. Of the total, 120 research centers had investment of more than US＄10 million.

译文的标题并未承接原文的场景描写,而是以"Mayor pledges stronger support to foreign R&Ds"概括了原文的主要内容,起到了提纲挈领的作用,使译文读者对正文内容有了大致的印象。从正文篇幅上不难看出,译文做了较大程度的改译,译者对原文做了大量缩减,使五要素及其相互之间的关系相较于原文也发生了不小的变化。综合标题与正文内容,译文的五要素分布见表15。

表15 例1译文戏剧主义五要素内容

行为者	Shanghai Mayor Ying Yong
行 为	Pledges stronger support to foreign R&Ds
场 景	Increasing R&D centers around Shanghai
手 段	Listened to suggestions, extended thanks and explained the situation
目 的	To improve the business environment and facilitate the construction of the Shanghai technology and innovation center

依据译文所展示的五要素之间的相互联系,关系对子如表16所示。

第七章 戏剧主义修辞观与互联网对外新闻翻译:微观细探

表16 例1译文五位一体关系对子分析

场景-行为:是	场景-行为者:否	场景-手段:否	场景-目的:是
行为-场景:否	行为-行为者:否	行为-手段:是	行为-目的:是
行为者-场景:否	行为者-行为:是	行为者-手段:是	行为者-目的:否
手段-场景:否	手段-行为:否	手段-行为者:否	手段-目的:否
目的-场景:否	目的-行为:否	目的-行为者:否	目的-手段:否

从上述配比关系可见,译文中的关键要素不再如原文一般一枝独秀,而是场景、行为和行为者三者平衡并重,这使得目标读者能够顺理成章地建立起三者之间的内部联系,即:在上海的外资研发中心数量日益增长的背景下,上海市长做出了相应的承诺,这一消息对于译文目标受众的价值无疑要远远大于对市长的工作情形进行巨细靡遗的描绘。分析结果似乎初步表明,译者已经采取了足以跨越分歧的表达方式。至于译者辞屏的具体作用,从原文与译文的词频对比结果中可窥见一斑。笔者利用 PowerConc 分析了原文中的两字词语,发现位列前 3 名的具有实际意义的词语分别是"中心"(46 次)、"研发"(36 次)与"外资"(29 次);三字词语的分析未得到有效的结果,而四字词语的分析则发现"研发中心"(29 次)与"外资研发"(24 次)位居前列。笔者又专门截取了以"应勇说"开头的几个段落进行词频分析,发现两字词语中有 16 个"外资"、16 个"中心"、11 个"研发"、11 个"外资研发"及 10 个"研发中心"来自这些段落。再仔细研读原文还可发现,尚有不少"中心"、"研发"出现在记者对相关机构名称的罗列当中。这再次印证了 7.1 部分所展示的国内记者的报道倾向是铺陈环境的"全景式"写法;特别是在涉及重大对外经济决策的本文中,更是务求"宁滥勿缺",将座谈会的所有相关信息完整收入文中。然而,译文展示的却是与此迥然相异的图景与内容。笔者同样采用 PowerConc 分析译文词频,发现除去"and""the"和"to" 3 个虚词外,排在首位的实词是"foreign"(8 次),紧随其后的则是"Shanghai"(7 次),之后

戏剧主义修辞观之于互联网对外新闻翻译——以"中国上海"门户网站为个案

才是"research"(6次)、"centers"(5次)、"center"(4次)。原文与译文高频词的对比在一定程度上表明,译者利用自己的"辞屏"对原文实施了较大幅度的删减,剔除了许多在译者看来不必过分提及或反复提及的机构名称;而"foreign"与"Shanghai"在译文中居于前列,则表示译者在利用特定词语吸引受众注意力,是"辞屏"作用的一种典型的具体表现。凭借这两个与客居上海的外国受众有着直接联系的词语,受众的共鸣与期待被唤起,帮助推动译文与读者之间的"共情"而实现基于同情的认同。不过,选用适当的词语引起受众注意仅是认同策略的起点。比照原文与译文的具体内容不难发现,随着大量"外资""中心""外资研发"等措辞离开译文的是应勇市长的大量讲话内容。译者仅拣选讲话中能够反映其主要思想的、同时易于引起受众自豪感与参与感的内容放入译文中,比如上海对外资研发中心的感激之情(He thanked the foreign R&Ds for their contribution to Shanghai's economy)、大力发展科创中心与外资企业的利益息息相关(to attract more foreign enterprises, R&D centers and talents)、同时上海也会致力于为创新和研究扫清道路(intellectual property protection to encourage innovation and more support will be given to fundamental research)、为外资企业创造更好的营商环境与优惠条件(Shanghai will create a better environment for foreign enterprises, and preferential policies for foreign talents)。这些内容既是对原文核心信息的合理压缩,又符合关注上海经济动向的外国受众的客居身份与认知需要,避免触及诸如"'钱'变'纸'""'纸'变'钱'"等难以在时效性要求较高的硬新闻中细说精解的文化差异。此时,作为译者的修辞者正是借助基于同情的认同策略,在译文中努力凸显与受众存在共有价值的那部分原文内容,从而跨越了"突显行为者的原报道与需要注入有效客观信息的译文"之间的分歧,达成了认同。

将这一翻译过程置于二元再情景化模式中便可看到,被移动的元话

第七章 戏剧主义修辞观与互联网对外新闻翻译:微观细探

语 a 除了"市委副书记、市长应勇 9 月 6 日上午调研在沪外资研发中心并主持召开座谈会,听取对上海进一步优化营商环境、支持外资研发中心参与上海科创中心建设的需求和建议"这一情况的具体描述,及其所表达的"为外资研发中心提供更大支持"这一表层意义外,更深层的意义在于,应勇市长的现身是某种"背书",代表了上海市政府在对外经贸政策方面的重要决策,是上海市政府将对外资企业与机构予以更大支持的重要标志。因此,被移动的不仅仅是文本本身,更有文本所代表的上海市对外经贸政策的重大进展,是一种进一步引进外资与海外人才的信号。在生成这一话语的原始情景 a 中,首当其冲的便是"上海正按照习近平总书记的指示要求,加快向具有全球影响力的科技创新中心进军"这一背景,新闻内容所反映的事件及这篇新闻报道本身都是这一背景需求的直接结果,而新闻报道所采用的报告式撰写方式也属于国内新闻报道传统的一部分,这两者构成了本文的主要创作环境。由于新闻内容与上海直接相关,受众对象以上海民众为主。元话语的制造者由媒体与记者及运营媒体的政府机构构成,他们与接收者之间首先构成"传播-理解"的关系;又因为文本所涉事件有助于"加快向具有全球影响力的科技创新中心进军",符合受众的共同利益,因而"传播-接受"的关系也较易达成。综合上述三个方面的内容来看,受众服从其早已习惯的新闻传统,新闻事件也满足其利益需求,因此元话语制造者的地位高于接受者。在新情景 a 中,执行再情景化 a 的译者除了要面对前述的原始情景 a,也需要开始考虑译文读者的需要,考虑原文中有哪些与译文读者所在文化背景差异过大的中国文化要素,进而找出原文中适宜传播的内容、可以概括浓缩的内容及应当剔除的内容,以生成具有新意义的新话语 a,即:外资研发中心对于上海经济具有重要意义,因而上海希望其成为科创中心建设的重要力量,并将着力为外资企业提供更多便利,吸引更多海外人才。必须注意的是,基于本文题材与人物的重要性,原文内容的取舍很可能

219

戏剧主义修辞观之于互联网对外新闻翻译——以"中国上海"门户网站为个案

并非由译者一人完成,而是需要译者与编辑相互配合、协商。如4.2.2所述,编辑在新闻外译中往往起着"把关人"的作用,即决定哪些稿件可以进入外译流程,并对稿件进行前期必要加工;而译者作为翻译的直接执行者,即便在编辑大篇幅修改原文后,也需有译前思考的过程,提笔成文绝不符合新闻外译的实际需求。因此,网媒新闻外译中再情景化 a 行为者更可能是编辑与译者。在再情景化 b 中,新话语 a 成为元话语 b,新情景 a 也自然被原始情景 b 所替代,但元话语 b 和实际行为者"译者"的就位导致原文读者与译文读者在认知语境上的不同成为情景中的显化因素,以确保再情景化 b 的行为者"读者/译者"能够顺利开启这一进程。译者随后依据硬新闻最常见的"倒金字塔结构",在导语部分用英语表达出原文中所体现的最重要、最新鲜的事实,其后再按重要性递减的顺序,按照元话语 b 逐段展开其中的细节内容;再由编辑审定译稿,由媒体技术人员上载至指定的网络空间,在涉及理解译文的背景信息不足、篇幅过长或有特殊符号等问题时,则应由编辑与技术人员商定解决,由此完成再情景化 b 的整个过程。可见,第二重再情景化的行为者既有译者,也包括润色译稿的编辑与上载完整新闻译文的技术人员;总的说来,即是上海网英语新闻制作团队。而新情景 b 不仅包括译文目标读者对译文内容是否感兴趣、是否具备相关认知背景与接受条件,译文的展示方式是否足够吸引读者、是否能够及时补充读者认知背景上的不足以使其接受,也是新情景 b 的构成要素,这些都决定了行为者需要在尊重原文基本新闻事实的前提下,从译文内容与呈现方式两方面主动适应接收者的需求,从而既不放弃元话语 a 中"将进一步加大对外资研发中心支持力度"的核心内容,同时用另一种文字按照简化后的元话语 b 输出新话语,通过认同于受众的方式获取受众对所传播新闻的"认同"。接受了新话语 b 的受众将更易把握元话语 a 的核心信息所包含的"上海市将更加重视对外资企业的扶持"这一深层意义,从而更坚定外资企业在上海持续

第七章　戏剧主义修辞观与互联网对外新闻翻译：微观细探

发展的信心,对上海市的对外传播大局形成一定的助力。

需要指出的是,尽管在描述事件、观察动机时需要从前述的五个要素入手,但并不意味着五要素在实际篇章中必然会找到对应物,硬新闻中常见的篇幅简短的快讯便往往如此。请看例2：

双节零售餐饮销售两位数增长
同比增 10.7%长宁浦东增速 20%以上

刚刚过去的国庆中秋双节,正值2017上海购物节火热进行,16个区2000余家企业2万余个网点围绕"吃好、玩好、购好、晒好"四个板块,精心组织230余场特色营销活动。根据抽样调查,本市400家零售和餐饮企业节日期间销售额111.6亿元,同比增长10.7%。长宁区、浦东新区、普陀区、闵行区、虹口区、杨浦区和金山区等样本企业销售额同比增长两位数以上,其中长宁区和浦东新区同比增速高达29.8%和21.5%。

据样本监测数据分析,除了便利店销售略有下降外,百货、购物中心、大卖场、标准超市、专业专卖店等业态都保持较好增长。第一八佰伴、合生汇、新世界大丸百货、尚嘉中心、大宁音乐广场、宝乐汇、静安大悦城、虹桥南丰城等销售额同比增长20%以上。

节日前夕,首批9家"夜上海特色消费示范区"揭牌。上海环球港将餐饮、电影院、KTV等区域营业时间延长至23时;七宝万科推出"深夜食堂"专区,多家商户延长营业时间至23时到次日2时不等。

上文的核心信息为双节期间上海零售餐饮业销售有较大增长,行为者与行为要素相对明确。而"特色营销活动""深夜食堂""夜上海特色消费示范区"等手段则分布在不同的段落中;同样分散在文中的还有"抽样调查""样本监测数据"所体现的销售额增长的具体场景。"拉动经济增长"这一行为目的不言自明,原文作者并未直接在文中予以体现。与此相应,译者在输出例2的译文时也仅仅凸显了四要素,但对原文的场景内容进行了大幅缩减:

Shanghai's holiday retail sales rise

Retail sales in Shanghai rose 10.7 percent year on year during the Mid-Autumn Festival and National Day holiday driven by spending in department stores and shopping malls, the Shanghai Commission of Commerce said in a statement yesterday.

A sample of 400 major retailers and restaurants in Shanghai revealed they had 11.16 billion yuan (US＄1.68 billion) of sales during the eight-day holiday from October 1 to yesterday.

Convenience stores saw a drop in sales but sales at department stores, shopping malls, supermarkets, and specialty stores all rose, the commission said. Eight major shopping malls in Shanghai saw their sales grow over 20 percent year on year.

原文与译文的写作差异,从新闻标题的翻译中已能窥见端倪。原文标题在体现"销售增长"的核心信息之余,补充了具体的增长幅度,甚至点出了表现突出的两个行政区;而译文标题则仅以"Shanghai's holiday retail sales rise"指明全文要旨。可见,该例中原文与译文核心信息基本重合,全文的写作走向一致,但在核心要素的表现上略有不同。译文最核心的四个要素在导语部分已经完全展露:行为者"retail sales in Shanghai"、行为"rose"、手段"spending in department stores and shopping malls"、场景"the Mid-Autumn Festival and National Day holiday",正文两段是对于"手段"如何发挥作用的具体解释。由于对原文内容进行了大幅删减,这四个要素与原文有一定差异,但同样未直接体现"目的"。译

第七章 戏剧主义修辞观与互联网对外新闻翻译：微观细探

文在"吃好、玩好、购好、晒好"、"230余场特色营销活动"、各行政区的销售额增长、部分商家的具体营销措施等信息上都采取了"冷处理"，避免其在译文中直接出现，所有与这些内容相关的数据几乎全部汇入"A sample of 400 major retailers and restaurants in Shanghai revealed they had 11.16 billion yuan (US＄1.68 billion) of sales during the eight-day holiday from October 1 to yesterday"一句中，再无赘述。8家著名百货的名称也被隐去，仅体现总体的销售增长幅度。如前所述，这样大刀阔斧的删减通常需要编辑初步把关再由译者具体执行，因而本文翻译过程中的再情景化a是由译者与编辑共同完成的。与上一例相似，原文记者凭借其"辞屏"对场景予以大篇幅的展示，而译者和编辑亦基于自身的"辞屏"及受众的"辞屏"，删去了大量受众不易理解的（如"吃好、玩好、购好、晒好"）、或可能引发公信力质疑的（如"第一八佰伴、合生汇、新世界大丸百货、尚嘉中心、大宁音乐广场、宝乐汇、静安大悦城、虹桥南丰城"）场景信息，并由译者在译文输出过程中对前述"四要素"进行了重新编排，使译文的核心信息相较于原文更为突出，而不致淹没在过于丰富的场景描述中，方便受众的理解与接受。可见，对于本文的译者而言，修辞情境的主要分歧在于原文丰富的场景信息及其所包含的文化内涵不符合译文读者的核心信息需求，这促使译者与编辑发挥"辞屏"作用，最终以译文读者所能认同的"倒金字塔"样式及直达关键内容的表达方式输出译文，是为形式认同手段。尽管译文以提供信息为主，看似不存在显著的内容认同手段，但删去原文中不易为读者所理解的部分而使必须传达的信息脱颖而出，实际上也是使译文内容能够为读者认同的重要方法。

基于戏剧主义修辞观对以上两篇"硬新闻"的原文与译文进行比较，可以发现以下几点：第一，五要素虽是事件分析的起点，但并不意味着五要素必须在篇章中同时出现，快讯类硬新闻尤其如此；第二，译者在硬新闻英译中遭遇的分歧主要在于原文的意识形态需求和新闻报道规约所

戏剧主义修辞观之于互联网对外新闻翻译——以"中国上海"门户网站为个案

凸显的信息与译者所判定的受众信息需求存在差距,因而译者与编辑首先需要基于自己对国内报道惯例的认识及对受众实际信息需求的评估筛选信息,而后由译者在实际翻译操作中具体决定译文的写作动机,即决定如何编排事件的构成要素,以使译者"辞屏"所发挥的作用能够与受众"辞屏"所体现的信息接受需求相符;第三,在具体"认同"手段的使用上,首先译者都需遵循西式新闻规约,通常采用硬新闻常见的"倒金字塔"写作,而在内容方面,对于涉及目标受众的新闻内容,译文中应尽可能突出关乎受众切身利益、从而有可能与受众达成"同情认同"的内容;而对于不直接涉及目标受众、仅以传播上海近期重大事件为目的的新闻,则更多地需要剔除原文中难以向受众具体解释、从而影响受众了解事件关键的部分,作为另一种内容认同手段。但无论如何,这些认同手段都是"辞屏"作用的具体体现,是译者与相关行为者依从修辞局限、依据受众需求努力跨越分歧的必由之路,最终目的都是填补"使受众认同于译文"这一缺失。

另一方面,对硬新闻实例进行二元再情景化分析的结果表明,符合国内报道习惯、但信息量远大于终端读者所需的元话语 a 经历再情景化 a 后褪去了对于终端读者冗余的信息,保留了最本质的元话语 a 的意义;其后经过再情景化 b,形成了用另一种语言表达的、进入网络平台传播的新话语 b,译者致力于使新话语 b 从内容到形式都能在原文传播需求与译者接受条件之间达成平衡。不过,与笔者最初提出的网媒新闻外译"二元再情景化模式"相比,再情景化 a 的行为者此时应有所调整。除了作为读者的译者以外,编辑的作用也不可小觑,甚至在政治性要求显著较高的硬新闻英译中,编辑的译前把关作用尤为关键。在翻译行为尚未正式开启的阶段,再情景化 a 的行为者中也应包含编辑。虽然译者作为真正的执笔者享有对新闻原文的直接处理权,编辑却是硬新闻英译中的执牛耳者,把握着这些重大新闻的基本取向,对译者在双语转换过程中

第七章 戏剧主义修辞观与互联网对外新闻翻译:微观细探

的各项策略都起着引领作用。在此后的再情景化 b 过程中,编辑也需要对译文再次把关,方可交由技术人员上载至指定页面;其中若出现任何译文与技术条件的冲突,应由编辑与技术人员商议确定最终的表现形式。因此,站在译者与编辑共同作为再情景化行为者的角度来看,新话语 b 经过了两重把关,其在新情景 b 中的新意义是可能实现的。由于硬新闻具有严肃性,并与意识形态存在紧密关联,其与重大政治文献的翻译颇为相似。译者首先必须确保输出的内容准确无误,不违背重大政策导向,这导致译者在激发受众阅读兴趣方面的主动性相对有限,更多的努力应放在提供受众容易理解的新闻内容上,因而新情景 b 中受众先在知识结构的重要性应略高于其阅读兴趣。还需要指出的是,译文在由译者输出到受众输入之间,它以怎样的面貌示之于众是决定其接受效果的直接因素,因而再情景化 b 的行为者包括了上海网的整个新闻译文制作团队。遗憾的是,除了 5.3.3 中提及的新闻栏目图片配文错误外,上海网新闻英译的正文中也常有排版错误出现,其中较为常见的是 "'s" 会变成乱码,如例 3:

"People with carotid artery blockage of over 50 percent with symptoms and those with a more serious blockage of greater than 70 percent but without symptoms should receive treatment such as surgery to prevent stroke," said Dr Qu Lefeng from Shanghai¡°s Changzheng Hospital. "Many Chinese people don't know the importance of carotid artery problems and even many doctors have not enough awareness. In the United States, over 100,000 carotid artery surgeries are done every year to prevent stroke, while there are only some 3,000 surgeries in China."

更有甚者,一篇短讯中连续出现两三处排版错误,如例 4:

New bookstore a nice place for reading and leisure

07.07.2017

The 800-square-meter Hillside Bookstore at the foot of Sheshan Hill in Songjiang opened to business recently.

Run by SDX United Press Ltd and Lingang Group, the bookstore sells 6,000 titles of books, offers film and music shows, and serves coffee as well.

There is an eight-meter-high screen wall in the atrium lobby covered with leafy plants. Bookshelves look like tree branches to create the feeling of a ¡°forest of books¡±.

The underground floor has a caf¡; the second floor is a multi-function room for events; and the third floor has a kitchen, a lounge, a studio and an outdoor terrace.

笔者对类似错误做了粗略的统计,发现仅 2017 年 4 月至 5 月间便有

225

7篇译文出现了以上问题。除此以外,还有标题与正文杂糅的情况,如例5:

Police reveal the biggest leakers of personal dataFOUR people have been arrested for allegedly illegally acquiring and dealing in more than 11 million items of personal information, police said. Two of the four have since been bailed.
09.22.2017

有时正文甚至没有完整上载,留下大片空白,如例6:

Among the 125 offenses caught by the camera in the past seven days, 49 concerned illegal left turns, 29 left-turning vehicles not properly giving way, and 16 driving in a wrong lane, police said.
Police say they p

客观地说,上述情况是否具有统计学意义有待商榷,但须知"外事无小事",网媒新闻外译更是互联网时代对外传播的重要组成部分,如此极易纠正的低级错误在上海网反复出现,不仅对其目标受众阅读原文造成了不良影响,也一定程度上说明,制作团队的责任感与使命感不足。长此以往,受众对网站传播信息的信任度将大大降低,极不利于我国的对外传播大局。因此,再情景化 b 的各行为者需相互配合无间,确保接收者最终接收的新话语 b 是译者的准确意思表述,以使其对于受众所应具有的新意义能够顺利实现。

7.2.2 软新闻英译:提炼故事精要,提升认同手段,提起阅读兴趣

如本研究 4.3 所言,软新闻与硬新闻的不同之处在于其题材相对轻松,对时效性要求较低,更容易引起受众的阅读兴趣,是适于进行文化传播的报道形式,对于中国在国际上的"文化软实力"构建大有裨益。此外,软新闻的写作结构也不似硬新闻那样通常采取倒金字塔结构,即新闻故事中最重要的部分不必出现在导语中,写作方式不拘一格(White,1991:215-234)。软新闻在题材与写作方式上与硬新闻存在天然的差异,一定程度上导致其英译手法也有不同的表现,如例 7 这条医学技术类新闻:

第七章 戏剧主义修辞观与互联网对外新闻翻译:微观细探

"东方美谷"亿康基因致力精准医疗

精准检测助孕健康宝宝

日前,在无锡妇幼保健院,一对夫妇迎来他们的健康宝宝后喜极而泣。这是全球首个接受无创胚胎染色体筛查(NICS®)的试管婴儿,而他们的检测,就在位于奉贤的千人计划项目——亿康医学检验所完成。

近日,亿康的基因检测方法 MALBAC®(多次退火环状循环扩增技术)又有了新突破:NICS® 无创胚胎植入前染色体筛查技术,通过对早期胚胎培养液进行单细胞技术的扩增,扩增后做测序,对胚胎没有损害。

在东方美谷企业集团股份有限公司的聚惠创业园 26 栋楼,上海亿康医学检验所就坐落于此,每天都会有不同的样本送来,国内 100 多家医院的样本检测,就在这里完成。工作人员在实验室里一丝不苟地做着检测,有胚胎检测,也有肿瘤早期筛查。而他们所取的细胞,用创始人陆思嘉博士的话来说,它不只是一个细胞,那很可能是一个健康的宝宝,是一个家庭的希望。

这就是精准医疗的神奇之处。陆思嘉与其导师谢晓亮研发出的 MALBAC® 技术,精髓在于"精准"。这项技术的初衷是测量单个 DNA 分子中的基因序列。刚开始,师徒二人用 MALBAC® 的方法做肿瘤方面的研究。"MALBAC® 技术和传统技术比起来,准确性和全面性好很多,检测一个肿瘤细胞的 DNA,准确性高达 93%,而通常只能做到 50%-70%。"

后来,由于一个患者的求助,让师徒二人坚持,将这个技术用到辅助生殖领域,并于 2012 年在江苏创立了亿康基因。2014 年,国内首例应用 MALAC® 技术进行 PGD 检测的健康宝宝在北医三院成功降生。2015 年,国内首例应用 MALBAC® 技术进行 PGD/PGS 阻断了遗传性耳聋的宝宝也成功降生。

2015年,看中奉贤的大健康发展前景,且研发总部在上海市区,公司决定将检验所落户奉贤,生产基地还是放在江苏。2016年7月,亿康检验所正式开业,仅一年多的时间,实验室已经满负荷运转,相较于去年年产值1900万元,今年上半年已经达到4000万元,启动拓宽产能议程的同时,亿康基因也将继续加速其在业内的产业布局。

在无锡医院做了十几年分子诊断检验的蒋跃明博士,今年5月决定加入亿康基因,将利用多年丰富的医学检验质量管理经验,为亿康医学检验所的规范化管理和标准的业务运营添砖加瓦。

像蒋跃明一样,不少业内人才愿意投奔而来,正是怀着对公司的信心。团队也从刚开始不足10人,到如今发展有200多人。

如今,亿康基因目前是国际上唯一拥有MALBAC®单细胞测序技术,提供专业化技术服务的机构,可为国内外医疗机构、科研院所、集团及个人提供辅助生殖类、肿瘤检测类、生命科学研究等近百项检测服务。在辅助生殖PGD/PGS(中国)市场占有率35%左右,送检量超过万例。

"我们的技术可以解决两个问题:一方面能提高试管婴儿的成功率,另一方面帮助有遗传病的家庭阻断遗传病。"在陆博士看来,MALBAC®技术可以降低我国出生缺陷,提升出生人口素质。而围绕着MALBAC®技术的研究,也正在不断延续,"技术很快会被赶超,只有自己不断创新,覆盖并超越自己,才能永远保持领先地位。"这是亿康基因成立的初衷,也是未来的发展方向。

这篇报道的写法是较为典型的沙漏式结构(hourglass form),即:全文的前几段呈倒金字塔形状,先以概述性导语点出最重要的新闻事实,之后几段逐步补充导语中已交代或尚未涉及的新闻要素;其后全文的后半部分呈金字塔形,即按照时间先后顺序对新闻事件的发展过程逐段展开,故此形成一个双金字塔,即沙漏(张健,2010:39)。本文的一到四段以试管婴儿的降生引出"亿康"的基因检测技术,在叙述中完善其细节;余下部分则按时间顺序一步步展示"亿康"的发展进程与理念。总体而言,本文的五要素分布如表 17 所示。

表 17　例 7 原文戏剧主义五要素内容

行为者	亿康医学检验所
行　为	开展检测服务、企业发展迅速
场　景	奉贤"东方美谷"生物科技园区
手　段	基因检测方法 MALBAC®
目　的	生殖辅助与肿瘤检测

依据各要素在新闻中的具体发展,可以得到五要素之间构成关系如表 18 所示。

表 18　例 7 原文五位一体关系对子分析

场景-行为:否	场景-行为者:不明	场景-手段:否	场景-目的:否
行为-场景:是	行为-行为者:否	行为-手段:是	行为-目的:是
行为者-场景:是	行为者-行为:是	行为者-手段:是	行为者-目的:是
手段-场景:否	手段-行为:是	手段-行为者:否	手段-目的:是
目的-场景:否	目的-行为:是	目的-行为者:否	目的-手段:是

依据分析结果,这些关系对子中占主导地位的要素是"行为者",即亿康医学研究所,这一点从本文的标题中已能看出一二。此时有必要结合本文的创作背景解释这一现象。这篇新闻的最初来源是奉贤区政府网站;新闻为上海市政府网采用后被翻译成英文,上载至英文版上海网新闻版面。区政府的报道在总体原则上自然要与国家政府及上一级政府保持一致,但也有基于区政府自身利益的报道需求,本文显然是奉贤

区政府为促进"东方美谷"生物科技园区的招商引资、为奉贤区的整体发展而针对园区内标志性企业进行的特写报道。因此,记者在报道中以行为者"亿康医学检验所"为修辞动机,完全符合其撰写这篇报道的背景,满足了区政府的传播需求。但是,当本文翻译成英文上载至上海网时,其所面对的受众对象是所有客居上海的外国受众,而不仅限于奉贤区,因此译者必然要对原文做出相应的处理,使其内容适应所要传播的对象,避免译文因过分凸显企业本身而使传播媒体的可信性遭遇质疑。例7对应的译文如下:

Local firm thrives on embryo screening business

Yikon Genomics Co Ltd is an advanced reproductive health and cancer diagnostics company, which is covered by China's Thousand Talents Program for recruiting overseas professionals.

Since it was set up in Fengxian's Oriental Beauty Valley in 2015, Yikon Genomics has been offering services such as embryo screening for hereditary diseases with its cell sequencing technology so that proper treatment can be taken.

For example, Yikon uses its MALBAC-PGD genetic profiling technology to select embryos free of genetic diseases. The technology can also be used to detect tumor cells with an accuracy rate of 93 percent, compared with a rate of 50-70 percent using traditional methods.

"Our technology does two things. One is to raise the success rate of test-tube babies and the other is to cut down genetic diseases," said Dr Lu Sijia, founder of Yikon Genomics.

The company has grown in size from a dozen people to more than 200 professionals from around the world. They perform embryo screening tests for more than 100 client hospitals nationwide.

Last year, Yikon reported a business turnover of 19 million yuan (US＄2.8 million), and the figure has doubled in the first half of this year already.

与硬新闻类似,这篇软新闻的译文同样对原文做了大量的删改。首先,译文打破了原文"主标题+副标题"的结构,仅以"Local firm thrives on embryo screening business"表达原标题的核心内容。这一译法既避开了"东方美谷",也并未直接提及"亿康基因",这一方面是因为两个词语的实际意义难以在简短的标题中表现,另一方面也是为了避免因过分凸显某个行政区或某家企业而引发受众对政府网站公信力的质疑。不过,更显著的变动还体现在译文的结构中。译者没有遵循原文的沙漏式结构,有层次、有变化地展开故事,而是采用了硬新闻常见的倒金字塔式叙述,开篇即亮出最可能令受众感兴趣的事实,刻意点出该企业"covered by China's Thousand Talents Program for recruiting overseas professionals"这层关系,以表明其与目标受众存在一定的直接关联。其后作者以平铺直叙的方式描述了企业的主营业务、核心技术、发展历程与营收概况,删去了原文中诸如"新突破""一丝不苟"、"不只是一个细胞,那很可能是一个健康的宝宝,是一个家庭的希望"、"像蒋跃明一样,不少业内人才愿意投奔而来,正是怀着对公司的信心"等等富于情感力量的形容与事例,使译文立场显得中立、客观。当然,考虑到目标受众多数是并不具有医学专业知识的普通外国受众,译者也删去了原文多处对于 MALBAC® 检测方法的详细介绍,仅点出其实质为"cell sequencing technology",其功能包括"select embryos free of genetic diseases"与"detect tumor cells",优越性在于"raise the success rate of test-tube babies"及"cut down genetic diseases"。总体说来,译者对原文的改译中规中矩,既避免了受众对上海网作为市政府网站的公信力的质疑,也提供了原文中受众能够较为顺利接受的最核心信息。其五要素分布见表19。

表19　例7译文戏剧主义五要素内容

行为者	Yikon Genomics Co Ltd
行　为	Offer services including embryo screening for hereditary diseases and tumor cells detection
场　景	The company's growing size and booming business
手　段	Cell sequencing technology MALBAC-PGD
目　的	To raise the success rate of test-tube babies and to cut down genetic diseases

需要说明的是,由于原文用较多篇幅展示了"亿康"的发展历程,包括业内人才纷纷投奔企业的实例,因此"企业发展"与"提供服务"均可视为原文中"行为者"的"行为"内容;而"东方美谷"从标题到正文都起着显著的场景作用,因而列为原文的场景。但在译文中,"东方美谷"仅作为"亿康"所在地一笔带过,其在原文中对于奉贤区的重要意义被隐去;企业的发展规模与营收等信息则遵循"倒金字塔"结构的特点,作为较次要的内容放到了文末,故应视为行为者的行为场景。依据译文内容,表20体现了本文的五要素关系。

表20　例7译文五位一体关系对子分析

场景-行为:不明	场景-行为者:否	场景-手段:否	场景-目的:否
行为-场景:是	行为-行为者:否	行为-手段:是	行为-目的:是
行为者-场景:不明	行为者-行为:是	行为者-手段:是	行为者-目的:是
手段-场景:是	手段-行为:否	手段-行为者:是	手段-目的:是
目的-场景:否	目的-行为:是	目的-行为者:不明	目的-手段:是

从这一配比结果可以发现,行为、行为者与手段在译文中的重要性基本一致,共同构成了译者的修辞动机,表明译者并不刻意为行为者造势宣传的态度,而是以较为克制的方式陈述"亿康医学研究所采取自行研发的专利基因检测方法开展基因检测相关服务"这一客观事实,不过度凸显企业成就或颂扬其贡献。

第七章 戏剧主义修辞观与互联网对外新闻翻译：微观细探

不过，译者的专业态度虽则值得称道，但操作方式仍有待商榷。医学技术本属较为枯燥的主题，原文在 MALBAC® 的介绍上虽略显繁琐，但也采取了一定的情感手段提高新闻的可读性，这正是译文可以借鉴的部分。与原文相比，译文通俗易懂，但通篇失之平淡，略显乏味，恐难以吸引读者眼球、维持读者的注意力。事实上，除了点出企业与 overseas professionals 的直接联系外，孩子对于全人类而言都是最值得爱护的对象，也是能够引起受众"共情"而触发"认同"的内容。译者小心行事，避免使上海网媒体招致反感的思路值得效仿，但在具体做法上似可更为灵活，不必矫枉过正。事实上，沙漏式结构与倒金字塔结构有一点极为相似：开头即是导语，是全文最为出彩、最易吸引读者的环节。美国新闻学教授梅尔文·门彻(Melvin Mencher)指出，导语是指新闻故事开头的一两个段落中简要、清晰的陈述，有时是对整个新闻事件的概括，有时是在陈述事件中最具新闻价值的情节，但无论哪一种，适切的导语应满足两个要求：把握新闻事件的精华内容，诱导读者继续阅读全文(Mencher, 2003)。有学者在对比中英文导语后曾指出，通常中文导语较长，英文导语较短；虽然两者都强调写入实质内容，但中文记者显然偏好描写，而英文导语则更为开门见山，切中要害(刘其中，2009b：62-64)。正是因为存在这样的天然差异，目前外宣报道存在的一大问题就是导语不够得力，缺乏打动读者、抓住读者注意力的表达，质量不尽如人意(张健，2010：460)。因此，在汉英新闻编译中，成功的导语编译将使正文的编译更为得心应手(刘其中，2009b：63)。上例译文的译者选择以相对平实的叙述方式翻译一篇带有较强企业宣传意味的新闻，是其力求客观的专业表现，本无可厚非，但若译文导语能够稍加生动一些，应能一定程度上改变译文刻板、无趣的整体面貌。同样在上海网的英语新闻栏目中，笔者就曾见到例8这样一条新闻：

"Pocket parks" replacing eyesores

They are old, unsightly and illegal — but now some unlawful

structures in the downtown area are being turned into "pocket parks" to create more green space in the city's densely populated areas.

In one of the latest examples, a 4,000-square-meter pocket park was built in Yangpu District during the National Day holiday, catering to more than 1,000 households on Lane 1039 Kongjiang Road Community.

Camphor, magnolia, maple, cherry and cinnamon trees have replaced hundreds of illegal structures built by residents to expand their limited living space in the Tangjiata area, one of the most densely populated communities in Yangpu, the district government said yesterday.

Vineyards, chairs and a 200-meter walking path have also been built for residents to relax and walk in the first park ever created for the community which dates back to the 1950s.

……

这是一篇反映杨浦区生态环境综合整治成果的新闻报道,新闻原文的开头如下:

杨浦沪唐家塔地区"五违四必"重灾区变身4000平方米"口袋公园"

杨浦区控江路1039弄是个老旧小区,住着1000余户居民,连花园都没有。刚刚过去的国庆长假,不少居民惊喜地发现,一墙之隔的源泉路上多出了一个小公园。这是一方约4000平方米的绿地,错落种植着香樟树、白玉兰、栾树、枫树等大树,樱花、桂花、丁香、紫薇、雏菊等组成了"四季花圃",有的花儿已悄悄绽放;绿地中间有葡萄架,有可供休憩的座椅,还嵌着一圈长200米的步道,可散步,可慢跑……

第七章　戏剧主义修辞观与互联网对外新闻翻译:微观细探

这个刚刚建好的"口袋公园",是杨浦区唐家塔地区生态环境综合整治的成果之一。

……

软新闻外译的灵活度,首先在本文标题的翻译上得到了很好的体现。译者并未尝试解释何为"五违四必",而是直接以 eyesores 概括,其与"pocket park"所形成的强烈对比更易唤起读者的好奇,短短 4 个单词的标题既对原文内容实现了总括性描述,又足以引起读者的注意,为新闻正文的接受打下了良好的基础。此外,译者没有遵循原义的长导语结构,而是抽取原文导语中的最关键信息放在译文的导语部分,原文导语的其他内容则在译义导语后的几小段中缓缓展开。译文导语的写法也颇值得玩味,译者刻意在开头部分使用了"old, unsightly and illegal"这 3 个饱含负面意味的词语,适度迎合了多数读者的猎奇心理,成功地引起了读者的注意;其后话锋一转,带出"改造有成,由坏变好"这一核心信息,使读者有继续阅读、一探究竟的欲望。必须承认,"生态环境整治"并非趣味性甚高的题材,正因如此,原文作者与译者都尝试使新闻更具可读性,尽管方式上略有不同。在导语部分花费更多心力,使其真正成为敲开读者大门的敲门砖,是值得所有新闻译者,尤其是软新闻译者认真研习的内容。

依据上述分析可见,例 7 原文的翻译修辞情境包含客居上海的、使用英语的外国读者这一受众群体;其修辞局限除了国内宣传方式与目标读者适应的报道手法之间的差异外,还有原文以地区利益为导向的属性与译文面向高一级政府网站受众之间的差距,且在主观上仍需要译者的语言能力、熟练地在中西新闻报道方式之间转换的能力及适应受众需求的能力。以上述两点为基础,该修辞情境的缺失也呼之欲出:译者如何依据现有的修辞局限创作出反映原文核心信息、同时为受众所喜闻乐见的译文。弥合这一缺失则需要译者跨越这样的具体分歧:基于奉贤区政府

戏剧主义修辞观之于互联网对外新闻翻译——以"中国上海"门户网站为个案

宣传目的的撰稿方式与上海市政府面向所有客居上海的外国受众这一现实之间的矛盾。为此,译者首先采用其辞屏过滤了原文中围绕"亿康医学研究所"的大量详细描述,其后又通过辞屏在译文中采取平实朴直的叙述方式,使行为者、行为及手段在译文中的重要性趋于平衡。客观地说,译者所选取的原文内容及整体叙述方式都符合英语新闻普遍规约,但最大的问题在于以硬新闻的写作方式翻译了一篇软新闻,导致新闻报道类型错位,软新闻不够"软",丧失了软新闻在生动性与趣味性方面的优势。不可否认,例7原文难以称得上是软新闻的上乘之作,但从导语中的"一对夫妇迎来他们的健康宝宝后喜极而泣",到正文中对MAL-BAC技术具体优势的描述,仍可以看出原文记者在必须详细解释此项技术的客观情况下,尽力尝试着各种可能提升新闻可读性的写作方式。反观译者则未免显得过于冷静客观,对于原文中可资利用的修辞资源视而不见,导致译文在趣味性上甚至逊于原文。要而言之,译者在首次利用辞屏过滤原文时,筛去了有利于提升译文生动性的内容;而在第二次利用辞屏以另一种语言展现原文内容时,又未能完全执行硬新闻与软新闻差异的传统规约,导致内容认同与形式认同策略都不尽理想,使受众不易认同译文。

利用二元再情景化模式观察例7原文与译文,被移动的元话语a应为"'东方美谷'亿康基因致力精准医疗"一文,但除此以外,由于元话语a源自奉贤区政府网站,属区政府基于自身利益需求开展的针对性宣传,加上原文所透露的"东方美谷""奉贤的千人计划项目""看中奉贤的大健康发展前景"等线索,不难判定元话语a的深层意义在于展示奉贤区的健康产业发展优势,进而助力该区的招商引资。与此相应,元话语a既然刊载于奉贤区政府网站,生成元话语a的原始情景a在地理空间上必是奉贤区无疑,但更具体而言,应是奉贤区正致力于"东方美谷"生物科技园区发展的历史背景,这代表着奉贤区发展中的一个重要阶段,可视为元话语 a 的时间情景。当然,产出新闻的国内报道规约形式也是场景中的必要因素。既然新闻内容与创作目的都首先与奉贤区的利益息息相关,则该情景中的受众应为现居奉贤区的普通民众;元话语制造者则是媒体、记者及支持撰写该报道的奉贤区政府相关机构,他们与接收者之间必然存在"传播-理解"的关系,而元话语 a 所具有的意义显然事关奉贤区所有人民的利益,因而在原始情景 a 中达成"传播-接受"的关系应属情理之中,此时元话语制造者的地位高于接受者。在新情景 a 中,身为译者/读者的再情景化 a 行为者应谨慎考虑原始情景 a 的影响,包括元话语 a 所采用的软新闻报道形式;同时应结合译文读者的需要,较大幅度地剥离原始情景 a 中奉贤区政府这一因素的影响,判断原文中有哪些内容适于以软新闻的形式向终端读者传播,又有哪些内容是难以向普通读者传达的(如检验所技术的具体作用路径等),最终依据这些结果形成旨在面向终端读者的新话语 a;其新意义主要为:亿康医学检验所采用自行研发的 MALBAC 技术提供辅助生殖与基因检测服务。为了与终端读者的需求相适应,当中还应有这样一层意义被提及:亿康医学检验所已纳入"千人计划",诚邀海外高端人才。新话语 a 形成后随即转变为元话语 b,成为再情景化 b 的开端;新情景 a 也随之转变为原始情景 b,而译者/读者此时已转变为读者/译者,准备将元话语 b 用另一种语言放入新情景中。需要注意的是,此时原始情景 b 中"奉贤区政府"这一要素的影响应尽最大可能予以弱化,译文读者要素开始占据上风。与硬新闻相同,再情景化 b 的行为者也包括译者、编辑与技术人员,译者应依照原文的软新闻报道形式,在译文中选取富于生动性与趣味性的对应报道形式,比如编制足够吸引读者的导语,力求以终端读者易读、易解、易认同的方式传递元话语 b 的核心内容,继之辅以审校与网络技术。如有原文删改内容较多、内容解释不足或展示空间不够等问题,编辑应对译文做出一定调整,配合技术人员以适当手段上载到网站上。在这一再情景化过程中,译者

戏剧主义修辞观之于互联网对外新闻翻译——以"中国上海"门户网站为个案

面临的新情景 b 主要是译文目标读者对译文内容与形式的接受心理与先在认知条件,而译者的目的在于赢得译文目标读者的认同。基于译者与终端读者之间此时"适应-接收"的关系,译者应以元话语 b 的新意义为内容依据,顺应受众的接受心理,尽可能补充其认知条件的不足,以有利于传播新意义的写作方式输出新话语。不过,此时新话语 b 的受众所接收的新意义已在较大程度上脱离了元话语 a,其内容以译者/读者形成的新话语 a 为主。正因如此,译者更应在具有较大主体行为空间的情况下主动采取更为积极的认同策略。

从例 7 翻译过程的二元再情景化分析可见,元话语 a 经过两重再情景化过程后输出的新话语 b 有可能丢失元话语 a 的部分意义,但这样的丢失并非失误,而是符合终端读者需求的必要之举。这表明译者在网媒新闻外译,尤其是软新闻的翻译中很可能握有更大的主动权,为译者充分调动辞屏、采取适当的认同策略跨越分歧留下了许多可能。因此,译者在输出译文时应善用元话语 a 中的各种修辞资源,采取适应新话语 b 受众的形式,努力达成认同的目标。遗憾的是,例 7 译者显然在再情景化 b 的过程中主动缴械,放弃了较多的主体性空间,既未充分运用元话语 a 中可资利用的修辞资源,又采用了不适于传播软新闻的报道形式输出译文。笔者以为,即使在不变动译文其他内容的情况下,对导语稍作调整也可能使译文更为生动,比如:

No more babies born with disease? Hopefully, with Yikon Genomics Co. Ltd., an advanced reproductive health and cancer diagnostics company that is covered by China's Thousand Talents Program for recruiting overseas professionals.

如前所述,不同民族与国家虽然有着不同的历史背景、文化传统、宗教信仰和政治理念,但对自然界和人类社会仍然存有相同或相近的态度或看法,即共同的价值理念。在人类文明社会,孩子是人们最为关爱的

第七章 戏剧主义修辞观与互联网对外新闻翻译:微观细探

对象之一,人们总是希望孩子,尤其是新生命们远离病痛,这本属人之常情。原文提及"一对夫妇迎来他们的健康宝宝后喜极而泣"恰到好处地表达了这样一种渴望。事实上,这句话置于原文导语的开头位置,既是在用一个令人动情的场面营造氛围,引出下文与孩子有关的具体内容,更是为了迅速吸引读者的注意力,提起读者的阅读兴趣。译者完全可以将这一信息稍作改动后移植到译文中,采取基于同情的认同策略,编制出一个能够立即抓住读者眼球的有效导语。

当然,除了诉诸共同价值观以外,利用西方受众熟悉的文化来突出新闻核心事件,也是新闻外译中常见的一种"同情认同"。如例9:

第十九届中国上海国际艺术节10月20日至11月19日举行
主旋律精品佳作吹响集结号

第十九届中国上海国际艺术节将于10月20日至11月19日举行。以"喜迎十九大,唱响主旋律,传播正能量,弘扬真善美"为主线,艺术节展演45台剧目,举办10项展(博)览,450多家国内外机构参加演出交易会,设置无锡、宁波、合肥3个分会场。

时代声音有了多样书写方式

上海爱乐乐团和上海歌剧院联合演出的交响合唱《启航》为艺术节拉开帷幕。《启航》由上海90后青年作曲家龚天鹏创作,从当代青年视角谱写1921年中国共产党在上海诞生的伟大篇章。

作为艺术节重要组成部分,主旋律作品内容丰富、形式多样,有国家话剧院《谷文昌》、武汉人艺《董必武》、天津人艺《天下粮田》、上海京剧院《浴火黎明》、宁波演艺集团民族歌剧《呦呦鹿鸣》、上海交响乐团演出作曲家朱践耳作品音乐会"天地人和"等。

庆祝党的十九大——"从石库门到天安门"上海美术作品展,成为一大亮点。展览通过历年来上海几代美术工作者创作的画作、雕塑等作品,回顾中国共产党的诞生和发展足迹,展现中国共产党成

戏剧主义修辞观之于互联网对外新闻翻译——以"中国上海"门户网站为个案

立以来,全国上下为实现中华民族伟大复兴的中国梦所取得的杰出成就,带领观众回望初心之路。

优秀民族文化是我们共有的精神家园,"开天辟地,创世神话"为主题的展览活动,展示中国画院的系列神话主题连环画,彰显民族自信。艺术节演出交易会也将开辟"创世神话"专区,展示、推介、交易上海各院团相关主题的最新创作作品,如上海爱乐乐团《炎黄曲》、上海越剧院《素女与魃》、上海木偶剧团《女娲补天》、上海淮剧团《补天》、上海戏剧学院《精卫》等。

中华传统戏曲板块囊括8个省市自治区8个剧种,为纪念一代评弹宗师蒋月泉诞辰100周年,上海评弹团将推出评弹《寻找·蒋月泉》,曲剧《阿Q与孔乙己》将鲁迅笔下的两个悲剧人物巧妙结合,昆剧《十五贯》集结浙昆五代全明星阵容,以别开生面的形式再现经典。

汇聚"一带一路"沿线国家作品

今年艺术节论坛举办期间,将正式成立"丝绸之路国际艺术节联盟",并发布行动计划,联盟成员包含30多个国家和地区。捷克、奥地利、以色列、南非等13个"一带一路"沿线国家的艺术作品汇聚本届艺术节。捷克布尔诺国家歌剧院《马克普洛斯档案》成为本届艺术节的闭幕剧目。剧作者雅纳切克,是与斯美塔那、德沃夏克齐名的捷克三大音乐家之一。《马克普洛斯档案》以悬疑风格呈现歌剧女星马克普洛斯小姐的奇幻人生,不仅体现了"一带一路"沿线国家的独特音乐风格,也为歌剧的民族创新提供了值得参考的样本。

今年音乐节,名家名团云集。同属"世界十大交响乐团"的柏林爱乐乐团和德累斯顿国家管弦乐团分别携手中国钢琴家郎朗、李云迪带来交响音乐会,历史悠久的维也纳爱乐乐团也将再度来华献演。捷克国家交响乐团将演奏上海作曲家叶国辉的新作《王羲之》,

第七章 戏剧主义修辞观与互联网对外新闻翻译:微观细探

打磨"一带一路"跨国艺术合作的典范。

舞蹈节目也精彩纷呈,世界顶尖当代芭蕾舞团 NDT 荷兰舞蹈剧场将带来《狩猎我心》在中国首演,瑞士贝嘉芭蕾舞团则将全新演绎《魔笛》。英国老地方先锋派舞蹈团用嘻哈演绎经典文学作品《雾都孤儿·费金》。戏剧板块集结两位戏剧大师,美国传奇戏剧家罗伯特·威尔逊以独特视觉语言自导自演《关于无的演讲》,英国知名戏剧家彼得·布鲁克改编自印度史诗《摩诃婆罗多》全新上演的《战场》。

展览板块融汇跨界创意与前沿艺术元素,将举办《声·影》致敬贝多芬艺术展、ART021 上海廿一当代艺术博览会和上海艺博会等精品展(博)览活动。

催生高峰作品,加强艺术普及

今年艺术节通过力推原创作品,推动"高峰"作品的涌现。艺术节世界首演作品 6 台,中国首演作品 12 台。上海民族乐团音乐现场《上海奥德赛·外滩故事》与德国作曲家合作,以中国民族乐器描绘上海文化地标。舞蹈家赵梁创作的最新作品《舞术》,也将在艺术节进行全球首演。

集结三年来扶持的 5 位优秀青年艺术家举办的《青年·境界》,是上海青年文艺家培养计划作品的一次汇报展。在 9 部"扶青计划"作品中,青年创作者富有创意地运用昆、越、川剧等多种传统艺术形式,赋予崭新艺术理念进行创作,如国家大剧院关渤、查文渊的戏剧《记忆的味道》,上海昆剧团制作、闫小平编剧创作的昆曲《长安雪》。

"艺术天空"继续以品质为追求,在全市 16 个区的 25 个室内外场地举办 90 多场公益演出。来自主板演出的近六成艺术家都将参与"艺术天空"。今年还将首创"学生观剧团",招募大学生、高中生全程参与艺术节,鼓励学生通过自身视角对艺术作品进行探讨,向

戏剧主义修辞观之于互联网对外新闻翻译——以"中国上海"门户网站为个案

艺术节提供评价、反馈和建议,评选学生心目中的"艺术节最佳"。

这篇新闻在题材上的文化要素显著,时效性要求较低,报道形式是不十分严格的"沙漏式"结构,即以导语点出最核心信息后,再分几个小节予以具体介绍,写作方式相对自由。不过,新闻主题中的"喜迎十九大,唱响主旋律"及正文中多处带有显著意识形态主导痕迹的描述(如"庆祝党的十九大——'从石库门到天安门'上海美术作品展")颇易令译者犯难。这些内容自然符合国内受众对国内宣传惯例的已有认知,但对于国外受众而言,当中过于丰富的政治与文化内涵很可能令他们无力招架而主观上抗拒接受信息。然而,从全文内容看来,"上海国际艺术节"既有民族性也不乏世界性,使其成为一个融通中外文化的绝佳平台,原文经过改编可以成为对外传播的理想素材。最终,上海网英文版推出了如下译文:

A hip-hop twist for Oliver at Arts Festival

Appropriately enough "The Beginning" marks the start of the 19th China Shanghai International Arts Festival.

The performance, a symphonic cantata by Shanghai Philharmonic Orchestra and Shanghai Opera House, will open the festival on Friday, October 20.

An array of cultural performances and art exhibitions will be staged throughout its run till November 19.

A total of 45 theater productions from home and abroad will be presented. In addition, the festival will host an academic workshop, art lectures as well as "a performance fair."

"The Beginning" cantata has been created by young local composer Gong Tianpeng. It tells the story of the founding of the Communist Party of China in 1921, with Shanghai's involvement playing a starring role.

Other highlights include Modern Dutch ballet performing "Shoot the Moon," Bejart Ballet Lausanne's "The Magic Flute" and Avant Garde Dance's hip-hop interpretation of the story "Oliver Twist" by Charles Dickens.

Celebrated American theater director and visual artist Robert Wilson will present "Lecture On Nothing." And British theater director Peter Brook will bring "Battlefield," a drama adapted from the Indian epic "Mahabharata."

This year's festival will also highlight China's Belt and Road Initiative. Theme forums and interactive programs will be hosted.

Officials said that this year's festival will extend to almost every corner of the city, from shopping malls, communities and on the campus. For the first time, college and high school students will be invited this year to attend the shows and discuss and comment from their own perspectives.

译文对原文内容的删改程度不可谓不大胆:原文导语部分的总括性信息在译文中基本得以体现,但"时代声音"部分仅保留了艺术节的主旋律重头戏《启航》,其他如《谷文昌》《董必武》《女娲补天》等与普通外国受众的中国文化知识储备相去甚远的内容被尽数去除;"一带一路"作为中国政府现阶段的重大战略部署,在译文中也被顺带提及,但未有具体描画;译者将大量笔墨放在了更多目标受众所熟悉的节目题材上,如"The Magic Flute""Oliver Twist""Mahabharata",甚至标题都巧妙地借用"Oliver Twist"处理为"A hip-hop twist for Oliver at Arts Festival",其迎合受众阅读兴趣的意图不言而喻。表面上看,我们无从得知在过滤原文

243

戏剧主义修辞观之于互联网对外新闻翻译——以"中国上海"门户网站为个案

的再情景化 a 过程中编辑与记者哪一方发挥了主导作用,但依据最终敲定的这个颇具创意、略显俏皮的标题,译者在软新闻翻译中所掌握的自由度应略大于硬新闻。与7.2.1中关乎政治经济重要事实的硬新闻不同,本文虽以"主旋律"为引子,看似关乎意识形态要事,但细读之下便可发现文化交流方为要义,此时对于与意识形态相关联的内容便可较大程度地舍弃,代之以与受众文化背景更贴近的新闻事实,以免顾此失彼,令受众丧失阅读兴趣。此外,相对于原文平直朴素的导语,译文的导语也体现着译者的精心构思:以《启航》开启上海国际艺术节之旅,岂非再恰当不过?虽然原文的核心信息尚无法在本句中完整体现,受众对于"The Beginning"的好奇却已被唤起,更不必说一场国际艺术节与目标受众之间的清晰关联。因此,从符合受众阅读兴趣的角度看,译文的标题与导语实属上乘;尽管标题未能起到统合主要内容的作用,但如7.1所述,推销内文、即吸引读者眼球应成为网络新闻传播最重视的方面,上述标题较好地做到了这一点;其后译者又以引人入胜的导语进一步提升读者的阅读兴趣,使读者顺理成章接受译文所展示的艺术节信息。从这篇新闻的翻译可见,除了凸显关乎受众利益的内容、诉诸共同价值观、删减大量不宜直接传递给受众的原文信息以外,"同情同一"的内容认同手段在新闻外译中还可表现为:强化接近目标受众知识储备的新闻信息。

　　总而言之,在戏剧主义修辞观视角下,倾向于特写近景式描写的软新闻往往提供更为丰富的信息,因而原文与译文通常都具有完整的五要素构成,但由于软新闻内容一般不直接关乎意识形态,编辑与译者在处理原文时就拥有更多自主权,原文中的重点内容在译文中甚至可能一笔带过,直接导致原文与译文的五要素内容大相径庭,因而原文记者与译者修辞动机的差异将更为显著。导致此等差异的原因在于编辑和译者把握住了软新闻英译修辞情境的主要分歧,即原文过于丰富的中国特色文化信息、非意识形态的传播需求及新闻报道惯例与他们所理解的受众阅读兴趣和知识背景存在差距。这促使编辑与译者对原文进行较大尺度的删减,也代表了译者"辞屏"的第一重作用;而在利用"辞屏"输出译文时,译者则需充分考量受众的需求,确定五要素中应占据主导地位的要素,并从过滤后的信息中寻求前文所及的各种"基于同情的认同"手段,依据英文报道写作惯例创作译文;但同时写作风格相较于硬新闻可有一定的创新性和灵活度,以充分发挥软新闻的趣味性与生动性优势,促使目标受众主动认同传播内容,从而填补该修辞情境的缺失。

二元再情景化模式中的软新闻英译与硬新闻英译多有相似,但有两点值得探究。首先,编辑与译者在再情景化 a 中的作用孰强孰弱值得重新思考。如果说硬新闻的严肃性决定了翻译过程中必须由更熟知意识形态需求、把握全局导向的编辑把关译文的基调,则软新闻应有的轻松与活泼使译文更多地有赖译者的努力,在译文中以灵活的写作方式展现更易提起受众兴趣的原文信息,本节讨论中涉及的几个标题和导语大都成功地做到了这一点。由此可以大致判断,软新闻英译中两重再情景化的行为者仍应包括编辑与译者,但两者的作用比率略有变化,尤其在输出新话语 b 时,需要确保全文连贯性的译者是新话语的直接行为者,相对于从总体上掌控新闻走向的编辑,其主体作用显然更为突出。其次,软新闻英译的再情景化 b 过程中,新情景 b 应是阅读兴趣与先在知识结构并重的。从本节分析可见,软新闻从标题到导语均以吸引眼球为主要目的,其所传递的信息也更多地取决于编辑和译者对受众阅读兴趣点的判断,原文中部分看似十分"严肃"的信息在软新闻载体中可能被去除。当然,要维持受众的阅读兴趣,也需尽量使译文信息与其先在知识结构重合,避免过多的中国特色文化内容削弱译文的趣味性与吸引力。因此,此时的新情景 b 需是受众的阅读兴趣与先在知识结构的相互交融与平衡,以有助于新话语 b 实现其新意义。

7.3 图片新闻英译:图文相系,认同共举

如 3.1.1.2 所述,基于语言学视角,本研究所探讨的"互联网对外新闻翻译"首先包括语内翻译和语际翻译,即 7.1 与 7.2 所具体展示的译者"二元再情景化"的两重过程;但与此同时,符际翻译也是本研究中不可忽视的一个翻译层次。据 5.3.1 可见,伯克大大拓展了修辞的范畴,使得客观事物一旦承载人的动机与意图,便都具有了修辞意义,这一将修辞作为"符号行为"的定义被普遍认为是视觉修辞产生的理论基础(薛婷婷、毛浩然,2017)。视觉修辞力图揭示"图像之中与围绕图像发挥作用的权力与知识构成的复杂动态关系",相信图像与文本之间存在多重联系,认为视觉图像在分析时不应强行与文本分隔开来(Finnegan, 2001a)。新闻图片"直接、简明、有感染力,能提示人们的记忆,强化报道效果"(张健,2010:230),可见新闻中所使用的视觉图像与文本意义的传递同样密不可分。单就这一点而言,新闻图片就存在显著的动机,自然也就成为一种具有象征意义的符号,因而理所当然成为视觉修辞的研究对象。另一方面,在互联网对外新闻翻译中,无数超文本所构成的互联网成为了译者的新工作环境。超文本是包含两种以上的符号系统并由超链接连接各符号元素的多线性电子文本,这为信息的"多维符号转换"创造了必要条件。有学者借助 DNA 转录、蛋白质翻译及计算机语言的"编译"现象指出,翻译的本质是为了实现信息的跨符号系统传递,因而"翻译"这一概念本身就包含"非语言转换"的内涵,与符际翻译的内涵相符。综合以上两点可见,在超文本语境下,翻译实为"信息跨越符号边界的流动",信息成为符号转换的"内核",不仅自然语言符号之间可以相互转换,非自然语言符号之间也可以进行转换,不同的符号系统之间也可以实现"符

第七章 戏剧主义修辞观与互联网对外新闻翻译:微观细探

际转换"(刘剑,2014)。那么,作为与原文密不可分的一种符号,在原文中具有象征意义的新闻图片是否能以同样的语境关系转移到用另一种语言表达的新闻译文中?其在新语境中对译文读者的影响是否与在原文中对原文读者的影响相同?这些新闻图片本身能否实现双语之间的转换?这些问题已经走入了符际翻译与视觉修辞的研究视野,既符合互联网对外新闻翻译的本质,也以伯克对修辞的基本定义为基础,因而是本研究不可或缺的一部分。

因此,在集中讨论了文本中所展示的语内翻译与语际翻译过程后,笔者将以"图片"这一新闻中最常见的非语言符号为例,探讨网媒新闻外译中符际翻译的具体表现。如王宁(2015)所言,如果说将同一种语言描述的图像译成文字文本仍属于语内翻译的话,那么将另一种文字描述的图像文本译成中文,那就显然属于语际和符际的翻译了。如前所述,所谓符际翻译既包括语言符号与非语言符号之间的转换,也可指非语言符号本身的转换。但当非语言符号与语言符号互为支持、同时涉及双语转换时,语际翻译与符际翻译便是互为语境、同时进行的;就网媒新闻外译而言,这意味着新闻中主要以图片为基础的"符际翻译"是与以文本为基础的"语际翻译"相辅相成的,共同促进译文读者对具体新闻所传达意义的认同。此时的"符际翻译"可能将原文图片信息包蕴在译文文本中,或是将原文文本信息通过译文图片来表现;甚至也有可能由于原文的受众需求在译文中被剥离,图片自身也需要被"翻译",即:依据译文读者的认知需求改换图片中的焦点乃至场景,使得原文图片的关键信息以另一种方式体现在译文图片中。总之,就本研究的研究对象而言,图片与文本不可分割,因而"符际翻译"与"语际翻译"是互为依托的。不过,依据图片与文本的具体关系不同,有必要区别两类不同的图片新闻:一类是附有图片说明的图片新闻,另一类是无图片说明的图片新闻。附有说明的图片将原文图片已经表达的模糊内容付诸文字,实际上是"符际翻译"在

戏剧主义修辞观之于互联网对外新闻翻译——以"中国上海"门户网站为个案

同一种语言中的提前实现,这样的图片主要起到吸引读者注意力、引导读者把握新闻主线的作用。当图片说明转移到另一种语言中时,译者可能需要依据译文读者的认知条件,将说明置于全文的背景中调整其译文;甚至也可能在适当情况下调整图片,这是"符际翻译"与"语际翻译"并行不悖的表现。而就图片本身的信息承载量而言,理论上不附带说明的图片与新闻文本并重,都是传递新闻核心信息的必要手段,因而在原文到译文的"语际翻译"过程中,对此类图片实施"符际翻译"的必要性将更为显著。就本研究的个案对象而言,这可能包括两种情况:其一,原文关键信息可能因文本表述较为繁琐而纳入图片中,在译文中应采用对等的图片与文本解释,以确保信息得以清楚地传达;其二,原文图片所包含的信息超过了译文读者认知语境的负荷,难以在译文中形成有力的支持,此时需要在译文中补充缺失的认知语境或调整图片,以使新闻译文形成合理的内部逻辑,保持前后连贯。请看例10:

上海提前一年实现 PM2.5 降 20%　2016 年诸多环保指标出现改善

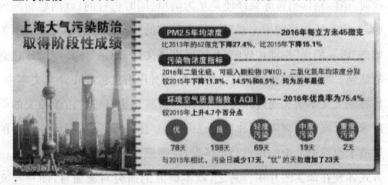

上海大气污染防治取得阶段性成绩,提前一年实现了 PM2.5 浓度比基准年 2013 年下降 20% 的短期治理目标。根据上海市环保局昨天在其官网上发布的数据,去年全市 PM2.5 年均浓度为每立方米 45 微克,比 2013 年的 62 微克下降了 27.4%,比 2015 年下降了 15.1%。

根据上海三年前立下的大气污染防治"军令状",在2017年底,PM2.5年均浓度需要比2013年的每立方米62微克降低20%,也就是不高于49微克。在2014年和2015年,上海PM2.5浓度分别是每立方米52微克、53微克。

上海去年PM2.5浓度的同比降幅超过了全国平均水平和周边地区。

根据环保部的数据,去年,全国PM2.5平均浓度降幅为6%;长三角的浓度降幅则为13.2%。实际上,昨天亮相的上海2016年环保成绩单上,不仅是PM2.5,其余多项环保指标的改善幅度,在近年中都称得上比较显著。

以几类主要大气污染物浓度为例,去年,上海的二氧化硫(SO_2)、可吸入颗粒物(PM10)、二氧化氮(NO_2)年均浓度分别较2015年下降了11.8%、14.5%和6.5%;而且,与PM2.5一样,这几项污染物浓度指标均为历年最低。

去年,本市环境空气质量指数(AQI)优良率为75.4%,较2015年上升4.7个百分点。其中,"优"为78天,"良"198天,"轻度污染"69天,"中度污染"19天,"重度污染"2天。与2015年相比,污染日减少17天(其中重度污染日减少6天),而"优"的天数增加了23天。

上海的水环境也有显著改善。2016年,全市主要河流断面水环境目标达标率为63.3%,较2015年上升26.6个百分点,污染程度最高的劣Ⅴ类断面占34.0%,较2015年大幅下降22.4个百分点。

去年,本市加速推进第六轮环保三年行动计划和水、气等专项行动计划,国家和市委市政府明确的各项环境保护目标任务全面完成。以下一组最新的治理数据,使得PM2.5浓度的骤降显得顺理成章:

去年,工业方面,上海完成了1456家工业企业的挥发性有机物

戏剧主义修辞观之于互联网对外新闻翻译——以"中国上海"门户网站为个案

治理,全市公用燃煤电厂有9台60万千瓦及以上机组完成了超低排放改造;交通领域,上海港靠泊船舶正式启动换用低硫燃油,全市淘汰高污染机动车5.3万辆;扬尘污染防治方面,全市创建了486平方公里的扬尘污染控制区,累计安装扬尘在线监测系统2100余套。

提前实现PM2.5阶段性目标的同时,上海的大气污染治理工作仍不可松懈。根据去年发布的上海"十三五"规划,2020年,上海PM2.5年均浓度需降至每立方米42微克。专家表示,随着环境的不断改善,要实现同样的PM2.5浓度降幅,难度可能会越来越大。

比较正文与图片的内容不难发现,新闻图片意在以更直观的方式突出正文的几个关键数据,使读者能够一眼了解所谓"大气污染防治的阶段性成绩"有哪些具体表现。以戏剧主义的五要素来判断该新闻图片的修辞意义,其"目的"动机是较为显著的。图片对于行为者(上海)、行为(大气污染防治)、场景(取得阶段性成绩)均是一笔带过,甚至并未提及手段,但却以"PM2.5年均浓度""污染物浓度指标""环境空气质量指数"等醒目的小标题指出了污染防治的几个重要指标,即防治的"目标"或"目的"所在。这样的"目的型"用图方式又恰恰暗合了新闻原文的目的,即:迎合受众"读图"的信息接受方式,使受众迅速了解新闻核心信息。尽管中文比起英文具有字少、占空间小的优势,同等长度的中英文表达相比,往往中文的内涵更为丰富,但译文仍不妨参考原文的图片,以"缩写+注解"的方式译出原图片内容,使译文读者同样能够快速把握译文主要信息。不过,本文译者却采取了一种全然不同的做法,译文如下:

Shanghai achieved PM2.5 target a year ahead of schedule

　　The average reading of PM2.5, or particulate matter measuring less than 2.5 microns in diameter, was 45 micrograms per cubic meter last year, which is 27.4 percent lower than the 2013's average of 62 micrograms per cubic meter, according to the official website of Shanghai Environmental Protection Bureau on Friday.

The reading is also 15.1 percent lower than 2015's average reading of 53 micrograms per cubic meter. It is 9.1 percentage points higher than the average drop of 6 percent of the nation.

On January 7, 2014, the Ministry of Environmental Protection signed agreements on air pollution treatment target with 31 provinces and municipalities, including Shanghai, to reduce air pollution by a designated percentage points.

Shanghai agreed to cut PM2.5 by 20 percent to 49 micrograms per cubic meter on average by the end of 2017 then. The average PM2.5 reading in 2013 was 62 micrograms per cubic meter. In 2014 it dropped to 52 micrograms per cubic meter. The reading in 2015 and 2016 was 53 and 45 micrograms per cubic meter respectively. Shanghai reached the 3-year goal in only two years.

In addition, the average density of other air pollutants, such as $PM10$, SO_2 and NO_2, also declined by 11.8 percent, 14.5 percent and 6.5 percent respectively last year from 2015.

To achieve the goal, Shanghai adopted a raft of anti-pollution measures, including treatment of volatile organic compounds on 1,456 industrial enterprises, completed renovations on nine generator sets of over 600,000-kilowatt, banned 53,000 highly polluted vehicles from roads, set up dust-control areas of 486 square kilometers across the city and installed more than 2,100 set of online flowing-dust surveillance systems.

Last year, the number of days with excellent air quality was 78, good was 198, slightly polluted was 69, moderately polluted was 19 and heavily polluted was 2. Comparing with 2015, the number of days with polluted air dropped by 17 days while that with excellent air quality rose by 23 days.

In 2020, Shanghai plans to reduce the annual average PM2.5 reading further to 42 micrograms per cubic meter, according to the city's 13th five-year plan for 2016-2020 published last year.

译者将原文图片删去,图片内嵌的所有核心信息则基本遵循原文结构散落在了译文中。就文本本身而言,这一译文体现了对原文从内容到形式的忠实;但对一篇完整的新闻而言,这一译文却未能顺利实现"符际翻译"。实际上,空气质量事关所有居住在上海的人们,无论国籍,因而不管原文或译文,其叙述重点都应放在"目的"上,即阐明各项空气质量指标究竟有何改善。原文本略显冗长,各类数据与专业术语密布其中,但一张新闻图片却轻巧地抓住读者的注意力,提供了最关键的信息。反观译文,尽管修辞五要素俱全,一幅图片的缺失却大大削弱了"目的"要素理当占据的主导性地位,本就略显枯燥的题材在过于平实、堆砌数据的陈述方式下愈发不堪卒读,更不必说获得读者的"认同"了。在这篇新闻翻译的修辞情境中,译者最大的问题在于未能充分考虑目标读者的需求,合理把握原文提供的客观修辞局限,放弃了图片这一要素的作用,从而无法顺利填补关键缺失,即:从原文纷繁芜杂的信息中拣选出关键信息,以读者易于接受的方式传递,这当中译者面临的主要分歧在于原文的大量污染防治指标数据与译文读者的接受心理之间的差距。然而,译者首先并未合理利用辞屏筛选信息,去掉了本应就位的图片,留下了大量不易消化的数据信息;其后又未能依从译文读者的接受心理,以受众易于接受的方式输出译文。比较原文与译文可见,译者的确对原文做出了一定修改,如删去了"环境空气质量指数(AQI)优良率"这一项,避免其过于冗长的译文与解释增加读者的理解负担,削弱阅读兴趣;然而,在普通读者并不熟悉空气质量评价体系的情况下,"Last year, the number of days with excellent air quality was 78, good was 198, slightly polluted was 69, moderately polluted was 19 and heavily polluted was 2.",这样的信息轰炸仍会对信息的理解与接受带来一定的挑战。假若译者能够与编辑或技术人员合作,制作图片着力反映今年的数据相较于往年的进步之处,用简单的上下箭头表示增长或减少的数据,用不同颜色表达"优""良""轻度污染"等信息,则这样的新闻图片不仅与本文标题相互呼应,更足以达到"一图胜千言"的传播效果,使受众更易认同于译文,这样的"符际翻译"在各类新闻翻译中都是值得借鉴的。再如例11:

儿童博物馆开启新旅程

经过2016年全年闭馆修缮和展区全面调整,上海儿童博物馆日前全新开放,面对3—10岁儿童,常设展区以"旅行"为主题,包括序厅、进入船舱、潜入深海、太空旅行、返回地球等空间,及专门为学龄前儿童设计的"旅行@家"互动探索区。除展览外,儿博馆开发了"动手做课堂"、"科学小讲堂"、考古挖掘体验活动等特色主题活动,

戏剧主义修辞观之于互联网对外新闻翻译——以"中国上海"门户网站为个案

鼓励亲子家庭通过探索,收获专属于自己的体验和感受。目前,儿博馆实行入场免费,部分精准服务有偿提供的开放模式。图为参观者从"旅行沙盘"拾级而上,展开儿童博物馆的全新旅程。

原文的配图色彩丰富,图案怪趣,看来颇为符合"儿童博物馆"的属性,但假若没有文末一句"图为[……]"作为解释,该图片与"旅行"主题究竟有何联系就变得有些难以捉摸。将图片转移到译文中固然会增强画面的新鲜感,但恐怕译者对"旅行沙盘"的解释又将颇费一番周折;去除图片则会削弱原文的童趣,但原文的最关键信息通过纯文本倒也不难展现。本文译者最终选择了第二种处理方式,译文如下:

Children's Museum puts travel at the forefront

Shanghai Children's Museum has reopened after a one-year renovation and restructuring.

Catering for children aged from 3 to 10, the permanent exhibitions have now adopted travel as their theme. Youngsters can imagine themselves in a ship's cabin, the deep ocean, or on a space journey.

Sections like DIY and scientific classroom encourage children's interest as well as encouraging parental involvement.

Entry is free, though particular events might require a ticket.

译者在本文翻译过程中遭遇的最大问题在于图片与新闻存在某些难以割裂的内部联系,但图片所涵盖的背景信息较多,不宜在译文中占用过多篇幅——解释,最终导致图片连同与其构成直接关系的语句在译文中被弃用。但事实上,倘若译者能够与编辑、技术人员乃至原文记者多加沟通合作,重新选择贴合博物馆的"旅游"主题、同时又避开原文图片解释语句的视觉要素,则不失为一种能够更好地支撑语际翻译的符际翻译方式,有利于译文提高读者的阅读兴趣,提升其接受度。总之,直接删除原文图片未必能够使译文达到预期的传播效果,改换图片则可能使原文信息在译文中焕发新的生机。那么,假如不对原文图片做任何改动,效果又将如何呢?请看例12:

学雷锋日:上海各区开展多场"学雷锋"活动

今天是"学雷锋日"。这些天来,上海各区都开展了多场"学雷锋"活动。其实,我们的身边一直就生活着很多"雷锋"。细品他们的故事,会发现"雷锋"并非"千人一面",他们身上各有打动人的气质。

标杆气质

提到身边的"雷锋",不少人脑海里第一个反映出的形象就是"南京路上好八连"。南京路已变了好几茬,好八连早就从当年的八连换成了武警十中队,但他们始终是大家心目中的"标杆"。

1982年,武警上海市总队第一支队十中队接替了"南京路上好八连"的勤务。队伍换了,但好八连的精神与传统没有变。中队从组建之初,就把每月10日、20日作为为民服务日。这2个日子,中队官兵们会走上南京路,义务为群众理发、修伞、补鞋、测量血压。现在十中

255

戏剧主义修辞观之于互联网对外新闻翻译——以"中国上海"门户网站为个案

队官兵每天要学习1小时英语口语,在取得正式上岗资格前都要经过英语考试。适应新环境、新时代,这是雷锋精神的又一种表达。

质朴气质

还有这样一批"雷锋",他们可能就是你身边的邻居、朋友,没有做过什么轰轰烈烈的大事,但却愿意坚持做着一件被人称赞的好事。

静安区彭浦新村街道有个叫共康四村的小区,孤老和高龄老人非常多,老人做饭很成问题。小区居委会就想了一个办法:在居民自己家做饭的时候,给老人搭出"一口",再送到老人家中。热心居民不少:60来岁的吴雅琴阿姨不但"搭一口",还专门买了两个电饭煲、两个锅子给老人做饭,再挨个送到老人家里,一下"承包"近10位老人的午饭。居委会琢磨着以后组织一批志愿者,专门给老人做个"搭一口"食堂,解决更多老人吃饭难问题。据说,报名的阿姨爷叔志愿者不少呢。

创新气质

"我们是留守儿童,希望有人帮我们拍照做成相册,寄给父母";"我是抗美援朝老兵,希望有人能带我去抗美援朝纪念馆看看,重温峥嵘岁月"……互联网等新媒体,拓宽了做好事的渠道。在网上发布平凡人的心愿,面向广大市民企业征集圆梦人,今年各区陆续出现的"圆梦行动"成为"学雷锋"的新形式。

新技术手段解决了许多过去"雷锋"做好事遭遇的难题。在贵州农村一所小学,一堂数学课正在进行,然而讲台上并没有老师,只有一个大屏幕,屏幕里的老师身在上海,通过视频与学生交流。这是一堂互联网支教课。如何解决地域限制带来的支教人才短缺?公益组织"为中国而教"总干事荆攀想到利用互联网来跨越这一道道屏障。利用远程支教系统,上海的中学老师连续三个星期通过网络给乡村老师培训英语,一批复旦学生连续三年在网上给云南一个孤儿院的孩子们补课。

第七章　戏剧主义修辞观与互联网对外新闻翻译：微观细探

"雷锋精神"代表着无私奉献、乐于助人，对于绝大多数中国人而言不啻深入骨髓的记忆。又因为雷锋的战士身份与"南京路上好八连""军民鱼水情"都形成了直接的文化联结，要理解本文的图片与文本之间的内在逻辑，对于国内受众而言并非难事。尤其是"标杆气质"这一部分，直接反映了图片的内容，两者相得益彰，恰到好处地凸显了新闻主旨。然而，对于大多数外国受众而言，"雷锋"是一个完全陌生的名字，而他的精神究竟是一种什么精神，在新闻体裁中无法完整展开，只宜简要概述。同时，原文配图如何才能恰当地移植到译文中，也是需要仔细思索的问题。这篇新闻对应的译文如下：

Districts in Shanghai launched various volunteer service activities on Sunday to celebrat Learn From Lei Feng Day, named after the renowned Chinese soldier Lei Feng. Volunteers provided free services such as haircuts, home appliance repairs and helped with health inquiries to display Lei's spirit of helping others.

　　Volunteers gathered at Jing'an District's Gongkangsicun community to cook free meals for the elderly.

戏剧主义修辞观之于互联网对外新闻翻译——以"中国上海"门户网站为个案

暂且不论译文的一处拼写错误("celebrat"),这篇英语新闻稿对原文进行了总括式的改译,既简要体现了雷锋精神的实质(spirit of helping others),对原文提及的多种好人好事也予以概述(provided free services such as haircuts, home appliance repairs and helped with health inquiries),避开了原文中大量在新闻体裁里不宜详细解释的文化背景信息(如"南京路上好八连""抗美援朝纪念馆")。但不足之处在于,原文中大量鲜活动人的事迹被显著压缩了,大大削弱了软新闻以人物与事件"深描"为重要依托的典型特色;更重要的是,译文的新闻图片直接从原文移植而来,丝毫未动,这是符际翻译的缺失甚或失败。图片中所体现的军人元素与原文内容称得上相辅相成,但在没有对图片予以任何附加说明的情况下,受众极有可能对图片与译文的内在联结形成两种误解:其一,图中这位战士就是那位"renowned Chinese soldier Lei Feng",这显然是令人啼笑皆非的误会;其二,文末提及"Volunteers gathered at Jing'an District's Gongkangsicun community to cook free meals for the elderly",兴许指的就是这些战士。而事实上原文内容已经告诉我们,volunteers指的是小区里的居民,与军人并无关联。造成这些误解的首要原因在于当图片移植到译文中时,其所蕴含的文化背景信息并未一同迁移到新语境中,导致图片与文本之间的逻辑断链;当然,译文虎头蛇尾,在文末忽又莫名其妙添加了一桩好人好事,也是造成误解的重要原因。

前述三篇新闻中,译者面临的主要分歧都是图片所包含信息与受众认知语境之间的差异,译者在修辞情境中都需把握好图片的背景文化信息这一修辞局限。前两例译文直接舍弃了图片,也移除了原文的部分内容,削减了趣味性,但胜在表意清晰,不易造成误解;后一例保留了图片,却没有增加相应的解释,反而由于译文中部分表意不清的内容造成对图片的曲解,弄巧成拙。综合前述三个译例可见,对新闻中未附加说明的图片进行符际翻译难度甚大。就直观信息含量丰富而文化内涵较弱的

第七章 戏剧主义修辞观与互联网对外新闻翻译:微观细探

图片而言,图片之间的直接"对译"是有可能实现,也有利于译文读者理解与接受的;而对于背景信息丰富的图片,则应当在译文中对相关信息予以一定的解释,力争将图片的非语言信息用语言符号表述出来;对于无法在译文中多做解释的原文图片,则可与相关技术团队或原文记者商议更换合适的图片,尽可能实现符际"对译"。只有当这两种形式均不可行时,才应考虑撤下图片,并去除图片在文内的相关信息,因为这一做法既不利于激发读者的阅读兴趣,也可能有损于原文的核心信息。

附有图片说明的图片新闻英译存在上述情况,无图片说明的图片新闻是否有不同的处理方式?请看例13:

被发现于洛杉矶有 3 米多高
成龙捐赠老式路灯入藏上海市历史博物馆

成龙捐赠老式路灯入藏上历博

又有一批承载上海历史的重要文物入藏上海市历史博物馆/上海革命历史博物馆。成龙捐赠民国路灯及复制品仪式 12 月 17 日在上历博举行。未来,市民可在上历博新馆庭院内欣赏这批老式上海路灯。

唤起市民城市记忆

2007 年,成龙在洛杉矶拍片时发现了一批样式奇特的路灯,顺

259

路找去,看到一家台湾人开的古董店。通过和老板喝茶聊天,得知它们是流落海外的民国时期上海老式路灯后,成龙将这些雕刻精美的路灯全部购买运到香港。由于很多路灯支离破碎,他又找来工匠,把路灯一点点修复好。这批路灯的历史来源仍然是谜,"只知道有些来自当时的上海法租界,我曾经查询历史相片,想找出它们的故事,但一直没有发现,也希望大家帮我找到答案"。

成龙喜爱收藏,涉猎广泛,却又随性而为,没有功利性。他希望能给自己的收藏找到好的归宿,多次将收藏捐赠给一些博物馆。在电影中,观众能看到他对文物保护的呼吁,例如《十二生肖》里,成龙饰演的角色奋力抢救国宝归国;而在故事外,他也打造了十二生肖铜头艺术品赠往世界各地的代表性博物馆展览,弘扬"尊重文明,保护文化"的理念,呼吁流失海外的文物回国。

上海市历史博物馆/上海革命历史博物馆馆长胡江介绍,这种老式民国路灯曾是上海城市的一部分,历经岁月沉浮又漂洋过海回到故乡,并在博物馆永久安家,有助于唤起上海市民对这座城市的历史记忆。

路灯将放在庭院内展示

成龙向上历博捐赠的一盏修复的老灯原件和六盏复制件均将安装在新馆庭院内,作为绿地景观供市民和游客参观。上海市历史博物馆建筑前身为跑马厅总会,路灯有3米多高,要想在室内展出它,除了一楼大堂外,其余楼层展厅层高有限。"不过,它本来就是路灯,当然在室外展陈比较好。"上海市历史博物馆研究部主任裘争平介绍,路灯并不是上历博馆藏最高的一件文物,在周浦库房里有上海人民公社木牌,高度超过4米。最大的文物则是20米长的1947年美制火车头,展厅里没办法展出,曾经设想在东面庭院里做装置艺术。最小的文物是以前进口的针。最重文物要数振远将军铜炮,重约3000公斤。

上海市历史博物馆/上海革命历史博物馆去年5月18日发出"英雄帖",向海内外征集能反映上海历史和文化的实物和文献、照片资料,得到广泛响应,社会各界人士向上历博踊跃捐赠文物,比如声乐大师周小燕的旗袍,这件旗袍是她在欧洲留学期间演唱时穿着的,非常有代表性。还有张骏祥导演的手稿,指挥大师马革顺的演出服、指挥棒、乐谱等。更多的是来自普通市民的捐赠,最近一位普陀区市民捐赠了一架上世纪30年代上海制造的三角钢琴。很多抗战英雄后人也捐赠了具有上海本土色彩的文物文献。明年5月18日国际博物馆日时,有望在上历博举办一个集体捐赠仪式。

上海市历史博物馆预计2018年3月底对外开放。目前,西楼建筑和庭院还在修缮中,主展试运行中还有修改,完善后再行开放。

通读全文即可发现,虽然原文标题将"成龙捐赠老式路灯"作为看点,实则文中尚有一定篇幅涉及其他捐赠项目,足见原文记者的"辞屏"并不仅仅将"成龙"和"路灯"推到聚光灯下。笔者再次利用PowerConc对原文高频词进行了分析,显示两字词语中列首位的是"历史"(15次)和"路灯"(15次),紧随其后的是"博物"(14次);三字词语中列首位的是"博物馆"(14次);四字词语中首位为"历史博物"(10次)。综合这些分析结果看来,受赠的上海历史博物馆无疑也成为了记者希望受众关注的对象,这一点也一定程度上体现在了原文的图片中。照片中站在路灯上的成龙构成了前景,但镜头较远,且仅保留了他的侧脸形象;背景则是一片正红色的背幕。长久以来,红色便一直是最受汉民族喜爱的颜色,称其为中国的代表色毫不为过;而"红军""红旗""红区"等文化意象更是使得红色成为革命、共产党、无产阶级的代名词,近年来十分兴盛的"红色旅游""唱红歌"等特色文化便是红色与革命内涵相联结的重要标志(陈岩,2007)。因此,此次以"上海市历史博物馆/上海革命历史博物馆"为受赠

戏剧主义修辞观之于互联网对外新闻翻译——以"中国上海"门户网站为个案

方的捐赠活动中,图片以大幅红色背景映衬主体对象,恰恰是对记者撰文基本思路的具象化展现:成龙的捐赠之所以重要,是因其与包括革命斗争过往在内的上海历史文化存在紧密关联,有助于展现一个更全面的"中国上海"。国内读者对于这样的思路习以为常,自然心领神会,然而图片与文本之间这样深藏的文化联结如何移植到译文中,使译文读者产生与国内读者相同的观感,对于译者而言是语际翻译与符际翻译的双重难题。另外,原文图片的说明还有一个需要注意的细节。"成龙捐赠老式路灯入藏上历博",结果成龙却站到珍贵的捐赠物上拍照了吗?这显然是没有清楚交代细节而造成的误解,若在译文中照原样译出,势必会继续对译文受众造成误导。不过,尽管障碍重重,最终网站上的译文还是较好地实现了对原文的符际翻译与语际翻译:

Jackie Chan gifts antique street lamp to museum

Film actor Jackie Chan climbs on to a replica of an antique street lamp as he poses for the press at the Shanghai History Museum yesterday

Jackie Chan yesterday donated an antique street lamp and six replicas to the Shanghai History Museum.

The 63-year-old film actor posed for pictures with one of the replicas during a ceremony at the museum at 325 Nanjing Road W.

The original lamp is undergoing restoration, the museum said.

Chan, a keen antiques collector outside his movie career, said he spotted a number of ornate street lamps on sale while filming in the United States many years ago. The Taiwan couple selling them said they were from Shanghai during the Republic of China (1912-1949) period.

He bought 19 lamps from the couple at up to US$4,500 each and had them shipped to Hong Kong.

"Since the lamps were broken to different extent, some of them were restored and others were used to make new-old lamps," he said.

Nine are on display at the Jackie Chan Museum in Shanghai.

Chan said a recent meeting with a city official gave rise to the idea of donating another one—a more beautiful one, he said—to the Shanghai History Museum.

"It's a beautiful story that the lamps finally returned to their home city after decades of traveling around the world," he said.

Qiu Zhengping, director of the museum's research department, said the lamp was probably made between 1860 and 1935 because there were no more gas lamps in the city after that.

"Early gas lamps usually had only one 'head', and since this one has five, it probably was created on a later date," she said, adding that the original location of the lamp had yet to be established.

All seven lamps are to be installed in the courtyard of the museum.

戏剧主义修辞观之于互联网对外新闻翻译——以"中国上海"门户网站为个案

The museum welcomes donations related to Shanghai's history, and since May this year, when it made a public call for donations, has received over 500 calls from all over the world.

The museum is currently under trial operation and only invited groups can visit. It is due to open to the public by the end of March next year.

首先,译文与原文最显著的差别体现在"读图时代"的新闻受众最易关注到的图片上:原文中十分抢镜的完整红色背景被一小截背幕替换了,成龙的形象也从远景侧脸转成了近景镜头下的正脸,这一看似不甚起眼的调整实际上是与译文内容相辅相成的。原文中的红色文化内涵在译文中被大幅削弱:成龙对国家文物保护的呼吁、他饰演的角色奋力抢救国宝等背景,都不再体现在译文中,这使得"成龙"与"路灯"成为了译文中当仁不让的主角。同时,译文也补足了原文中某些语焉不详而容易导致误解的内容。比如,这盏路灯既然弥足珍贵且已捐赠给馆方,何以不采取任何保护措施,甚至让成龙站上去照相?而事实上译文的图片说明就清楚表示了这是一件复制品,使受众能够立即把握准确的信息,而不是如原文一般,直到导语部分才慢条斯理地揭示"捐赠民国路灯及复制品"这一事实。译文既恰当地在图片与图片之间实现了符际翻译,使图片与译文文本构成合理的逻辑,也使原文图片中所包含的、却并未在说明中清楚体现的内容准确地转移到了译文图片的说明中,实现了非语言符号与语言符号之间的转换,使得译文读者对译文的接受效果甚至优于原文读者对原文的理解,是译文优于原文的典型案例。这样优秀的译文首先需要译者具备极强的受众意识,恰当运用辞屏过滤原文不良信息,保留准确信息,而后以受众所能认同的表达方式在译文中输出受众易于认同的内容,以跨越本文修辞情境的主要分歧:原文的图片、说明与文本之间的内部关联不够清晰,超出了译文读者可理解的范畴。因此,

第七章 戏剧主义修辞观与互联网对外新闻翻译:微观细探

译者在发现原文说明与图片不甚相符时,需要与新闻记者沟通,了解具体情况再确定译文;在发现原文对复制品与原件表述含混时,译者适时添加一句"The original lamp is undergoing restoration, the museum said.",避免使译文读者产生误解。此外,为译文确定更恰切的图片,显然无法由记者、译者或编辑任一方独立完成,必须是直接了解译文主体内容的译者与编辑、原文记者等相关人员商议后的结果。这些事实多角度地表明,涉及符际翻译与语际翻译的图片新闻英译往往难以由译者单独承担,需要依靠多方共同努力方可有符合受众接受心理的译文产出。

综合以上分析可见,在戏剧主义修辞观视角下,图片新闻的五要素具有一定的特殊性,即图片往往承载或强化了五要素中的某一个或几个要素,因而是新闻外译不可缺失的一部分,是典型的"符际翻译"载体。这类符际翻译的表现形式较为灵活,可以是用配合译文内容的新图片替换原文图片,或视译文具体情况舍弃图片;也可能是原文图片不做任何变动,但在译文中对原文图片的独特文化内涵加以解释;还可以是在原文图片附有说明的情况下,以受众易于理解的方式译出图片说明,或将其整合到译文中,图片本身则视译文具体内容决定是否予以调换或撤销。总体看来,图片新闻英译这一修辞情境的主要分歧在于原文的图片与文本之间固有的内在联结与受众现有的背景知识和阅读兴趣存在差距,因而编辑与译者在调动"辞屏"时首先不应顾此失彼,而要综合考虑图片凸显了原文的哪一个或几个要素,再决定如何筛选文本内容及如何处置图片;其后在输出译文时则可能需要动用更多与原文创作直接相关的材料,在全面了解原文文本与图片逻辑关系的基础上决定译文文本与图片的关系及表现形式。由于图片新闻既可以是硬新闻也可以是软新闻,译者在文本翻译中所采取的认同手段与7.2所提及的几种几无二致。但是,在特定的新闻题材中,好的图片往往能起到令受众身临其境的作用,即将自己与照片所反映的情景融为一体,有利于"无意识认同"手段

发挥作用。如例14:

"Magnolia expatriates" honored for outstanding contribution to the city

Maximilian Foerst (left), president of Carl Zeiss (Shanghai) Co, and Philippe Gas, general manager of Shanghai Disney Resort, are all smiles after receiving the Magnolia Silver Award in Shanghai yesterday. Fifty people from 18 countries were given the award in recognition of their contribution to the city's development. The expat contributions, made in the fields of business, finance, shipping, education, tourism, science, health, culture and international exchange, have injected strong vitality into the city, said Zhang Xiaosong, director-general of Shanghai's foreign affairs office, who presented the awards.

[…]

一年一度的上海市"白玉兰纪念奖"旨在表彰和鼓励为上海的经济

建设、社会发展和对外交往作出突出贡献的外籍友人,上图展示的是 2017 年颁奖现场的一幕,两位获奖者笑容满面,其中一位更自豪地把玩起胸前的奖章,满屏的喜悦已不言而"溢"。图片与标题信息搭配也成功地营造了这样一种氛围:能够为上海的发展作出贡献,是客居上海的外国人所引以为傲的事,而这个城市也隆重地表达着感激之情。与图中两位获奖人同属"客居上海的外国人"这一群体的目标受众很容易通过上述图片将自己代入"为上海作出贡献"这一情境中;正如 3.2.3 中提及强盛的国家能够提升其国民自豪感一样,这是一种典型的"无意识认同"。因此,新闻中的图片在特定情境中将有助于丰富新闻外译的"认同"手段,成为填补"受众认同于译文"这一缺失的重要支持。

  图片新闻英译的二元再情景化过程与 7.2 谈及的硬新闻与软新闻英译存在较多共性,但也略有区别。首先,此时的元话语已不再是纯粹的文本,而是图片与文本并举,因而在确定原始情景 a 时,应视情况将图片的文化背景纳入考虑范围,如"成龙捐赠路灯"一例图中的红色背幕所蕴含的文化意义。相应地,这些背景也应进入新情景 a,成为编辑与译者/读者在输出新话语 a 时的重要参考。新话语 a 中是否留存图片、如何解读图片,应取决于行为者如何权衡新情景 a 中的原始情景 a 与部分新情景 b。另外,进入再情景化 b 之后,再情景化行为者不再只是译者、编辑与技术人员,还包括元话语 a 的制造者,即原文撰稿人、摄影记者等,因为译文中的图片是否恰当、图片说明是否表述到位、图片与正文的逻辑能否成立等问题均是译者在双语转换的过程中可能发现的问题,编辑未必能顺利解答,这样的内容往往需要译者与原新闻制作者重新确认,这是符际翻译纳入再情景化模式后表现出的一个较为显著的特点。不过,最终译文仍是由译者输出、并以适应新话语 b 的受众需求为目标的,因而此时再情景化 b 尽管行为者众多,其中起最主要作用的仍是译者,正是译者主导了各行为者之间的协作。

7.4 本章小结

对外新闻翻译与其他类型翻译的最大区别在于其新闻传播导向。尽管"用接受语再现源发语的信息"仍是新闻外译必循之径,中西方在政治、社会、经济、文化背景等方面的显著差异导致了中西方新闻传播观念与传统的不同,使具体的新闻写作方式存在差异,因而新闻外译对原文的再现重点在于语义而非语体,在于内容而非形式。这意味着新闻英译文的价值不在于多大程度上忠实再现了原文,而在于译文受众在多大程度上复制了原文受众的反应,或者说,受众能否领会译文所传递的原文核心信息并予以认同。在涉及互联网媒体时,多媒体技术使得新闻外译产品从内容到形式都能得到更迅速的调整,更有利于提升传播效率;同时网络媒体也能更直接地获得目标受众对译文的反馈,这对于传播效果也是极大的促进。基于以上因素,互联网对外新闻翻译相较于传统媒体的新闻外译在提高受众接受度方面获得了更多优势,其传播效果研究势必带来更多启示,价值更为显著。有鉴于此,本研究除了采用问卷方式初步展开受众研究,调查个案对象的大致传播效果以外,在具体新闻英译案例的探讨上也坚持语篇思维,以语篇传播效果为本,并未将关注点落在词、句、段落等语义单位的对等上,而是以戏剧主义修辞观的五位一体分析为基础,探索新闻语篇作为修辞文本的内在逻辑,对比原语与译语语篇的修辞目的,借以考察译文的整体效果,从而为新闻语篇原文与译文的对比提供了新的方法。需要特别指出的是,对新闻标题英译的探讨看似为词层或句层对比,实则难以脱离整个新闻语篇的要旨,有时甚至需要涉及新闻语篇撰写的具体背景,因而本质上仍是以语篇思维为指导的。除语篇对比外,还须认识到译者是译语语篇的主要制造者。允许译文不必对原文亦步亦趋,意味着新闻外译译者获得了更大的自由度;互联网的参与使语篇所依托的背景进一步扩大,使译者行为受到更多因素的介入,因而网媒新闻外译译者的主体性也是值得深究的对象。基于不同的新闻类型,笔者以戏剧主义修辞观的"五要素"为基石,探讨作为行为者的译者在怎样的场景中、借助何种手段、基于什么目的开展新闻外译行为,因此首先依据各翻译实例所涉及的修辞情境找寻分歧,说明新闻外译译者是借助"辞屏"采取适当的认同手段而跨越分歧,达成"认同"的。尽管分歧程度不同、辞屏作用不一、认同手段各异,实例分析仍充分展现了修辞情境对译者决策及认同实现的影响,同时点明了译者的主体性作用;其后,译者辞屏的作用被扩展为两重"再情景化"过程,研究者以第六章构建的"二元再情景化"模式分析修辞情境的具体变化,详细剖析了译者的身份与认同手段如何随具体情景的转变而变化,从而既挖掘出影响译者主体作用的更多要素,也一定程度上促进了"二元再情景化"模式的改进,可能有助于推动新闻外译跨学科研究的发展。基于7.1至7.3的讨论结果,笔者以为互联网对外新闻翻译"二元再情景化"模式可有一定调整,图17各个分析步骤的具体内容确定如下:

(1) 确定被移动的元话语a:确定被移动的新闻及随之移动的意义,包括新闻文本及图片所表达的表层内容及其背后的社会语境,如国家政体、经济形态、历史渊源、文化积淀等。

(2) 确定原始情景a:一是确定元话语所处的原始时空背景,除了指具体的时间与空间概念,这也可以指元话语新闻事件所发生的特定历史阶段(如在中央政府的号召下)及创作元话语的文化空间(如国内新闻惯例、新闻所属栏目),总体说来,就是分析元话语创作的完整社会语境;二是思考作为元话语制造者的新闻媒体与元话语接收者是否顺利构成"传播-理解"的关系,因这一关系是再情景化a实现的重要前提。

(3) 确定再情景化a行为者:包括译者/读者与编辑/读者,主要作用是对新闻原文内容进行解读和筛选,确定适宜进入译文的内容。在硬新闻和软新闻的再情景化 a 过程中,译者与编辑的角色重要性可能存在一定差异,需视具体文本而定。

(4)确定新情景 a:即译者与编辑的思维活动,当中此两者需要考虑的内容首先是原始情景 a,如意识形态导向、国内新闻写作规约形式,这些都会影响最终译文的面貌;同时,新情景 b 的一部分、主要是目标读者对中国的现有认知,是译者与编辑判断原文内容取舍的又一重要依据,因而也是新情景 a 的组成部分。总而言之,新情景 a 实际上包含译者与编辑在筛选原文内容的思考过程中所虑及的原文创作背景与受众接受条件。

(5)确定新话语 a(即元话语 b)的新意义:作为第二重再情景化的预备阶段成果,新话语 a 使译者实现了自洽,并与新情景 b 产生了关联,使同时作为元话语 b 的新话语 a 继续向新话语 b 接收者靠拢,此时应重点观察的是新话语 a 在文本意义上的变化。经过编辑与译者过滤的原文成为不可见待译文本,其意义首先来自元话语 a,但也有一部分是编辑与译者基于新情景 b 所赋予的新意义。

(6)确定原始情景 b:即制造出新话语 a 的新情景 a,但原始情景 b 中的原始情景 a 与新情景 b 的关系开始发生变化,新情景 b 的重要性提升,为再情景化 b 打下基础。

(7)确定再情景化 b 行为者:包含译者、编辑、技术人员等在内的新闻外译制作团队,有时也包括部分元话语 a 制造者;此时译者与编辑的角色已调整为读者/译者和读者/编辑。

(8)确定新情景 b:首先,要确保最终输出的新话语 b 符合对外新闻传播工作的基本原则与策略及对外传播事业需要达成的总体目标;同时应当考虑新话语 b 接收者的信息接受需求,包括受众对中国的知晓程度、其语言文化背景、新闻内容与其切身利益的关系、西式新闻写作惯例等;此外,互联网平台对新闻发布的种种技术规定也是该情景的构成要素。此时,行为者与接收者实际上形成"适应-接收"的关系,但"传播-接受"方为再情景化 b 的目的所在,其实现与否也成为评估新话语 b 的新意义的重要依据。

(9) 确定新话语 b 的新意义:经历了两重再情景化、两种语言之间转换的新话语 b 势必产生新的文本意义,因而译者无需竭力避免新的意义产生,而是要尽力使新意义符合客观新闻事实、符合对外传播的总体要求、符合接收者的接受心理,如此方能达成新闻制作团队的目的,助力对外传播事业的进步。

第八章 结 语

8.1 回顾与发现

近年来，乘着中国文化"走出去"的东风，外宣翻译研究在国内引起了越来越广泛的重视，互联网对外新闻翻译作为其中重要的一支也引起越来越多学者的关注。在"讲好中国故事、传播好中国声音"的号召之后，习近平总书记在十九大报告中进一步强调，要"加强互联网内容建设[……]推进国际传播能力建设，讲好中国故事，展现真实、立体、全面的中国，提高国家文化软实力"。可见，加强互联网国际传播是大势所趋；而新闻传播是国际传播的重要力量，新闻体裁又是一个个鲜活故事的重要载体，这些都使得互联网对外新闻翻译成为当前国际传播的重要力量，因而成为值得深入研究的对象。纵观学界目前的研究成果，学者们针对新闻翻译过程中的不同对象、基于多学科的理论视角、采用"人文派"或"科学派"研究方法，在互联网新闻外译的理论与实践研究上都取得了不小的研究进展。不过，尝试从译前到译后、从文内到文外全面探讨互联网对外新闻翻译的研究尚付之阙如，其最突出表现便是受众实证调查十分匮乏，受众对翻译产品如何反馈无从知晓。同时，对外新闻翻译涉及新闻传播与翻译学两个学科，单纯依靠传播学理论或翻译学理论恐难见全豹,而利用新修辞学这一沟通两者的桥梁学科却是深化对该课题理解的可行做法。此外,互联网对外新闻翻译关乎多种社会语境要素,是典型的社会实践活动;基于修辞学视角获得的重要认识,利用与修辞批评密不可分的批评话语分析方法,可为互联网对外新闻翻译搭建新的分析框架。

出于上述原因,本书对西方修辞学视角下的外宣翻译研究进行了爬梳,初步点明修辞、传播与翻译三个学科之间的内在关联;其后展示了为当代修辞学界奉为圭臬的肯尼斯·伯克修辞理论的相关研究,基本确定其修辞思想对本研究的适用性。为避免歧义以使讨论顺利展开,本研究对"互联网对外新闻翻译"与"戏剧主义修辞观"进行了界定。前者是指由互联网媒体开展的跨语言、跨文化的传播活动,包含语内翻译、语际翻译和符际翻译,旨在对汉语新闻原文信息予以合理阐释,以满足国外新闻译文受众需求、达成译文的预期传播效果,这一定义既明确了研究对象的传播活动本质,为宏观层面研究不应缺少的受众调查确定了基调,也初步确定了微观层面文本分析的主要内容;后者则是以伯克的"戏剧主义五要素"为基础提出的一个总括性概念,它与传播和翻译都存在紧密关联,是认识与分析研究对象的起点,其基本理论框架包含分析修辞目的的"戏剧主义五位一体"、作为修辞者重要工具的"辞屏"、作为场景的"修辞情境"及作为手段与目的的"认同",用于在宏观、中观、微观三个层面全面剖析互联网新闻外译的"五要素"。其后本研究梳理了对外传播的要求与目标、对外新闻翻译的工作原则和策略、互联网对外传播的发展与特点,最终归纳出两点:其一,互联网对外传播应更为重视受众研究;其二,受众研究应更加精准细化。这一结果表明当前网媒新闻外译研究中受众调查势在必行,且受众调查应更为具体化,这也是对文献综述结果的回应与提升。

由于提升城市形象有助于更好地塑造国家形象,在对外传播中借助

戏剧主义修辞观之于互联网对外新闻翻译——以"中国上海"门户网站为个案

直接受众赢得间接受众又是提升传播效果的有益途径,本研究基于上海国际化大都市的地位及其对国际传播应有的重视程度,选取"中国上海"门户网站新闻英译为个案研究对象,第一步便是以问卷调查方式开展受众研究,对象为客居上海、使用英语的外国受众。问卷调查的结果表明,多数受访者认为英文版上海网适合作为其在上海期间的主要消息来源,但他们当中绝大多数甚至并不知晓这一媒介的存在,侧面说明上海网新闻英译接受度很可能不尽如人意;从受众对新闻属性的排序看来,相对于主题重大的硬新闻而言,内容新鲜活泼、时效性要求不高的软新闻可以成为对外传播的更有效内容。从受访者对当前上海网新闻英译的标题和正文内容的反应来看,有些标题内容表达不够清晰,成为影响受众阅读兴趣的一大因素,表明新闻标题版块尚有一定的改进空间;受访者对于中国特色文化也表现出浓厚的兴趣,认为图片是相关报道中重要的支持手段,不过归根结底,新闻须言之有物,有具体的事实与主题相关联,才能真正为读者所接受。此外,受访者对于所谓的"负面新闻"有着较为正面的理解,并未因此增加对中国的负面印象,一定程度上表明西方受众对中国的理解正在加深,对国内对外传播的信任度有所增强,显示出对外传播中平衡报道的可行性与必要性。

以问卷调查的结果为基础,本书借用伯克对"修辞"相对宽泛的界定,将"上海网新闻英译"作为"修辞作品"进行"戏剧主义五位一体"分析,发现作为新闻外译组织机构的上海市对外传播部门是这一修辞作品的修辞者,其在行为者、行为、场景、手段、目的五要素中以行为者和行为为修辞动机;但事实上,由于"使译文为目标读者所理解与接受、达到预期的传播效果"这一"目的"要素既与当前对外传播使命吻合,又是从宏观上把握新闻外译总体方向的相关部门最易评估的内容,"目的"本应成为修辞者的修辞动机。这样的不吻合表明有关部门割裂了这一修辞行为五要素之间的内在关联,即:行为者在一定的场景中无论采用何种手段进行翻译或传播,都应基于"受众的理解与接受"这一目的。掌控意识形态导向的修辞者脱离其他要素凸显行为者与行为的作用,并非赋予了行为者更多主动性,而是要求行为者依照其需求展开翻译或传播行为,极易使对外传播沦为一厢情愿的单向活动。这一研究结果进一步印证了前文总结的对外新闻翻译工作原则与策略的可行性,也在一定程度上显示了译者的关键作用与行动依据,更提醒相关政府部门依受众需求行事,在政策上为网媒新闻外译活动创造有利的客观条件,使其易于为受众所接受。

在对研究个案存在的问题予以宏观分析后,本研究从伯克的戏剧主义语篇理论入手,指出篇章可以视为一种修辞行为,是依靠相互联结的五要素形成的整体,而不仅是表面形态上的词语和句子组合。这一理论尤其适于研究改写成分较大的新闻外译活动,关注作为整体的原文的内容是否以适当方式得以阐释而形成译文这一整体。基于此,本研究在中观层面上分别剖析了新闻原文与译文的修辞五要素,发现作为场景的修辞情境由于包含受众、缺失、修辞局限三个要素而成为修辞行为成功与否的决定因素;作为新闻外译的核心行为者,译者需要寻找翻译修辞情境中的主要分歧,把握受众需求,因应各种修辞局限充分发挥"辞屏"的作用,采取合理的"认同"策略填补修辞情境的缺失,以达成受众对译文的认同。但就网媒新闻外译现有的宏观环境看来,制约"辞屏"充分作用的客观因素复杂,极易造成不认同的发生,这就在中观层面上揭示了当前网媒新闻外译效果不佳的原因。此外,译者虽然是网媒新闻外译的关键行为者,鉴于这一修辞行为也是涉及广泛社会语境的社会实践,有必要对译者行为的相关因素进行更深入的探讨,以期对这一行为形成更全面的认识,而批评话语分析恰好提供了这样一种路径。既然修辞情境是篇章这一修辞行为的决定要素,从原文到译文的篇章转换过程实际上就是修辞情境的转换,翻译本质上便是核心信息从原文情境转移到译文情

戏剧主义修辞观之于互联网对外新闻翻译——以"中国上海"门户网站为个案

境的过程,这正符合批评话语分析中的"再情景化"概念。不过,网媒新闻外译涉及互联网平台,且新闻外译又有其不同于其他汉译外活动的独特方法,其整体过程仅以单纯的"再情景化"概括则难副其实,为此本研究基于前人的研究提出了"二元再情景化"分析模式,并初步界定了各个分析步骤的内容。

在宏观上展示网媒新闻外译的整体形势、中观上确定新闻外译修辞情境的决定性因素与新的话语分析模式后,本研究又进入了微观层面的具体文本分析。第一步,分析原文与译文五要素,必要时指出修辞动机所在;第二步,确定具体修辞情境的"分歧"如何影响译者"辞屏"的运作与认同手段的运用;第三步,将具体新闻翻译过程代入"二元再情景化"模式展开分析,既为更全面地观察译者行为,也为了促进这一模式的修正。通过对新闻标题、硬新闻、软新闻和图片新闻英译的分析,可以发现新闻原文与译文的五要素往往存在差异,修辞动机大多也并不相同;深入观察后便知,这是由于译者依据其所把握的"分歧",利用"辞屏"采取多种形式认同与内容认同手段,力求使受众认同于译文而填补"缺失",尽管译者可能限于自身的"辞屏"高度及网站版式等原因而使认同效果不佳。同时还必须认识到,网媒新闻外译是一个从译前到译后、从文内到文外的完整过程,译者并非其中唯一的行为者,文本也绝非这一行为的唯一场景,为此,本研究利用"二元再情景化"模式剖析了具体新闻文本的英译,深化了对网媒新闻外译的整体认识;并根据分析中所体现的新特点对原有模式进行了调整,重新确定了具体的分析步骤。

基于"两级传播"理论,抓住"通过意见领袖影响一般受众"这一提升对外传播效果的重要环节,本研究依托"戏剧主义修辞观"对"中国上海"门户网站新闻英译进行了个案研究,既有助于提升上海市的对外传播效果与国际化大都市的形象,同时也为其他受众群体相对明确的、有可能

第八章 结 语

开展细化受众研究的网站新闻英译提供了可行的研究路线借鉴,其研究发现也可以视具体情况推广至同类网站,以期为全面提升互联网对外传播效果贡献力量。基于前述研究发现,同时由于"场景"要素在本研究中贯穿始终的重要性,本研究对于互联网新闻外译的启示不妨概括为:始于场景、忠于场景、成于场景。

所谓"始于场景",是就互联网新闻外译的组织者而言的。互联网对外新闻翻译的成功首先需要负责网站对外传播工作的有关政府部门为这一传播行为创造有利的宏观环境,为后续的翻译与译文传播活动打下良好的基础,故曰"始于场景"。其一,有关部门应依照不同历史阶段对外传播的使命与要求,参考外宣领域学者提出的新闻外译工作原则与策略,在把握总体意识形态走向与政治正确性的前提下,真正以受众的接受为基本传播目标,使互联网新闻外译团队,尤其是居于核心地位的译者在直接与译文相关的各项决策上获得更大的自由度;其二,可针对目标外国受众群体定期展开调查,确保调查结果能够有效传达给新闻外译制作团队,并与制作团队之间形成常态化沟通机制,提升受众调查结果的新鲜性与有效性,使新闻外译团队能够及时把握受众需求的变化趋势,真正做到"译有所依"。此外,新闻外译是以中文原文为基础的,中文稿件质量不佳极有可能对新闻外译形成障碍,造成人力物力的浪费乃至译文的原则性错误,因此,加强新闻记者的责任意识教育,对新闻原文质量予以严格把关,亦是有关部门为新闻外译创造良好工作场景的重要内容。

译文创作是网媒新闻外译的最关键环节,译者是决定译文面貌的直接行为者,"忠于场景"正是针对译者提出的,意指译者的行为与决策都应始终以"场景"为导向。这当中应有三层含义。首先,译者行为所面临的最直接场景便是原文,正是原文的存在决定了译者的工作不应脱离"译"这一本质,因而"忠于场景"的第一要义便是译者应以原文信息为最

戏剧主义修辞观之于互联网对外新闻翻译——以"中国上海"门户网站为个案

基本行为场景与主要行为对象,结合具体传播需求准确表达原文中所提取的中心信息。其次,译者在翻译中需要结合原文信息的创作场景考虑其面向译文读者的翻译决策,这也就引出了"忠于场景"的第二层含义:基于修辞情境对修辞行为的决定性作用,作为译文篇章创作者的译者须谨记原文与译文修辞情境的差异,了解两者的不同创作场景对各自的篇章结构、内容及表现形式的影响,以利于译者在翻译过程中充分把握修辞情境的缺失、受众与修辞局限,抓住主要分歧,利用"辞屏"采取适当的认同手段与受众达成"认同"、填补缺失,使核心信息顺利地从原文场景转移到译文场景中。另外,译者还需关注同属场景的译文载体对译文接受的影响,在网媒新闻外译中即指特定的网络媒体。译者既要将互联网对外传播的特点融入其翻译决策中,也要基于特定媒体的传播需求与条件,充分发挥自身在新闻外译制作团队中的核心作用,与团队其他成员通力合作,针对现有的网络传播条件提出可行的合理化建议,尽可能促成有利于受众理解、接受译文的媒体环境。

而"成于场景",则指的是新闻外译团队的其他成员应当为译文接受创造良好的外部条件,使译文传播得以达成预期的效果,获得成功。对于与译者行为关系最密切的编辑而言,既要在译前处理阶段与译者协商确定原文中适宜进入译文的内容,把关最终内容的政治正确性,也要在译后依据特定网络媒体的传播要求与特点,结合外籍专家的审稿意见,对译文内容进行润色调整,尽力确保译文从标题、图片到正文都能符合目标受众的接受心理;而对于决定译文在网站上最终如何展现的技术人员而言,则应尽可能配合编辑与译者就译文提出的技术要求,并依据这些要求的共性,适当对网站技术或版面设置中不适应译文传播要求的做法予以改进,抓住读图时代的受众阅读特点,适时搭配动、静图片及视频等视觉要素。此外,利用超文本链接的优势,新闻外译团队在提高新闻可读性、提升传播有效性方面也可尝试一定的创新手段。比如,新闻背

第八章 结 语

景一直以来是新闻报道不可缺失的一部分,其职能在于更清晰地展示新闻事件的来龙去脉,或为新闻事件提供一个更广阔的视角(黎信,2009:123)。也可以说,新闻里的背景是记者于新闻事件以外提供的附加事实,用于对新闻要素作必要的补充或帮助形成更完整的新闻画面,使孤立的新闻具有全局性意义(刘其中,2009a:160)。由于新闻外译的读者是外国人,对中国很可能知之甚少乃至一无所知,他们往往会在阅读中遭遇诸多不同文化背景所造成的困扰,因而在新闻外译中针对中国特色的政治、经济和文化内容提供一定的背景是有必要的。除此以外,对外新闻中常常出现的某些国内读者熟知而国外读者不甚了了的事实,应使用外国人熟悉的事物提供"注释"以帮助读者理解(同上:168);中外文化,尤其是政治制度的差异还使目标读者难以准确把握某些新闻事件的真实意义与影响,此时还可能需要对这些内容予以解释,即用一个或数个短语、句子或段落澄清某些难以迅速理解的新闻事实,帮助读者领会其内在含义(同上:176)。然而,当新闻原文的深厚文化内涵要求译者必须使用上述多种方式才可能使译文读者清楚理解原文的所有文化信息时,译文中过于密集的文化差异表现可能令读者难以招架。于是,基于传播效率和新闻版面等因素的考虑,新闻外译中文化含义过于丰富的内容可能被直接删去,这一点在 7.2 与 7.3 部分有所显露;还有些内容可能必须出现,却难以三言两语解释分明,限于篇幅要求只能压缩处理,结果反令读者不明所以,这样的失误在例 12 中也有所反映。这些情况在对外传播中都容易造成文化信息的大量丢失乃至扭曲,不利于文化信息充分发挥其构建软实力的重要作用。针对此类情况,笔者建议编辑与译者仍不妨以上述三种手段为本,以受众更易接受的方式,有技巧地增补译文的文化信息。比如:对译文中的特定文化词条予以适当解释并加配图片,再由技术人员制作超文本链接,使读者的鼠标移动到这一词条时便可立即获取图文并茂的背景与解释,这就既增强了阅读的趣味性,同时达到了补充相关信息的目的。对于译文的接受而言,这也不失为"成于场景"的一种可行手段。

8.2 不足与展望

本书是以翻译学为基本导向的,融合新修辞学、传播学与批评话语分析的跨学科研究,囿于本人的学术视野与研究能力,在以下五个方面尚有进步空间。

第一,"戏剧主义修辞观"这一总括性概念是研究者基于伯克的修辞思想、结合其他学者的相关修辞理念而形成的,始终并无前例可循,其内在逻辑与理论结构虽适用于本研究,但对其他类型的研究是否具有借鉴意义,尚有待进一步观察。

第二,本书的问卷调查方法在新闻外译的受众研究上虽实现了突破,但也由于没有同类问卷可以借鉴,问卷中的问题设计恐仍存在疏漏,以开放式问题为主的问卷类型也容易使受访者感到倦怠,因而调查问卷从内容到形式都有待改进。此外,西方社会付费调查的惯例也给研究者造成了一定的资金压力,因而本研究发放的问卷数量相对有限,调查结果虽可大致反映总体趋势,仍极有可能错过部分有研究价值的细节。

第三,作为工具型个案研究,本研究除了期望进一步提升上海的国际传播水准,也希望相关研究成果能够推广至其他地方政府网站。然而,上海作为我国一线城市,其网站对外传播在政府的重视程度、相关部门思想开放程度、网站投资力度和运营方式等方面都比普通地方政府具有更显著的优势,因而本研究结果是否适用于其他地方政府网站,尚须视具体网站的运营条件而定。

第四,"二元再情景化"模式主要基于互联网对外新闻翻译的个性化特征构建,能否成为具有普遍使用价值的翻译批评新模式,有赖进一步的实践验证。

第五,翻译实例分析虽小部分采用了量化分析方法,其主体仍是对所选翻译实例进行理论论证,论证方法较为单一。此外,本研究所选择的译例是否具有充分的代表性也值得思考。

针对以上不足,笔者以为本课题研究还可在以下几方面有所加强。

其一,深入研读更多相关学科著作,构建更为扎实的跨学科研究基础,使"戏剧主义修辞观"的理论根基更为稳固。同时,可尝试将"戏剧主义修辞观"架构与其他类型翻译研究结合,从中获得更多启示,以进一步提升其对翻译研究的意义。

其二,在条件允许时,可与政府网站合作设计问卷,进行更大范围的受众调查,以进一步提升问卷的效度与信度,尽可能在更大范围内抓住问卷所体现的可能动向。

其三,本研究的"个案"是真正意义上的个案,缺乏互证性。如能选取一个与上海不同级别的地方政府网站,展开"多重个案研究",则其研究结果可能更具普遍推广意义。

其四,如能将"二元再情景化"模式与其他类型的翻译研究相结合,不仅有利于深化对特定类型翻译的认识,也有利于该模式的进一步改善,最终促成翻译批评新模式的确立。

其五,在明确研究问题的情况下,可以选取新闻外译大量译例形成语料库,获取客观数据并加以理论论证,这将有助于进一步提升本课题研究的科学性。

参考文献

[1] AL-HEJIN B. "Linking Critical Discourse Analysis with Translation Studies: An Example from BBC News". *Journal of Language and Politics*, 2012, 11(3):311-335.

[2] ARISTOTLE. *On Rhetoric: A Theory of Civic Discourse*. 2nd ed. Translated with introduction notes, and appendices by Gorge A. Kennedy. New York: Oxford University Press, 2007.

[3] BAKER M. *In Other Words: A Coursebook on Translation*. Beijing: Foreign Language Teaching and Research Press, 2000.

[4] BAKER M. *Routledge Encyclopedia of Translation Studies*. Shanghai: Shanghai Foreign Language Education Press, 2004.

[5] BASSNETT S., LEFEVERE A. *Translation, History and Culture*. London: Pinter Publishers, 1990.

[6] BASSNETT S. *Translation Studies*. 3rd ed. Shanghai: Shanghai Foreign Language Education Press, 2010.

[7] BERNSTEIN B. *Class, Codes and Control: The Structuring of Pedagogic Discourse*. Vol.4. London: Routledge, 1981.

[8] BIELSA E., BASSNETT S. *Translation in Global News*. Shanghai: Shanghai Foreign Language Education Press, 2011.

[9] BLAKESLEY D. *The Elements of Dramatism*. New York: Longman Publishers, 2002.

[10] BLOMMAERT J. *Discourse: A Critical Introduction*. Cambridge: Cambridge University Press, 2005.

[11] BORROWMAN S., KMETZ M. "Divided We Stand: Beyond Burkean Identification". *Rhetoric Review*, 2011, 30(3): 275-292 [2016-06-24]. http://www.tandfonline.com/doi/full/10.1080/07350198.2011.581942. DOI:10.1080 /07350198.2011.581942.

[12] BRADBURN N., SUDMAN S., WANSINK B. *Asking Questions: The Definitive Guide to Questionnaire Design for Market Research, Political Polls, and Social and Health Questionnaires*. Rev. ed. San Francisco: John Wiley & Sons, Inc., 2004.

[13] BUCHHOLZ T. *Reporting for the Print Media*. San Diego: Harcourt Brace Jovanovich, Inc., 1993.

[14] BURKE K. *Permanence and Change*. Los Altos: Hermes Publications, 1954.

[15] BURKE K. *Attitudes toward History*. Boston: Beacon Press, 1961.

[16] BURKE K. *Language as Symbolic Action: Essays on Life, Literature and Method*. Berkeley: University of California Press, 1966.

[17] BURKE K. *Counter-Statement*. London: University of California Press, 1968.

[18] BURKE K. *A Grammar of Motives*. Berkeley: University of California Press, 1969a.

[19] BURKE K. *A Rhetoric of Motives*. Berkeley: University of California Press, 1969b.

[20] BURKE K. *The Rhetoric of Religion: Studies in Logology*. Berke-

ley and Los Angeles: University of California Press, 1970.

[21] BURKE K. "Rhetorical Situation", THAYER L. ed. *Communication: Ethical and Moral Issues*. New York: Gordon and Breach Science Publishers, 1973:263-275.

[22] BURKE K. *On Symbols and Society*. Chicago: University of Chicago Press, 1989.

[23] CATFORD J.C. *A Linguistic Theory of Translation*. Oxford: Oxford University Press, 1965.

[24] CHEN Z. "Relevance-theoretic Interpretation of Soft News Translation and its Implications for Translation Teaching", *Canadian Social Science*, 2011, 7(2):208-212.

[25] CHOI H. K. "A Comparative Study on the Stylistics of Translation and Non-translation: Based on a Corpus-based Analysis of News Articles", *Interpretation and Translation*, 2016, 18(1):231-255[2016-09-02]. https://www.researchgate.net/publication/301308750_A_comparative_study_on_the_stylistics_of_translation_and_non-translation_Based_on_a_corpus-based_analysis_of_news_articles. DOI: 10.20305/it201601231255.

[26] CRESWELL J.W. *Qualitative Inquiry and Research Design: Choosing Among Five Approaches*. 2nd ed. Thousand Oaks: Sage, 2007.

[27] DENTON R. E. Jr. "Bearing Bad Tidings: A Value Analysis of Jimmy Carter's Crisis of Confidence's Speech", ROHLER L. E., COOK R. *Great Speeches for Criticism and Analysis*. Greenwood: Alistair Press, 1998:124-130.

[28] DOMINICK J. R. *The Dynamics of Mass Communication: Media in the Digital Age*. Beijing: China Renmin University Press, 2010.

[29] DORNYEI Z. *Questionnaires in Second Language Research: Construction, Administration, and Processing.* Mahwah: Lawrence Erlbaum Associates, Inc., 2003.

[30] EHNINGER D. *Contemporary Rhetoric: A Reader's Coursebook.* Glenview: Scott Foresman, 1972.

[31] FAIRCLOUGH N. "Critical Discourse Analysis and Marketization of Public Discourse", FAIRCLOUGH N. *Critical Discourse Analysis.* London: Longman, 1995.

[32] FAIRCLOUGH N. *Analyzing Discourse: Textual Analysis for Social Research.* London: Routledge, 2003.

[33] FINNEGAN C. A. "Documentary as Art in U.S. Camera". *Rhetoric Society Quarterly*, 2001a(31):37-67.

[34] FINNEGAN C. A. "The Naturalistic Enthymeme and Visual Argument: Photographic Representation in the 'Skull Controversy'". *Argumentation and Advocacy*, 2001b(37):133-149.

[35] FOSS S. K. *Rhetorical Criticism: Exploration and Practice.* 4th ed. Long Grove: Waveland Press, Inc., 2009.

[36] FOSS S. K., FOSS K. A., TRAPP R. *Contemporary Perspectives on Rhetoric.* Prospect Heights: Waveland Press, Inc., 1985.

[37] GILLHAM B. *Case Study Research Methods.* London & New York: Continuum, 2000.

[38] GROCE G. S. *A Pentadic Examination of Kenneth Burke's Perspective by Incongruity: Reading Burke's Nietzschean Intertext, Gary Scott Groce.* Carbondale: Southern Illinois University, 2005[2016-06-24]. https://www.researchgate.net/publication/34236450_A_pentadic_examination_of_Kenneth_Burke%27s_Perspective_by_In-

congruity_reading_Burke%27s_Nietzschean_intertext.

[39] HATCH D., LAZARTON A. *The Research Manual: Design and Statistics for Applied Linguistics*. New York: Newbury House, 1991.

[40] HATIM B., MASON I. *The Translator as Communicator*. London: Routledge, 1997.

[41] HATIM B., MASON I. *Discourse and the Translator*. Shanghai: Shanghai Foreign Language Education Press, 2001.

[42] HAUSER G. A. *Introduction to Rhetorical Theory*. Illinois: Waveland Press Inc., 2002.

[43] HOLLAND R. "Language(s) in the Global News—Translation, Audience Design and Discourse (mis) Representation", *Target*, 2006, 18(2):229-259.

[44] HOUSE J. "Text and Context in Translation", *Journal of Pragmatics*, 2006, 38(3):338-358[2017-03-23]. http://www.sciencedirect.com/science/article/pii/S0378216605002109.

[45] HUGHES D. "Review of *Language as Symbolic Action*", *Criticism*, 1968(10):251-253.

[46] JAKOBSON R. "On Linguistic Aspects of Translation", BROWER R. A. ed. *On Translation*. Cambridge: Harvard University Press, 1959:232-239.

[47] JAY P. *The Selected Correspondence of Kenneth Burke and Malcolm Cowley, 1915-1981*. Berkeley and Los Angeles: University of California Press, 1990.

[48] JOHNSTONE B., EISENHART C. *Rhetoric in Detail: Discourse Analyses of Rhetorical Talk and Text*. Amsterdam/Philadelphia: John Benjamins Publishing Company, 2008.

[49] KADHIM K. A. "Stylistic Changes in English-Arabic Translation with Reference to BBC News Texts", *Language in India*, 2008, 8(7):1-43.

[50] KANG J. H. "Recontextualization of News Discourse", *The Translator*, 2007, 13(2):219-242.

[51] KARLIN A. S. *Rhetorical Motives for Engagement in Dialogues between Buddhism and Science*. Pittsburgh: Carnegie Mellon University, 2013 [2016-06-24]. https://search.proquest.com/openview/f7a44619451e66ae247092f0d3f599e5/1?pq-origsite = gscholar&cbl = 18750&diss=y.

[52] LAWENDOWSKI B. P. "On Semiotic Aspects of Translation", SEBEOK T. A. ed. *Sight, Sound and Sense*. Bloomington: Indiana University Press, 1978:264-282.

[53] LEFEVERE A. *Translation, Rewriting and the Manipulation of Literary Fame*. Shanghai: Shanghai Foreign Language Education Press, 2004.

[54] LEFEVERE A. *Translation/History/Culture: A Sourcebook*. Shanghai: Shanghai Foreign Language Education Press, 2010.

[55] LEVINSON S. C. *Pragmatics*. Cambridge: Cambridge University Press, 1983.

[56] MARCO J. "Training Translation Researchers: An Approach Based on Models and Best Practice", MASON I. ed. *Training for Doctoral Research, Special Issue of the Interpreter and Translator Trainer*. London and New York: Routledge, 2009:13-37.

[57] MENCHER M. *News Reporting and Writing*. 9th ed. Beijing: The McGraw-Hill Education (Asia) Co. and Tsinghua University Press, 2003.

[58] MERRIAM S. B. *Qualitative Research and Case Study Applications in Education: Revised and Expanded from Case Study Research in Education*. 2nd ed. San Francisco: Jossey-Bass, 1998.

[59] MERRIAM S. B. *Qualitative Research: A Guide to Design and Implementation*. 2nd ed. San Francisco: Jossey-Bass, 2009.

[60] MILLER J. *Making Rhetorical Scents: An Olfactory Grammar of Motives Based on Kenneth Burke's Pentad*. Clemson: Clemson University, 2010 [2016-06-24]. https://tigerprints.clemson.edu/cgi/viewcontent.cgi?article=1798&context=all_theses.

[61] MOTT G. F. *New Survey of Journalism*. Wisconsin: Barnes & Noble, Inc., 1958.

[62] MUNDAY J. *Introducing Translation Studies: Theories and Applications*. Shanghai: Shanghai Foreign Language Education Press, 2010.

[63] NEILD E. "Kenneth Burke, Discourse Analysis and Translation". *Meta: Translators' Journal*, 1986, 31(3): 253-257 [2016-10-11]. https://www.erudit.org/fr/revues/meta/1986-v31-n3-meta314/003700ar./ DOI:10.7202/003700ar.

[64] NEWMARK P. *A Textbook of Translation*. Shanghai: Shanghai Foreign Language Education Press, 2001a.

[65] NEWMARK P. *Approaches to Translation*. Shanghai: Shanghai Foreign Language Education Press, 2001b.

[66] NIDA E. A. *Signs, Sense, Translation*. Capetown: Bible Society of South Africa, 1984.

[67] NORD C. *Translating as a Purposeful Activity: Functionalist Approaches Explained*. Shanghai: Shanghai Foreign Language Educa-

tion Press, 2001.

[68] NYE J. S. Jr. *Soft Power: The Means to Success in World Politics*. New York: Public Affairs, 2004.

[69] ORENGO A. "Localising News: Translation and the 'Globalnational' Dichotomy", *Language and Intercultural Communication*, 2005, 5(2): 168-187 [2016-07-26]. http://www.tandfonline.com/doi/abs/10.1080/1470847.0508668892. DOI: 10.1080/1470847050 8668892.

[70] OSLAND J. C. L. *Translation as Intercultural Communication: A Case Study*. Calgary: University of Calgary, 2002 [2016-12-10]. https://www.researchgate.net/publication/34265000_Translation_as_intercultural_communication_microform_a_case_study.

[71] PAN L. "Investigating Institutional Practice in News Translation: An Empirical Study of a Chinese Agency Translating Discourse on China". *Perspectives*, 2014(4):547-565.

[72] PAN L. "Ideological Positioning in News Translation—A Case Study of Evaluative Resources in Reports on China", *Target*, 2015, 27(2):215-237.

[73] PEARSALL J. et al. *The New Oxford English-Chinese Dictionary*. 2nd ed. Shanghai: Shanghai Foreign Language Education Press, 2013.

[74] PEIRCE C. S. *The Law of the Mind, Collected Papers of Charles Sanders Peirce*. Vol. 3. Cambridge: Harvard University Press, 1933.

[75] ROHLER L. E, COOK R. *Great Speeches for Criticism and Analysis*. Greenwood: Alistair Press, 1998.

[76] ROOD C. "'Understanding' Again: Listening With Kenneth Burke and Wayne Booth", *Rhetoric Society Quarterly*, 2014, 44(5): 449-469[2016-06-24]. http://www.tandfonline.com/doi/full/10.1080/02773945.2014.965337. DOI: 10.1080/02773945.2014.965337.

[77] SALDANHA G., O'BRIEN S. *Research Methodologies in Translation Studies*. London and New York: Routledge, 2014.

[78] SARIS W. E., GALLHOFER I N. *Design, Evaluation and Analysis of Questionnaires for Survey Research*. 2nd ed. Hoboken: John Wiley & Sons, Inc., 2014.

[79] SCHANK R., ABELSON R. *Scripts, Plans, Goals, and Understanding: An Inquiry Into Human Knowledge Structures*. Hillsdale: Lawrence Erlbaum Associates, 1977.

[80] SHUTTLEWORTH M., COWIE M. *Dictionary of Translation Studies*. Shanghai: Shanghai Foreign Language Education Press, 2004.

[81] SILLS D. L. *International Encyclopedia of Social Sciences*. Vol. 7. New York: The Macmillan Company, 1968.

[82] SNELL-HORNBY M. *Translation Studies: An Integrated Approach*. Shanghai: Shanghai Foreign Language Education Press, 2001.

[83] SORBY S. "Translating News from English to Chinese: Complimentary and Derogatory Language Usage", *Babel*, 2008, 54(1): 19-35[2016-06-10]. https://benjamins.com/#catalog/journals/babel.54.1.03sor/details. DOI: 10.1075/babel.54.1.03sor.

[84] STEINER G. *After Babel: Aspects of Language and Translation*. Shanghai: Shanghai Foreign Language Education Press, 2001.

[85] STETTING K. "Transediting—A News Term for Coping with the Grey Area Between Editing and Translating", CAIE G., et al. ed. *Proceedings from the Fourth Nordic Conference for English Studies*. Copenhagen: University of Cop-enhagen. 1990:371-382.

[86] STILLAR G. F. *Analyzing Everyday Texts: Discourse, Rhetoric and Social Perspective*. Thousand Oaks: Sage Publications, 1998.

[87] SWARTZ O. "Kenneth Burke's Theory of Form: Rhetoric, Art, and Cultural Analysis", *The Southern Communication Journal*, 1996, 61(4):312-321 [2016-06-10]. http://www.tandfonline.com/doi/abs/10.1080/10417949609373027?journalCode=rsjc20.

[88] VAN HAAK B., PARK M., CASTELLS M. "The Future of Journalism: Networked Journalism", *Chinese Journal of Journalism & Communication*, 2012(6):2923-2938[2016-12-12]. http://en.cnki.com.cn/Article_en/CJFDTOTAL-GJXW201301008.htm.

[89] VAN LEEUWEN T. "Genre and Field in Critical Discourse Analysis: A Synopsis", *Discourse and Society*, 1993(2):193-223.

[90] VAN LEEUWEN T. *Discourse and Practice: New Tools for Critical Discourse Analysis*. New York: Oxford University Press, 2008.

[91] WESS R. *Kenneth Burke: Rhetoric, Subjectivity, Postmodernism*. London: Cambridge University Press, 1996.

[92] WHITE E. *The Rhetoric of Economic Agency and Gender of Leading Female Characters in Selected Works of Lillian Hellman*. Denton: Texas Woman's University, 2010 [2016-06-24]. http://search.proquest.com/docview/75 9980317.

[93] WHITE S. *Reporting and Writing in Australia*. Sydney: Allen & Unwin, 1991.

[94] WILLIAMS J., CHESTERMAN A. *The Map*: *A Beginner's Guide to Doing Research in Translation Studies*. Shanghai: Shanghai Foreign Language Education Press, 2004.

[95] WILSS W. *The Science of Translation*: *Problems and Methods*. Shanghai: Shanghai Foreign Language Education Press, 2001.

[96] WODAK R., FAIRCLOUGH N. "Recontextualizing European Higher Education Policies: the Cases of Austria and Romania", *Critical Discourse Studies*, 2010, 7(1):19-40.

[97] WOLIN R. *The Rhetorical Imagination of Kenneth Burke*. Columbia: University of South California Press, 2001.

[98] WU G. J., ZHANG H. Y. "Translating Political Ideology", *Babel*, 2015, 61(3):394-410.

[99] YIN R. K. *Case Study Research*: *Design and Methods*. 4th ed. Los Angeles, London, etc.: Sage, 2009.

[100] 爱泼斯坦,林戊荪,沈苏儒:"呼吁重视对外宣传中的外语工作",《对外大传播》,2000(7):4-7[2016-10-23]。http://kns.cnki.net/KCMS/detail/detail.aspx?filename=zgfy200006000&dbname=CJFD&dbcode=CJFQ。

[101] 鲍晓英:《中国文学"走出去"译介模式研究——以莫言英译作品美国译介为例》。上海:上海外国语大学博士论文,2014[2016-07-13]。http://cdmd.cnki.com.cn/Article/CDMD-10271-1014241822.htm。

[102] 贝尔:《翻译与翻译过程:理论与实践》,秦洪武译。北京:外语教学与研究出版社,2005年。

[103] 边玉芳:《学习自我效能感量表的编制与应用》。上海:华东师范大学博士论文,2003[2017-02-16]。http://cdmd.cnki.com.cn/Article/CDMD-10269-2003094723.htm。

[104] 蔡帼芬:《国际传播与媒体研究》。北京:北京广播学院出版社,2002年。

[105] 蔡名照:"讲好中国故事 传播好中国声音——深入学习贯彻习近平同志在全国宣传思想工作会议上的重要讲话精神",《对外传播》,2013(11):4-6。

[106] 曹复兴:"以互联网思维推进外宣工作创新",《甘肃日报》,2015-11-06(13)。

[107] 曹志建:《功能主义视角下软性法律外宣文本的翻译:问题与对策》。上海:上海外国语大学博士论文,2012年。

[108] 柴改英,郦青:《当代西方修辞批评研究》。北京:国防工业出版社,2012年。

[109] 陈海涛,肖洪森:"中国内容国际表达——纽马克翻译理论与中国科协官方网站新闻英译",《新疆大学学报》(哲学·人文社会科学版),2010,38(4):153-156[2016-07-13]。http://kns.cnki.net/KCMS/detail/detail.aspx?filename=xjdb201004037&dbname=CJFD&dbcode=CJFQ.DOI:10.13568/j.cnki.issn1000-2820.2010.04.020。

[110] 陈汝东:"论修辞研究的传播学视角",《湖北师范学院学报》(哲学社会科学版),2004(2):89-94[2016-07-08]。http://kns.cnki.net/KCMS/detail/detail.aspx?filename=hbsx200402020&dbname=CJFD&dbcode=CJFQ。

[111] 陈曙光:《我国英文新闻网站在对外传播中的问题与对策研究——以"六大中央级网站"为例》。南京:南京师范大学硕士论文,2012[2016-07-13]。http://cdmd.cnki.com.cn/Article/CDMD-10319-1013106376.htm。

[112] 陈小慰:"外宣标语口号译文建构的语用修辞分析",《福州大学学报》(哲学社会科学版),2007(1):94-99[2016-07-08]。http://kns.cnki.net/

KCMS/detail/detail.aspx?filename＝fzds200701016&dbname＝CJFD&dbcode＝CJFQ。

[113] 陈小慰:《翻译与修辞新论》。北京:外语教学与研究出版社,2013年。

[114] 陈雅玫:"软性新闻翻译之读者观照",《编译论丛》,2013,6(2):67-112。

[115] 陈雅玫:"从网络社群翻译角度再探软性新闻翻译之读者观照",《编译论丛》,2015,8(1):103-142。

[116] 陈岩:"'红色'的中外文化审视",《黑龙江社会科学》,2007(2):104-106 [2017-05-14]。http://kns.cnki.net/KCMS/detail/detail.aspx?filename＝ljsk200702029&dbname＝CJFD&dbcode＝CJFQ。

[117] 陈燕华:"'使用与满足'理论与科学的受众研究取向",《东南传播》,2006(10):21-22。

[118] 程宏毅,常雪梅:"习近平:胸怀大局把握大势着眼大事 努力把宣传思想工作做得更好",(2013-08-21)[2017-07-01]。http://cpc.people.com.cn/n/2013/0821/c64094-22636876.html。

[119] 程曼丽:"中国的对外传播体系及其补充机制",《对外传播》,2009(12):5-6,12。

[120] 程曼丽,王维佳:《对外传播及其效果研究》。北京:北京大学出版社,2011年。

[121] 程维:"跨文化传播视阈下的新闻编译——以《参考消息》防控甲流的几则新闻稿为例",《上海翻译》,2010(3):27-32。

[122]《成语大词典》编委会:《成语大词典》(单色本)。北京:商务印书馆国际有限公司,2012年。

[123] 邓建国:"融合与渗透:网络时代国际传播的新特征及对策",《对外传播》,2009(12):7-8。

[124] 邓志勇,杨涛:"英语修辞学与现代西方哲学思潮",《外语教学》,2001,22(1):68-73[2016-06-12]。http://kns.cnki.net/KCMS/detail/detail.aspx?filename=teac200101013&dbname=CJFD&dbcode=CJFQ。

[125] 邓志勇:"伯克修辞学思想研究述评",《修辞学习》,2008(6):15-23。

[126] 邓志勇:《修辞理论与修辞哲学:关于修辞学泰斗肯尼思·伯克的研究》。上海:学林出版社,2011年。

[127] 邓志勇:《当代美国修辞批评的理论与范式研究》。北京:中国社会科学出版社,2015年。

[128] 董史良:"翻译的思维问题",《中国翻译》,1988(3):2-6[2017-02-09]。http://kns.cnki.net/KCMS/detail/detail.aspx?filename=zgfy198803000&dbname=CJFD&dbcode=CJFQ。

[129] 董天策:《网络新闻传播学》(第二版)。福州:福建人民出版社,2004年。

[130] 董天策:"网络新闻价值判断的四个标准",《网络传播》,2005(3):16-18[2017-03-12]。http://www.cqvip.com/Main/Detail.aspx?id=12170875。

[131] 窦卫霖,祝平:"对官方口号翻译有效性的实证研究",《中国翻译》,2009(5):61-65。

[132] 段连城:《对外传播学初探》(增订版)。北京:五洲传播出版社,2004年。

[133] 方梦之:《译学辞典》。上海:上海外语教育出版社,2003年。

[134] 冯庆华,王昱:"从文化交流的宏观角度研究翻译——《飘》的译本研究",《外国语》,1998(3):52-56。

[135] 傅敬民:"翻译研究的思维视角",《上海科技翻译》,2000(1):5-9。

[136] 甘险峰:《中国对外新闻传播史》。福州:福建人民出版社,2004年。

[137] 高存,张允:"旅游文本的英译——问卷调查与策略探讨",《上海翻译》,2005(3):22-25[2016-08-13]。http://kns.cnki.net/KCMS/detail/detail.aspx?filename=shkf200503006&dbname=CJFD&dbcode=CJFQ。

[138] 高美,胡泳:"对外传播中的负面新闻报道——基于中国日报网站和新华网英文版的个案研究",《新闻记者》,2012(2):33-40[2016-10-24]。http://kns.cnki.net/KCMS/detail/detail.aspx?filename=xwjz201202011&dbname=CJFD&dbcode=CJFQ。

[139] 高文成,张丽芳:"戏剧主义修辞批评与公示语翻译原则",《语文学刊》,2016(1):102-103[2016-06-12]。http://kns.cnki.net/KCMS/detail/detail.aspx?filename=ywwy201601045&dbname=CJFD&dbcode=CJFQ。

[140] 高雅:"地方英文报对城市形象的跨文化建构——以《长江周报》为例",姜加林,于运全主编:《构建融通中外的对外话语体系——"第四届全国对外传播理论研讨会"论文集》。北京:外文出版社,2016年。631-639。

[141] 龚光明:《翻译思维学》。上海:上海社会科学院出版社,2005年。

[142] 顾士熙:《现代汉语常用词用法词典》。北京:中国书籍出版社,2002年。

[143] 顾曰国:"现代英美修辞学漫谈",《当代修辞学》,1983(4):35-36。

[144] 顾曰国:"柏克的'同一'理论——兼论汉英修辞学思想的差异",《当代修辞学》,1989(5):7-9。

[145] 郭光华:"广东外宣工作的启示与思考",《当代传播》,2010(6):118-120。

[146] 郭可:"国际传播中的英语强势及影响",《现代传播》,2002(6):26-

29[2016-11-20].http://kns.cnki.net/KCMS/detail/detail.aspx?filename=xdcb200206005&dbname=CJFD&dbcode=CJFQ。

[147] 郭可:"改革开放30年来中国对外传播媒体的发展现状及趋势",《对外传播》,2008(11):34-36。

[148] 郭可,毕笑楠:"网络媒体在对外传播中的应用",《新闻大学》,2003(夏):69-71[2016-08-02].http://kns.cnki.net/KCMS/detail/detail.aspx?filename=xwdx200302019&dbname=CJFD&dbcode=CJFQ。

[149] 国脉互联政府网站评测研究中心:"我国政府外文拥有率提升",《信息化建设》,2012(8):60-62[2017 02 16].http://kns.cnki.net/KCMS/detail/detail.aspx?filename=xxjs201208030&dbname=CJFD&dbcode=CJFQ。

[150] 郭庆光:《传播学教程》(第二版)。中国人民大学出版社,2011年。

[151] 哈罗德·拉斯韦尔:《社会传播的结构与功能》,何道宽,译。北京:中国传媒大学出版社,2015年。

[152] 何国平:《中国对外报道思想研究》。北京:中国传媒大学出版社,2009年a。

[153] 何国平:"中国对外报道观念的变革与建构——基于国际传播能力的考察",《山东社会科学》,2009b(8):26-30[2017-02-10].http://kns.cnki.net/KCMS/detail/detail.aspx?filename=sdsk200908006&dbname=CJFD&dbcode=CJFQ。

[154] 何国平:"城市形象传播:框架与策略",《现代传播》,2010(8):13-17[2017-02-16].http://kns.cnki.net/KCMS/detail/detail.aspx?filename=xdcb201008009&dbname=CJFD&dbcode=CJFQ。

[155] 贺国伟等:《现代汉语同义词词典》。上海:上海辞书出版社,2005年。

[156] 衡孝军:《对外宣传翻译理论与实践——北京市外宣用语现状调查与规》。北京:世界知识出版社,2011年。

[157] 洪千惠:"从语料库统计的观点分析美国之音新闻英文被动句中文译文",《编译论丛》,2011,4(2)。

[158] 侯迎忠:"三十年来中国对外报道研究综述",《对外传播》,2008(12):36-37。

[159] 侯迎忠,郭光华:《对外报道策略与技巧》。北京:中国传媒大学出版社,2008年。

[160] 胡芳毅,贾文波:"外宣翻译:意识形态操纵下的改写",《上海翻译》,2010(1):23-28。

[161] 胡锦涛:"在世界媒体峰会开幕式上的致辞",《中国记者》,2009(11):4-5。

[162] 胡锦涛:"高举中国特色社会主义伟大旗帜 为夺取全面建设小康社会新胜利而奋斗——在中国共产党第十七次全国代表大会上的报告",《人民日报》,2007-10-25(01)。

[163] 胡谱忠:"《侗族大歌》:一个民间故事的'变形记'",《中国民族报》,2017-11-24(009)。

[164] 胡曙中:《美国新修辞学研究》。上海:上海外语教育出版社,1999年。

[165] 胡曙中:《西方新修辞学概论》。湘潭:湘潭大学出版社,2009年。

[166] 胡兴文:《叙事学视域下的外宣翻译研究》。上海:上海外国语大学博士论文,2014年。

[167] 胡翼青:"论网际空间的'使用-满足理论'",《江苏社会科学》,2003(6):204-208[2017-02-16]。http://kns.cnki.net/KCMS/detail/detail.aspx?filename=jhkx200306036&dbname=CJFD&dbcode=CJFQ。

[168] 黄海军,马可云:"也谈美国主流英文媒体对中国特色词汇采取的

翻译策略",《上海翻译》,2007(3):52-56。

[169] 黄勤:"我国的新闻翻译研究:现状与展望",《上海翻译》,2007(3):23-27。

[170] 黄勤:"批评性话语分析视角下的新闻翻译分析——以转述话语的翻译为例",《外语与外语教学》,2008(3):54-58。

[171] 黄樱:《接受美学视角下的财经报道翻译研究》。上海:上海交通大学出版社,2015年。

[172] 黄友义:"坚持'外宣三贴近'原则,处理好外宣翻译中的难点问题",《中国翻译》,2004(6):27-28。

[173] 姜秋霞,杨平:"翻译研究理论方法的哲学范式——翻译学方法论之一",《中国翻译》,2004(6):10-14。

[174] 姜秋霞,杨平:"翻译研究实证方法评析——翻译学方法论之二",《中国翻译》,2005(1):23-28。

[175] 金隄:《等效翻译探索》(增订版)。北京:中国对外翻译出版公司,1997年。

[176] 鞠玉梅:《语篇分析的伯克新修辞模式》。长沙:湖南人民出版社,2005年。

[177] 鞠玉梅:"伯克修辞学的核心思想研究——兼与现代汉语修辞学思想比较",《解放军外国语学院学报》,2012,35(4):1-6[2016-10-11]。http://kns.cnki.net/KCMS/detail/detail.aspx?filename=jfjw201204002&dbname=CJFD&dbcode=CJFQ。

[178] 鞠玉梅:《肯尼斯·伯克修辞学思想研究》。北京:中国社会科学出版社,2017年。

[179] 柯惠新,陈旭辉,李海春等:"我国对外传播效果评估的指标体系及实施方法",《对外传播》,2009(12):11-12。

[180] 匡文波:《网络传播学概论》。北京:高等教育出版社,2004年。

[181] 蓝红军:"何为翻译:定义翻译的第三维思考",《中国翻译》,2015(3):25-30。

[182] 乐萍:《目的论视角下贵州地区少数民族文化的外宣翻译研究》。上海:上海外国语大学博士论文,2014年。

[183] 雷沛华:"对外宣介翻译中的修辞问题——以高校网页翻译为例",《中国翻译》,2014(4):112-116。

[184] 雷跃捷,金梦玉,吴风:"互联网媒体的概念、传播特性、现状及其发展前景",《现代传播》,2001(1):97-101[2016-09-13]。http://kns.cnki.net/KCMS/detail/detail.aspx?filename=xdcb200101023&dbname=CJFD&dbcode=CJFQ。

[185] 黎海波:"对外传播中的共同价值观问题初探",《对外传播》,2008(2):36-39。

[186] 黎信:《英语对外新闻报道指南》。北京:外文出版社,2009年。

[187] 李长栓:《非文学翻译理论与实践》。北京:中国对外翻译出版公司,2004年。

[188] 李建敏:"外媒笔下的中国及其带给我们的对外报道启示",《对外传播》,2016(6):22-24。

[189] 李景端:"关注'走出去'潜在的几种倾向",《编辑学刊》,2017(5):33-34。

[190] 李静滢:"翻译批评:宏观与微观的统一",《外语学刊》,2001(2):90-93。

[191] 李荣霞:"受众研究:理论与实践",《对外传播》,2009(6):24-25。

[192] 李霞:"以西人修辞之道还治其身——西方修辞视域下中文广告语英",《内蒙古财经大学学报》,2016,14(2):131-134[2016-07-08]。http://kns.cnki.net/KCMS/detail/detail.aspx?filename=nmcj201602032&dbname=CJFD&dbcode=CJFQ。

[193] 李雅波:《文化交往视角下中文商业广告英译研究》。上海:上海外国语大学博士论文,2014年。

[194] 李岩:《人民网英文版对外传播现状与对策研究》。兰州:兰州大学硕士论文,2006[2016-07-13]。http://cdmd.cnki.com.cn/Article/CDMD-10730-2006088957.htm。

[195] 李源,闫妍:"习近平十八大以来关于'宣传思想工作'精彩论述摘编",(2014-08-19)[2017-07-01]。http://news.xinhuanet.com/politics/2014-08/19/c_127214470.htm。

[196] 李中强:《新媒体背景下的汉语新闻英译研究——以〈中国日报〉手机报为例》。上海:上海外国语大学博士论文,2012[2016-07 14]。http://cdmd.cnki.com.cn/Article/CDMD-10271-1012501095.htm。

[197] 连淑能:《英汉对比研究》(增订本)。北京:高等教育出版社,2010年。

[198] 林克难:"从信达雅、看易写到模仿-借用-创新——必须重视实用翻译理论建设",《上海翻译》,2007(3):5-8。

[199] 林晓琴:"再现温家宝总理修辞外交风采的优选翻译策略",《福建师范大学学报》,2012(5):63-69。

[200] 林雅萍:"'使用与满足'理论与互联网环境下的文献接受",《上海师范大学学报》(哲学社会科学版),2009(6):76-84。

[201] 刘剑:《超文本语境下的翻译形态变化研究》。上海:华东师范大学博士论文,2014[2017-05-06]。http://cdmd.cnki.com.cn/Article/CDMD-10269-1014322340.htm。

[202] 刘立群,张毓强:《国际传播概论》。北京:中国传媒大学出版社,2011年。

[203] 刘宓庆:《文体与翻译》。北京:中国对外翻译出版公司,1998年。

[204] 刘宓庆:《新编当代翻译理论》。北京:中国对外翻译出版公司,

2005年.

[205] 刘其中:《新闻翻译教程》.北京:中国人民大学出版社,2004年.

[206] 刘其中:《汉英新闻编译》.北京:清华大学出版社,2009年a.

[207] 刘其中:《英汉新闻翻译》.北京:清华大学出版社,2009年b.

[208] 刘淑梅,钟水晨:"窄众化视角下直接受众与间接受众的划分及意义",《中国传媒科技》,2014(11):44-47[2017-02-16]. http://kns.cnki.net/KCMS/detail/ detail.aspx?filename=cmkj201421013&dbname=CJFD&dbcode=CJFQ.

[209] 刘雅峰:《译者的适应与选择:外宣翻译过程研究》.北京:人民出版社,2010年.

[210] 刘亚猛:《追求象征的力量:关于西方修辞思想的思考》.北京:生活·读书·新知三联书店,2004年.

[211] 刘亚猛:《西方修辞学史》.北京:外语教学与研究出版社,2008年.

[212] 刘亚猛:"修辞是翻译思想的观念母体",《当代修辞学》,2014(3):1-7.

[213] 龙立荣,方俐洛,凌文辁:"组织职业生涯管理及效果的实证研究",《管理科学学报》,2002(4):61-66[2017-01-27]. http://kns.cnki.net/KCMS/detail/ detail.aspx?filename=jcyj200204009&dbname=CJFD&dbcode=CJFQ.

[214] 卢彩虹:《传播视角下的外宣翻译研究》.杭州:浙江工商大学出版社,2016年.

[215] 卢小军:《国际形象与外宣翻译策略研究》.北京:外语教学与研究出版社,2015年.

[216] 陆菁:"美联社CEO:互联网将成为未来新闻传播主要途径"(2004-11-15)[2016-06-08]. http://www.cnr.cn/news/200411/t20041115_286920.shtml.

[217] 陆书平,万森,张秋霞:《现代汉语字典》(单色插图本)。北京:商务印书馆国际有限公司,2014年。

[218] 骆忠武:《中国外宣书刊翻译及传播史料研究(1949—1976)》。上海:上海外国语大学博士论文,2013年。

[219] 吕和发,董庆文,任林静:《跨文化公关视域下的外宣与外宣翻译研究》。北京:国防工业出版社,2016年。

[220] 吕俊:"翻译学——传播学的一个特殊领域",《外国语》,1997(2):39-44[2016-11-25]。http://kns.cnki.net/KCMS/detail/detail.aspx?filename=wyxy702.008&dbname=CJFD&dbcode=CJFQ。

[221] 吕文澎,赵红芳:"我国新闻翻译研究二十年",《社会科学论坛》,2012(5):50-55[2016-06-15]。http://kns.cnki.net/KCMS/detail/detail.aspx?filename=sklu201205008&dbname=CJFD&dbcode=CJFQ.DOI:10.14185/j.cnki.issn1008-2026.2012.05.021。

[222] 麻争旗:"翻译与跨文化传播",《北京第二外国语学院学报》,2001(6):52-56[2016-12-09]。http://kns.cnki.net/KCMS/detail/detail.aspx?filename=jdew200106011&dbname=CJFD&dbcode=CJFQ。

[223] 麻争旗:"论国际新闻编译的文化策略",《现代传播》,2005(1):59-63。

[224] 马兵:"九旬宗璞,为青春的庄严与绚丽立传",《文汇报》,2017-12-21(011)。

[225] 马瑞贤:"跨文化视域中的外宣新闻翻译策略研究",《新闻战线》,2015(1):90-91。

[226] 玛丽安·勒代雷:"论翻译学研究方法",刘和平译,《中国翻译》,2010(2):11-18。

[227] 孟建:"视觉文化传播:对一种文化形态和传播理念的诠释",《现代

传播》,2002(3):1-7[2016-06-12]. http://kns.cnki.net/KCMS/detail/detail.aspx?filename=xdcb200203000&dbname=CJFD&dbcode=CJFQ。

[228] 孟建:《图像时代:视觉文化传播的理论诠释》。上海:复旦大学出版社,2005年。

[229] 穆雷,邹兵:"翻译的定义及理论研究:现状、问题与思考",《中国翻译》,2015(3):18-14。

[230] 大卫·宁:《当代西方修辞学:批评模式与方法》,常昌富,顾宝桐等译。北京:中国社会科学出版社,1998年。

[231] 彭朝丞:《新闻标题学》。北京:人民日报出版社,1996年。

[232] 钱行:"为了让清凉山的声音传遍天下——对外英文广播草创时期的故事",刘洪潮主编:《怎样做对外宣传报道》。北京:中国传媒大学出版社,2005年。

[233] 钱慰曾:"搞好对外报道之我见",刘洪潮主编:《怎样做对外宣传报道》。北京:中国传媒大学出版社,2005年。216-228。

[234] 钱叶萍,王银泉:"从功能翻译理论看软新闻的汉译英",《北京第二外国语学院学报》,2006(6):11-14[2016-08-04]. http://kns.cnki.net/KCMS/detail/detail.aspx?filename=jdew200606002&db-name=CJFD&dbcode=CJFQ。

[235] 秦金月:"中共十九大开幕,习近平代表十八届中央委员会作报告"(2017-10-18)[2017-11-01]. http://www.china.com.cn/cppcc/2017-10/18/content_41752399.htm。

[236] 仇贤根:《外宣翻译研究——从中国国家形象塑造与传播角度谈起》。上海:上海外国语大学博士论文,2010年。

[237] 饶梦华:"网络英语新闻标题的跨文化转换",《中国科技翻译》,2006,19(1):36-38[2016-06-12]. http://kns.cnki.net/KCMS/detail/detail.

aspx?filename = kjfy200601011&dbname = CJFD&dbcode = CJFQ. DOI:10.16024/j.cnki.issn 1002-0489.2006.01.012。

[238] 饶梦华:"目的论视域下的网络新闻导语英译",《新疆大学学报》,2013,41(5):149-152[2016-07-13]。http://kns.cnki.net/KCMS/detail/detail.aspx?filename=xjdb201305032&dbname=CJFD&dbcode=CJFQ。

[239] 阮红梅:《文化间性视域下中国大学校史对外翻译探析——以西北工业大学校史英译为个案》。上海:上海外国语大学博士论文,2014年。

[240] 单耀海等:《精编当代汉语词典》(正序版)。上海:上海辞书出版社,2003年。

[241] 沈苏儒:《对外报道教程》。北京:五洲传播出版社,2004年a。

[242] 沈苏儒:《对外传播的理论与实践》。北京:五洲传播出版社,2004年b。

[243] 沈苏儒:《对外传播·翻译研究文集》。北京:外文出版社,2009年。

[244] 盛卉、肖红:《坚定不移走中国特色社会主义道路 夺取中国特色社会主义新胜利——在中国共产党第十八次全国代表大会上的报告》(2012-11-08)[2017-06-01]。http://politics.people.com.cn/n/2012/1118/c1001-19612670-6.html。

[245] 史安斌:"未来5—10年我国对外传播面临的挑战与创新策略",《对外传播》,2012(9):36-37。

[246] 司显柱:"译作一定要忠实原作吗?——翻译本质的再认识",《上海科技翻译》,2002(4):44-46。

[247] 司显柱:"论我国对外英语新闻翻译及传播效果研究",《外国语文》,2016,3(3):109-115。

[248] 孙海悦:"媒体融合步入提速升级阶段",《中国新闻出版广电报》,

2017-06-29(002)。

[249] 孙致礼:《翻译:理论与实践探索》。南京:译林出版社,1999年。

[250] 谭学纯:《问题驱动的广义修辞论》。北京:人民出版社,2016年。

[251] 谭载喜:《新编奈达论翻译》。北京:中国对外翻译出版公司,1999年。

[252] 谭载喜:《西方翻译简史》(增订版)。北京:商务印书馆,2004年。

[253] 唐佳梅:"从'对外宣传'到'公共外交':改革开放三十年我国对外报道的思路演进",《广东外语外贸大学学报》,2008(6):30-33。

[254] 唐润华:"提高国际传播能力需要实现'五个转变'",姜加林,于运全主编:《构建融通中外的对外话语体系——"第四届全国对外传播理论研讨会"论文集》。北京:外文出版社,2016年。45-46。

[255] 唐润华,文建:"全面创新提高媒体传播能力",《对外传播》,2011(10):27-28。

[256] 田海龙:《语篇研究:范畴、视角、方法》。上海:上海外语教育出版社,2009年。

[257] 田海龙:"新修辞学的落地与批评话语分析的兴起",《当代修辞学》,2015(4):32-40。

[258] 田海龙:"学术话语的交融与交锋",《北京科技大学学报》(社会科学版),2015(5):1-6。

[259] 田海龙:"作为社会实践的翻译——基于批评话语分析的理论思考与方法探索",《外语研究》,2017a(3):60-64+71。

[260] 田海龙:"社会实践网络与再情景化的纵横维度——批评话语分析的新课题及解决方案",《外语教学》,2017b,38(6):7-11。

[261] 王斌华:"对外传播话语翻译抉择的'关键之处':批评翻译学的实证路径探索",《中国外语》,2015(1):101-111。

[262] 王晨爽,文军:"电影改编的符际翻译研究——以《喜福会》的心理

描写为例",《中国外语》,2016(2):103-111。

[263] 王东迎:《中国网络媒体对外传播研究》。北京:中国书籍出版社,2010年。

[264] 王帆:《中国对外传播的客居受众效果研究》。上海:复旦大学出版社,2015年。

[265] 王浩雷:"关于党和国家形象对外表述的若干问题",《北京大学学报》,2008(3):98-102[2017-03-14]。http://kns.cnki.net/KCMS/detail/detail.aspx?filename=bdzk200803013&dbname=CJFD&dbcode=CJFQ。

[266] 王欢,王国凤:"语言语境与新闻理解——英语硬新闻语篇评价策略解读",《外语教学与研究》,2012(5):671-681。

[267] 王辉耀,苗绿:"2015中国国际移民报告",《光明日报》,2015-04-08(16)。

[268] 王金华:"交际翻译法在汉英新闻翻译中的应用——以 Suzhou Weekly 为例",《上海翻译》,2007(1):28-30[2016-08-10]。http://kns.cnki.net/KCMS/detail/detail.aspx?filename=shkf200701006&dbname=CJFD&dbcode=CJFQ。

[269] 王莉:"英语新闻频道对外传播的有效性研究",《新闻战线》,2016(9下):39-40。

[270] 王宁:"重新界定翻译:跨学科和视觉文化的视角",《中国翻译》,2015(3):12-13。

[271] 王瑞昀:"英汉网络新闻标题中缩略词使用对比研究",《语言文字应用》,2005(1):103-109。

[272] 王守宏:《跨文化语用学视角下的外宣翻译策略研究》。上海:上海外国语大学博士论文,2012年。

[273] 王一三,李长春:"用'三个代表'重要思想统领对外宣传工作"

(2004-04-22)[2017-06-01]. http://www.people.com.cn/GB/shizheng/2461782.html。

[274] 王银泉,钱叶萍,仇园园:"跨文化传播语境下的外宣电视新闻导语译写策略",《中国翻译》,2007(2):58-62。

[275] 王佐良:"翻译中的文化比较",杨自俭,刘学云编:《翻译新论(1983—1992)》.武汉:湖北教育出版社,1994:704。

[276] 魏淑华:《教师职业认同研究》.重庆:西南大学博士论文,2008[2017-02-16]. http://cdmd.cnki.com.cn/Article/CDMD-10635-2009046640.htm。

[277] 魏涛:"跨越权力差异的翻译——国际新闻翻译的后殖民视角",《山东外语教学》,2008(4):95-98[2016-07-26]. http://kns.cnki.net/KCMS/detail/detail.aspx?filename=sdwy200804018&dbname=CJFD&dbcode=CJFQ. DOI:10.16482/j.sdwy37-1026.2008.04.009。

[278] 魏秀堂:"我国对外传播学的开创",《对外传播》,2013(5):19-21。

[279] 温科学:《中西比较修辞论:全球化视野下的思考》.北京:中国社会科学出版社,2009年。

[280] 文军,邓春:"关联理论在网络新闻翻译过程中的适用性调查",《外语教学》,2003(6):87-92[2016-07-13]. http://kns.cnki.net/KCMS/detail/detail.aspx?filename=teac200306019&dbname=CJFD&dbcode=CJFQ. DOI:10.16362/j.cnki.cn61-1023/h.2003.06.017。

[281] 吴艾玲:"从肯尼斯·伯克的新修辞学理论来看外宣翻译中'同一'的作用",《外语教育研究》,2015,3(3):35-39。

[282] 吴磊:"传播学视阈下的新闻翻译研究",《新闻界》,2009(3):112-113[2016-08-10]. http://kns.cnki.net/KCMS/detail/detail.aspx?filename=news200903048&dbname=CJFD&dbcode=CJFQ.

DOI:10.15897/j.cnki.cn51-1046/g2.2009.03.025。

[283] 吴瑛,郭可,陈沛芹等:"全球媒体对上海国际大都市的形象建构研究",《国际展望》,2016(4):1-23+152[2017-02-16]。http://kns.cnki.net/KCMS/detail/detail.aspx?filename=gjzw201604001&dbname=CJFD&dbcode=CJFQ.DOI:10.13851/j.cnki.gjzw.201604001。

[284] 吴自选,许建忠:"论电视软新闻英译的重写策略",《上海翻译》,2011(1):25-28。

[285] 武光军,赵文婧:"中文政治文献英译的读者接受调查研究——以2011年《政府工作报告》英译本为例",《外语研究》,2013(2):84-88。

[286] 《现代汉语大词典》编委会:《现代汉语大词典》。上海:汉语大词典出版社,2000年。

[287] 肖群:《功能主义视角下的红色旅游外宣资料英译:问题与对策》。上海:上海外国语大学博士论文,2010年。

[288] 谢柯,廖雪汝:"'翻译传播学'的名与实",《上海翻译》,2016(1):14-18。

[289] 谢天振:"现行翻译定义已落后于时代的发展——对重新定位和定义翻译的几点反思",《中国翻译》,2015(3):14-15。

[290] 新华社:"胡锦涛在宣传会议讲话:用三个代表统领宣传工作"(2003-12-07)[2017-06-01]。http://news.xinhuanet.com/news-center/2003-12/07/content_1218040.htm。

[291] 熊建:"讲好中国故事 更好沟通世界",《人民日报海外版》,2016-02-20(001)。

[292] 熊欣:《跨文化交际理论下的中国菜名英译研究》。上海:上海外国语大学博士论文,2013年。

[293] 徐成时:"略谈新闻编译工作",刘洪潮主编:《怎样做对外宣传报

道》.北京:中国传媒大学出版社,2005年50-54。

[294] 徐林:《网络新闻的汉英翻译与编译的几点思考》,《中国翻译》,2011(4):69-74。

[295] 徐小刚:"地方网站的核心竞争力",《网络传播》,2008(12):50-51[2017-02-16]. http://www.cqvip.com/Main/Detail.aspx?id=28832699。

[296] 许峰,朱雯:"肯尼斯伯克话语修辞观视角下的国家形象塑造——以习近平主席的外交演讲为例",《理论月刊》,2014(8):63-67[2016-09-11]. http://kns.cnki.net/KCMS/detail/detail.aspx?filename=llyk201408015&dbname=CJFD&dbcode=CJFQ. DOI:10.14180/j.cnki.1004-0544.2014.08.021。

[297] 许宏:《外宣翻译与国际形象建构》.北京:时事出版社,2017年。

[298] 薛婷婷:"对外报道类新闻编译稿的修辞情境理论研究",《当代修辞学》,2013(4):72-77。

[299] 薛婷婷,毛浩然:"基于修辞情境的对外报道编译传播效果优化模型建构研究",《福建师范大学学报》,2016(4):32-40。

[300] 薛婷婷,毛浩然:"国外视觉修辞研究二十年:焦点与展望",《西安外国语大学学报》,2017,25(3):29-34。

[301] 杨凤军:"2007—2011年我国的新闻翻译研究:进展与不足",《湖南科技学院学报》,2012,33(5):193-196。

[302] 杨凯:"城市形象对外传播的新思路——基于外国人对广州城市印象及媒介使用习惯调查",《南京社会科学》,2010a(7):117-122[2017-02-16]. http://kns.cnki.net/KCMS/detail/detail.aspx?filename=njsh201007021&dbname=CJFD&dbcode=CJFQ。

[303] 杨凯:"城市形象对外传播效果评估体系的构建",《东南传播》,2010b(8):46-47。

[304] 杨晓荣:《翻译批评导论》.北京:中国对外翻译出版公司,2005年。

[305] 杨雪:《多元调和:张爱玲翻译作品研究》。上海:上海外国语大学博士论文,2007[2016-07-13]。http://cdmd.cnki.com.cn/Article/CDMD-10271-2008016330.htm。

[306] 杨雪莲:《传播学视角下的外宣翻译——以〈今日中国〉的英译为个案》。上海:上海外国语大学博士论文,2010年。

[307] 杨延宁:《应用语言学研究的质性研究方法》。北京:商务印书馆,2014年。

[308] 姚佳琳:"'英雄'背后的英雄——记上海英雄金笔厂有限公司笔尖车间金笔尖小组组长刘根敏"(2017-05-28)[2017-08-04]。http://www.shxpth.com/html/2017 05/28/content_1_1.htm。

[309] 姚里军:《中西新闻写作比较》。北京:中国广播电视出版社,2002年。

[310] 姚亮生:"内向传播和人际传播的双向对话——论建立传播学的翻译观",《南京大学学报》(哲学·人文科学·社会科学),2004(3):135-139[2016-12-09]。http://kns.cnki.net/KCMS/detail/detail.aspx?filename=njdx200403020&dbname=CJFD&dbcode=CJFQ。

[311] 姚喜明:《西方修辞学简史》。上海:上海大学出版社,2009年。

[312] 姚遥:"中国对外传播学20年发展历程回顾",《对外传播》,2013(5):22-24。

[313] 叶颖:"事实理当'雄辩'——网络英语新闻标题比较分析",《话语研究论丛》,2017(1):121-132。

[314] 喻萍芳:"英语对外传播与互联网运用",《新闻爱好者》,2011(12下半月):48-49[2016-07-13]。http://kns.cnki.net/KCMS/detail/detail.aspx?filename=xwah201124027&dbname=CJFD&dbcode=CJFQ.DOI:10.16017/j.cnki.xwahz.2011.24.044。

[315] 袁丽梅,何刚强:"中-英译写要兼顾'达意'与'漂亮'——*Shanghai Daily* 原主编张慈赟访谈录",《上海翻译》,2015(2):88-90。

[316] 袁西玲:《延安时期的翻译活动及其影响研究》。上海:上海外国语大学博士论文,2014年。

[317] 袁影:《西方修辞学经典选译——核心概念地图集》。上海:上海外语教育出版社,2016年。

[318] 袁卓喜:《修辞劝说视角下的外宣翻译研究》。北京:中国传媒大学出版社,2017年。

[319] 曾建徽:"浅谈对外宣传",刘洪潮主编:《怎样做对外宣传报道》。北京:中国传媒大学出版社,2005年。75-89。

[320] 查明建:"文化操纵与利用:意识形态与翻译文学经典的建构——以20世纪50至60年代中国的翻译文学为研究中心",《中国比较文学》,2004(2):86-102[2017-01-23]。http://kns.cnki.net/KCMS/detail/detail.aspx?filename=zbjw200402009&dbname=CJFD&dbcode=CJFQ。

[321] 翟树耀:《对外宣传报道与英语写作》。厦门:厦门大学出版社,2001年。

[322] 翟树耀:"内外有别——对外宣传报道必须遵循的指导原则",刘洪潮主编:《怎样做对外宣传报道》。北京:中国传媒大学出版社,2005年。108-128。

[323] 张璁:"乌镇报告:全球互联网用户达35亿 弥合数字鸿沟"(2016-11-18)[2017-07-02]。http://news.xinhuanet.com/fortune/2016-11/18/c_1119942879.htm。

[324] 张健:《英语新闻业务研究》。上海:上海外语教育出版社,2010年。

[325] 张健:《外宣翻译导论》。北京:国防工业出版社,2013年。

[326] 张健:《新闻英语文体与范文评析》。上海:上海外语教育出版社,

2016年。

[327] 张经浩:《译论》。长沙:湖南教育出版社,1996年。

[328] 张美芳:"翻译中的超文本成分:以新闻翻译为例",《中国翻译》,2011(2):50-55。

[329] 张雯,卢志宏:"中西方修辞传统与外宣翻译的传播效果",《上海翻译》,2012(3):38-40+78。

[330] 张义凌:"中国形象全球调查:预期中国经济第一受访者增多"(2018-01-05)[2018-01-07]。http://news.sina.com.cn/c/nd/2018-01-05/doc-ifyqincu3383423.shtml。

[331] 张瑜:《翻译的修辞学研究》。南京:南京师范大学博士论文,2013[2016-09-16]。http://cdmd.cnki.com.cn/Article/CDMD-10319-1013339372.htm。

[332] 张振华:"全球化语境与新闻传播",《现代传播》,2008(3):22-26[2017-03-14]。http://kns.cnki.net/KCMS/detail/detail.aspx?filename=dwdc200807021&dbname=CJFD&dbcode=CJFQ。

[333] 赵芃,田海龙:"批评性语篇分析之批评:评介与讨论",《南京社会科学》,2008(8):143-147。

[334] 赵芃,田海龙:"再情景化新解:元话语视角",《天津外国语大学学报》,2013,20(4):1-6。

[335] 赵启正:"积极营造良好的国际舆论环境",刘洪潮主编:《怎样做对外宣传报道》。北京:中国传媒大学出版社,2005年。154-161。

[336] 赵乾龙:"新闻翻译杂谈",刘洪潮主编:《怎样做对外宣传报道》。北京:中国传媒大学出版社,2005年。194-205。

[337] 赵巍:"翻译学学科性质与研究方法反思",《解放军外国语学院学报》,2005,28(6):69-72。

[338] 赵志立:"网络传播条件下的'使用与满足'——一种新的受众观",

《当代传播》，2003(1)：58-60[2017-02-16]。http://kns.cnki.net/KCMS/detail/detail.aspx?filename=dacb200301029&dbname=CJFD&dbcode=CJFQ。

[339] 周峰："理性应对外媒负面报道"，《军事记者》，2012(11)：37-38[2017-02-16]。http://kns.cnki.net/KCMS/detail/detail.aspx?filename=xwcc201211022&dbname=CJFD&dbcode=CJFQ. DOI：10.13765/j.cnki.cn11-4467/g2.2012.11.038。

[340] 周立方："对外报道写作要注意的几个问题"，刘洪潮主编：《怎样做对外宣传报道》。北京：中国传媒大学出版社，2005年。23-39。

[341] 朱穆之："谈谈对外宣传与报道"，刘洪潮主编：《怎样做对外宣传报道》。北京：中国传媒大学出版社，2005年。1-6。

[342] 朱义华：《外宣翻译研究体系建构探索——基于哲学视野的反思》。上海：上海外国语大学博士论文，2013年。

[343] 邹晨雅，刘丹丹："浅析国家形象宣传片对外传播效度低的原因——以近五年我国国家形象宣传片为例"，《今传媒》，2015(4)：33-34。

附 录

附录 4-1

"中国上海"门户网站新闻英译受众调查问卷

Dear Respondents:

My name is Ye Ying, a doctoral candidate from Shanghai International Studies University, and I'm doing this survey among international residents in Shanghai in order to collect essential data for my dissertation. **This questionnaire is mainly aimed at finding out your knowledge of the English news on the official website of the Shanghai Government, and how you like it and expect it to be like.**

It would be very much appreciated if you can kindly spend about 30 minutes filling in this questionnaire, as your opinions will be a major determinant for the outcomes of my research, which will hopefully help improve the website to assist your living in Shanghai. Also, **I would like to stress that your personal information will be kept strictly confidential both during and after the survey.**

If you have any questions about this research, you can contact me.

Many thanks for your kind participation and cooperation!

Part I   Personal Information & General Understanding of the Website

1. Your gender:

2. Your nationality:

3. Your age:

4. Which district/county of Shanghai are you living/working in?

5. What's your job?

6. How do you like Shanghai after coming here?

7. How long have you been in Shanghai?

8. Please highlight or describe your mastery of English.

  A. Native speaker.

  B. Certified proficiency (please specify the name of the certificate if applicable): _____.

  C. Basic literacy.

  D. Others (please specify): _____.

9. About how many hours do you spend on the Internet every day?

10. Which Internet-based news media did you usually use for information about Shanghai before you came here (eg. bbc.com, cnn.com and npr.com)? Please list them.

11. Now that you're in Shanghai, which Internet-based news media do you like to use for information about Shanghai (eg. xinhuanet.com, shanghaidaily.com and chinadaily.com.cn)? Please list them.

12. Do you know about the official website of the Shanghai Government?

    12a. If you don't, would you have an interest in getting news about Shanghai from it? Why or why not?

    12b. If you do, do you have the habit of viewing English news on the website? Why or why not?

13. What news topics about Shanghai are likely to interest you?
    A. Economy.
    B. Politics.
    C. Culture.
    D. Others.

   (**Please specify if there's any topic you're especially interested in**, such as real estate or stock market issue for economy, election for politics, or education and travel for culture.)

14. Please click the link below to access the official website of Shanghai Government in English to answer Q15 to Q20.
    http://www.shanghai.gov.cn/shanghai/node27118/index.html

15. Do you think the news stories on the website are credible? Why or why not?

16. How do you like the webpage design?
    A. Wonderful, because _____.
    B. Acceptable, because _____.
    C. Awful, because _____.
    D. Other (please specify): _____.

17. Would you like to click on the "News" column in such a webpage design? Why or why not?

18. Do you find the column "News" well arranged? If not, please specify.

19. Is there any other thing about this website that impacts your interest in reading the stories on it?

20. Thinking of the news websites that you usually turn to in your home country, what would you suggest to improve the webpage design and enhance the influence of this website among international residents?

21. For the official website of the Shanghai Government, please rank the following story qualities according to their importance.

   A. Immediacy.

   B. Relevancy to your life in Shanghai.

   C. Amount of information.

   D. Authenticity.

   E. Writing skills.

(Most important)   (Least important)

Part II Understanding of the English News on the Website

22. Please read through the following 10 headlines and select **two** that look **most interesting** to you and **another two** that look least interesting, then briefly give your reasons.

Headlines

1	Shanghai tops list in overall competitiveness ranking
2	Cycling boom creates a parking headache
3	Teacher sentenced after student dies
4	Maestro from Philadelphia Orchestra conducts Shanghai concert
5	Air purifiers run foul of quality test
6	Drizzle to last until Sunday
7	Positive economic figures spur Shanghai stocks to rise over 1%
8	Restored block has a renowned past
9	2016 good year for graduate salaries
10	Mayor unveils list of government projects for 2017

Please fill in the numbers of headlines respectively residing in the following two categories, followed by your reasons.

Most interesting:

Least interesting:

23. In this question, you'll find four stories in English from the Shanghai Government website. Please **select one or two that interest you the most in every way (e.g.: the topic, the writing style or any other supporting factor) and briefly give your reasons. Then comment on the weaknesses, if there's any, in any of them.**

A.

Shanghai makes a cultural impression abroad

Shanghai International Film Festival is making a significant impression on the Asian stage, according to research studying how the city's major cultural events last year have impacted abroad.

The research, composed by Shanghai International Studies University, said that foreign media released more than 400 reports in eight languages on the festival, close to the 500 foreign press reports on Cannes Film Festival last year.

Furthermore, 62 percent of those interviewed considered Shanghai International Film Festival had proved itself a viable competitor to Berlin, Tokyo and Busan festivals; 80 percent thought the city's festival made a positive impression on Shanghai's international image.

Events such as the Shanghai International Arts Festival and Shanghai International Ballet Competition were also hailed for their role in enhancing Shanghai's cultural image.

B.

WeChat scam victim repays firm

A woman has resigned and reimbursed her company 20,000 yuan (US＄2,900) after being caught up as a victim in a 100,000 yuan WeChat scam.

Pudong New Area People's Court said yesterday the woman, a company cashier surnamed Qiu, was contacted on WeChat by someone claiming to be her manager. In March last year, she transferred 100,000 yuan to a "client's" account at the request of her "manager."

She had been invited to join a group, which she believed was real because other scammers impersonated her colleagues, using real profile photos.

The scam was uncovered when she went into her manager's office to confirm the transaction. The company is still hunting the scammers, but decided to take action against Qiu instead.

C.

Old theater rebuilt in modern style

A 75-year-old theater at 1186 Fuxing Road M. has been rebuilt and will open to the public soon. It used to stage plays created by famous Chinese playwright Cao Yu, such as "The Wilderness" in 1943.

The theater went into decline in the late 1940s and was changed into a cinema before becoming a state-owned establishment in the early 1950s. As Chinese cinemas were hard hit by the DVD market in the 1990s, its third floor was converted into a cafe and its fourth floor into a KTV bar to make ends meet.

Six years ago, the cinema was closed by authorities for fire hazards and reconstruction started a year ago to restore the building to its original use. The rebuilt theater has 300 seats and roof windows to let in natural light. It will be used to stage experimental Chinese operas.

D.

First drum art festival to stage in Shanghai

Performers dressed in Peking Opera costumes play drums at the press conference today in Shanghai.

Shanghai will host its first-ever international drum art festival on Friday.

The five-day festival will gather celebrated drum troupes from China, Indonesia, Singapore and Ethiopia to present traditional and creative drumming shows.

Shanghai Oriental Jiangzhou Drum Theater will stage its unique Shanghai-style drumming, which combines Jiangzhou percussion with modern elements.

Over the past decade, Shanghai-style drum art has been performed at more than 40 countries of the world.

Traditional drum art from Jiangzhou County, Shanxi Province was included on the list of the nations intangible cultural heritage in 2006. In ancient China, the drums were usually played for sacrificial ceremonies, weddings, festivals and temple fairs.

24. If you find the survey interesting and further interview acceptable to you, please put down your email address here.

That's the end of this survey. Thank you very much for your support and cooperation!

附录 4-2

回收问卷示例

纸质问卷

Questionnaire about English News on the Shanghai Government Official Website

序号:1
IP 地址:114.94.77.82(上海-上海)
来源渠道:手机提交(微信)
填写时间:2017/6/20 9:59:20

Part I Personal Information & General Understanding of the Website

1. Your gender:*
   您的回答为:male

2. Your nationality:*
   您的回答为:USA

"问卷星"网络问卷

Dear Respondents:

My name is Ye Ying, a doctoral candidate from Shanghai International Studies University, and I'm doing this survey among international residents in Shanghai in order to collect essential data for my dissertation. This questionnaire is mainly aimed at finding out your knowledge of the English news on the official website of the Shanghai Government, and how you like it and expect it to be like.

It would be very much appreciated if you can kindly spend about 30 minutes filling in this questionnaire, as your opinions will be a major determinant for the outcomes of my research, which will hopefully help improve the website to assist your living in Shanghai. Also, I would like to stress that your personal information will be kept strictly confidential both during and after the survey.

If you have any questions about this research, you can contact me on 18965028219.

Many thanks for your kind participation and cooperation!

Part I Personal Information & General Understanding of the Website

1. Your gender: Male

2. Your nationality: USA

3. Your age: 26

4. Which district/county of Shanghai are you living/working in? Songjiang

电子邮件问卷

附录 4-3

文中译例链接

7.1

标题 1

原文：http://www.shanghai.gov.cn/nw2/nw2314/nw2315/nw5827/u21aw1183681.html

译文：http://www.shanghai.gov.cn/shanghai/node27118/node27818/u22ai84972.html

标题 2

原文：http://www.shanghai.gov.cn/nw2/nw2314/nw2315/nw4411/u21aw1183665.html

译文：http://www.shanghai.gov.cn/shanghai/node27118/node27818/u22ai84971.html

标题 3

原文：http://www.shanghai.gov.cn/nw2/nw2314/nw2315/nw4411/u21aw1183666.html

译文：http://www.shanghai.gov.cn/shanghai/node27118/node27818/u22ai84970.html

标题 4

原文：http://www.shanghai.gov.cn/nw2/nw2314/nw2315/nw4411/u21aw1189089.html

译文：http://www.shanghai.gov.cn/shanghai/node27118/node27818/u22ai85146.html

标题 5

原文：http://www.shanghai.gov.cn/nw2/nw2314/nw2315/nw4411/u21aw1189074.html

译文：http://www.shanghai.gov.cn/shanghai/node27118/node27818/u22ai85145.html

标题 6

原文：http://www.shanghai.gov.cn/nw2/nw2314/nw2315/nw4411/u21aw1189075.html

译文：http://www.shanghai.gov.cn/shanghai/node27118/node27818/u22ai85144.html

标题 7

原文：http://www.shanghai.gov.cn/nw2/nw2314/nw2315/nw4411/u21aw1202740.html

译文：http://www.shanghai.gov.cn/shanghai/node27118/node27818/u22ai85504.html

标题 8

原文：http://www.shanghai.gov.cn/nw2/nw2314/nw2315/nw4411/u21aw1202742.html

译文：http://www.shanghai.gov.cn/shanghai/node27118/node27818/u22ai85503.html

标题 9

原文：http://www.shanghai.gov.cn/nw2/nw2314/nw2315/nw4411/u21aw1202718.html

译文：http://www.shanghai.gov.cn/shanghai/node27118/node27818/u22ai85502.html

标题 10

原文：http://www.shanghai.gov.cn/nw2/nw2314/nw2315/nw4411/u21aw1211525.html

译文：http://www.shanghai.gov.cn/shanghai/node27118/node27818/u22ai85586.html

标题 11

原文：http://www.shanghai.gov.cn/nw2/nw2314/nw2315/nw15343/u21aw1211333.html

译文：http://www.shanghai.gov.cn/shanghai/node27118/node27818/u22ai85585.html

标题 12

原文：http://www.shanghai.gov.cn/nw2/nw2314/nw2315/nw4411/u21aw1211523.html

译文：http://www.shanghai.gov.cn/shanghai/node27118/node27818/u22ai85578.html

标题 13

原文：http://www.shanghai.gov.cn/nw2/nw2314/nw2315/nw4411/u21aw1222705.html

译文：http://www.shanghai.gov.cn/shanghai/node27118/node27818/u22ai85972.html

标题 14

原文：http://www.shxptb.com/html/2017-05/28/content_1_1.htm

译文：http://www.shanghai.gov.cn/shanghai/node27118/node27818/u22ai86474.html

标题 15

原文：http://www.fengxian.gov.cn/shfx/subywzx/20170717/002001_c54

d61b0-da32-4ce0-83f5-fa9b44971d36.htm

译文:http://www.shanghai.gov.cn/shanghai/node27118/node27818/u22ai86892.htm

标题 16

原文:http://www.shanghai.gov.cn/nw2/nw2314/nw2315/nw15343/u21aw1244976.html

译文:http://www.shanghai.gov.cn/shanghai/node27118/node27818/u22ai86915.html

标题 17

原文:http://www.shanghai.gov.cn/nw2/nw2314/nw2315/nw15343/u21aw1247386.html

译文:http://www.shanghai.gov.cn/shanghai/node27118/node27818/u22ai87027.html

标题 18

原文:http://www.cqn.com.cn/ms/content/2017-07/31/content_4650630.htm

译文:http://www.shanghai.gov.cn/shanghai/node27118/node27818/u22ai87018.html

标题 19

原文:http://www.shanghai.gov.cn/nw2/nw2314/nw2315/nw4411/u21aw1255237.html

译文:http://www.shanghai.gov.cn/shanghai/node27118/node27818/u22ai87388.html

标题 20

原文:http://www.pudong.gov.cn/shpd/news/20170828/006001_b6e96

ce3-4bc8-41d0-96f7-52d636da0079.htm

译文：http://www.shanghai.gov.cn/shanghai/node27118/node27818/u22ai87434.html

标题 21

原文：http://www.shanghai.gov.cn/nw2/nw2314/nw2315/nw4411/u21aw1260818.html

译文：http://www.shanghai.gov.cn/shanghai/node27118/node27818/u22ai87598.html

标题 22

原文：http://www.shanghai.gov.cn/nw2/nw2314/nw2315/nw4411/u21aw1262600.html

译文：http://www.shanghai.gov.cn/shanghai/node27118/node27818/u22ai87698.html

标题 23

原文：http://www.shanghai.gov.cn/nw2/nw2314/nw2315/nw15343/u21aw1264710.html

译文：http://www.shanghai.gov.cn/shanghai/node27118/node27818/u22ai87803.html

标题 24

原文：http://foxue.qq.com/a/20171125/017816.htm

译文：http://www.shanghai.gov.cn/shanghai/node27118/node27818/u22ai88019.html

标题 25

原文：http://www.shanghai.gov.cn/nw2/nw2314/nw2315/nw4411/u21aw1272216.html

译文：http://www.shanghai.gov.cn/shanghai/node27118/node27818/u22ai88081.html

7.2

例1

原文：http://www.shanghai.gov.cn/nw2/nw2314/nw2315/nw4411/u21aw1255237.html

译文：http://www.shanghai.gov.cn/shanghai/node27118/node27818/u22ai87388.html

例2

原文：http://www.shanghai.gov.cn/nw2/nw2314/nw2315/nw4411/u21aw1260818.html

译文：http://www.shanghai.gov.cn/shanghai/node27118/node27818/u22ai87598.html

例3

http://www.shanghai.gov.cn/shanghai/node27118/node27818/u22ai86039.html

例4

http://www.shanghai.gov.cn/shanghai/node27118/node27818/u22ai86795.html

例5

http://www.shanghai.gov.cn/shanghai/node27118/node27818/u22ai87525.html

例6

http://www.shanghai.gov.cn/shanghai/node27118/node27818/u22ai87443.html

例 7

原文：http://www.fengxian.gov.cn/shfx/subywzx/20170717/002001_c54d61b0-da32-4ce0-83f5-fa9b44971d36.htm

译文：http://www.shanghai.gov.cn/shanghai/node27118/node27818/u22ai86474.html

例 8

原文：http://www.shanghai.gov.cn/nw2/nw2314/nw2315/nw15343/u21aw1262376.html

译文：http://www.shanghai.gov.cn/shanghai/node27118/node27818/u22ai87606.html

例 9

原文：http://www.shanghai.gov.cn/nw2/nw2314/nw2315/nw17239/nw17240/u21aw1255380.html

译文：http://www.shanghai.gov.cn/shanghai/node27118/node27818/u22ai87378.html

7.3

例 10

原文：http://www.shanghai.gov.cn/nw2/nw2314/nw2315/nw4411/u21aw1189074.html

译文：http://www.shanghai.gov.cn/shanghai/node27118/node27818/u22ai85145.html

例 11

原文：http://www.shanghai.gov.cn/nw2/nw2314/nw2315/nw4411/u21aw1202718.html

译文：http://www.shanghai.gov.cn/shanghai/node27118/node27818/u22ai

85502.html

例12

原文：http://www.shanghai.gov.cn/nw2/nw2314/nw2315/nw4411/u21aw1211523.html

译文：http://www.shanghai.gov.cn/shanghai/node27118/node27818/u22ai85578.html

例13

原文：http://www.shanghai.gov.cn/nw2/nw2314/nw2315/nw5827/u21aw1275106.html

译文：http://www.shanghai.gov.cn/shanghai/node27118/node27818/u22ai88193.html

例14

http://www.shanghai.gov.cn/shanghai/node27118/node27818/u22ai87370.html

附录 4-4

PowerConc 词频分析结果[①]

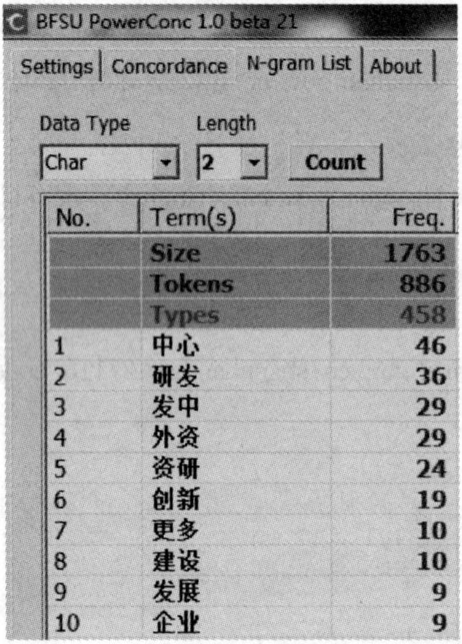

No.	Term(s)	Freq.
	Size	1763
	Tokens	886
	Types	458
1	中心	46
2	研发	36
3	发中	29
4	外资	29
5	资研	24
6	创新	19
7	更多	10
8	建设	10
9	发展	9
10	企业	9

图 1　例 1 原文两字词语分析

---

① 注：词频分析结果均取前 10 位。

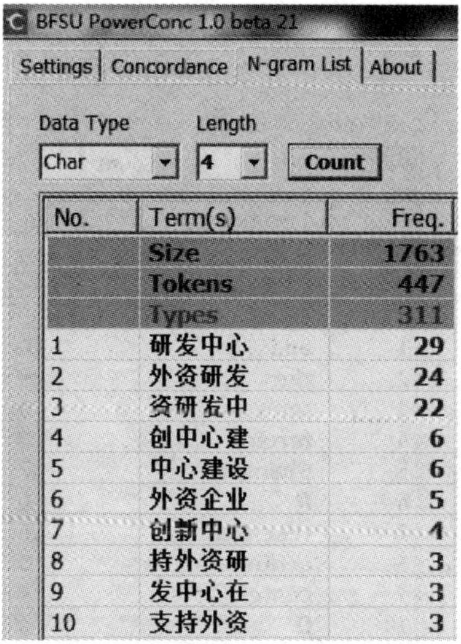
BFSU PowerConc 1.0 beta 21
Settings | Concordance | N-gram List | About
Data Type: Char　Length: 4　Count

No.	Term(s)	Freq.
	Size	1763
	Tokens	447
	Types	311
1	研发中心	29
2	外资研发	24
3	资研发中	22
4	创中心建	6
5	中心建设	6
6	外资企业	5
7	创新中心	4
8	持外资研	3
9	发中心在	3
10	支持外资	3

图 2　例 1 原文四字词语分析

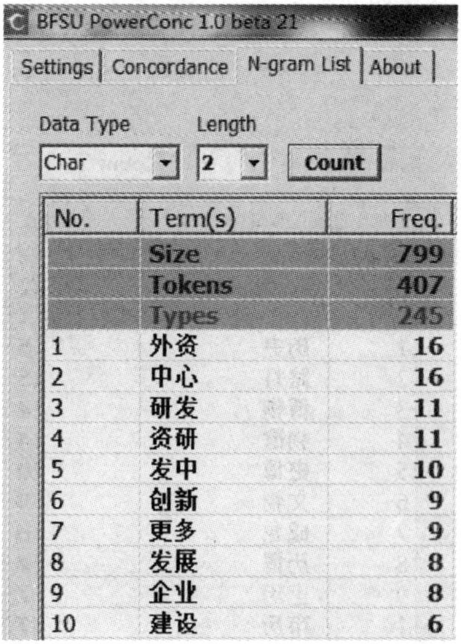
BFSU PowerConc 1.0 beta 21
Settings | Concordance | N-gram List | About
Data Type: Char　Length: 2　Count

No.	Term(s)	Freq.
	Size	799
	Tokens	407
	Types	245
1	外资	16
2	中心	16
3	研发	11
4	资研	11
5	发中	10
6	创新	9
7	更多	9
8	发展	8
9	企业	8
10	建设	6

图 3　例 1 原文(“应勇说”各段落)两字词语分析

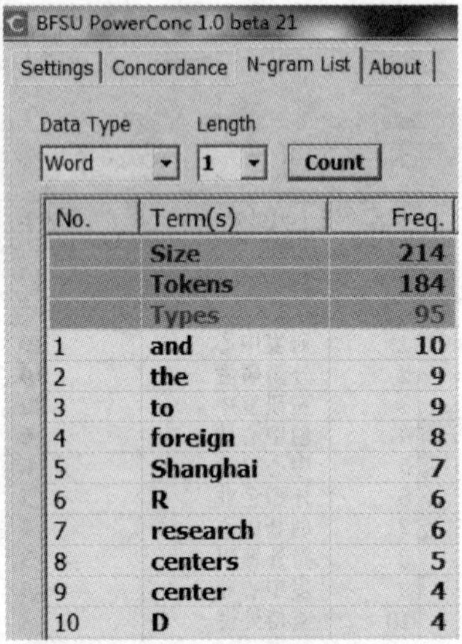

戏剧主义修辞观之于互联网对外新闻翻译——以"中国上海"门户网站为个案

图 4 例 1 译文单词分析

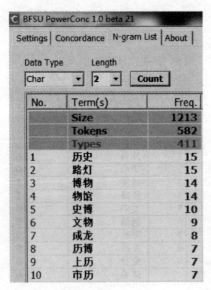

图 5 例 13 原文两字词语分析

图书在版编目(CIP)数据

戏剧主义修辞观之于互联网对外新闻翻译:以"中国上海"门户网站为个案/叶颖著. —上海:复旦大学出版社,2019.11
(福州大学哲学社会科学文库.福州大学跨文化话语研究系列一)
ISBN 978-7-309-14706-3

Ⅰ.①戏⋯ Ⅱ.①叶⋯ Ⅲ.①互联网络-应用-中国对外政策-宣传工作-语言翻译-研究 Ⅳ.①H059-39

中国版本图书馆 CIP 数据核字(2019)第 232188 号

戏剧主义修辞观之于互联网对外新闻翻译:"以中国上海"门户网站为个案
叶 颖 著
责任编辑/庄彩云
复旦大学出版社有限公司出版发行
上海市国权路 579 号 邮编:200433
网址:fupnet@fudanpress.com http://www.fudanpress.com
门市零售:86-21-65642857 团体订购:86-21-65118853
外埠邮购:86-21-65109143
上海四维数字图文有限公司

开本 890×1240 1/32 印张 11.25 字数 266 千
2019 年 11 月第 1 版第 1 次印刷

ISBN 978-7-309-14706-3/H·2940
定价:39.00 元

如有印装质量问题,请向复旦大学出版社有限公司发行部调换。
版权所有 侵权必究